I0613214

Friedrich Gerstäcker

Inselwelt

Erster Band Indische Skizzen

Friedrich Gerstäcker

Inselwelt
Erster Band Indische Skizzen

ISBN/EAN: 9783337354619

Hergestellt in Europa, USA, Kanada, Australien, Japan

Cover: Foto ©Thomas Meinert / pixelio.de

Weitere Bücher finden Sie auf **www.hansebooks.com**

Inselwelt.

Gesammelte Erzählungen

von

Friedrich Gerstäcker.

Erster Band.

Indische Skizzen.

Leipzig,

Arnoldische Buchhandlung.

1860.

Inhaltsverzeichniß vom ersten Bande.

I. In der Südsee.

	Seite
Der Wallfischfänger	1
Die Bootsmannschaft	82
Der Schooner	168

II. Im Ostindischen Archipel.

Der Balinese	249
Der Menschentiger	313
Der Khris	374

I.

In der Südsee.

Der Wallfischfänger.

1.

In der weiten und bequemen Corallenbai von Monui, einer der Tonga-Inseln, ankerte im Januar des Jahres 18** ein englischer Wallfischfänger, die *„Lucy Walker"*, Provisionen, Holz und Erfrischungen einzunehmen, und da sich die Eingeborenen ziemlich freundlich gezeigt, hatte die Mannschaft in Abtheilungen Tag nach Tag Erlaubniß bekommen, an Land zu gehen und mit den Eingebornen zu verkehren.

Der Capitain selber, ein junger Mann, der seine erste Reise als Führer eines Schiffes machte, war viel zu entzückt von dem wundervollen Land, das er betreten, seine Freiheit nicht ebenfalls soviel als möglich benützen zu sollen, und unter den freundlichen Menschen, von dem alten Häuptling selber auf das herzlichste aufgenommen, vergingen die Tage in Zauberschnelle. Er schien zuletzt zwar ganz vergessen zu haben, daß er des Wallfischfanges wegen in diese Breiten gekommen und selber gehen müßte die Fische aufzusuchen, wenn er überhaupt deren fangen, und sein Schiff voll Öl bekommen wollte.

Die Scenerie allein trug aber nicht die Schuld. Hua, Toanonga's liebliches Töchterlein, hatte sein Herz mit einer

4

Leidenschaft entflammt, der er sich selber im Anfang nicht klar bewußt war, die aber mit jedem Tage mehr Überhand gewann. Ja, je mehr ihm Gelegenheit geboten wurde, sich dem Gegenstand derselben zu nähern, und je weniger nah er doch demselben dadurch kam, vergaß er zuletzt selbst seine Pflicht gegen sein Schiff sowohl, wie seine Mannschaft, um noch immer kurze Zeit länger in der verführerischen Nähe des holden Mädchens zu weilen.

Hua[1], nach ihrem heiteren, fröhlichen Wesen so genannt, sah den fremden jungen Mann gern bei sich, der ihr, der Tonga-Sprache vollkommen mächtig, noch von früheren Reisen her, viel von fremden Ländern und Völkern erzählen, und mit dem sie lachen und sich freuen konnte. An eine ernstere Neigung dachte sie nicht, denn sie wußte recht gut, daß solche Schiffe nur immer auf kurze Zeit an eine ihrer Inseln anlegten und dann wieder fortfuhren, vielleicht nie mehr zurückzukehren – was hätte ihr seine Liebe genützt? Überdem war sie schon dem jungen Häuptling eines Nachbarstammes versprochen, der jeden Tag eintreffen konnte, sie abzuholen. Die Zeit bis dahin war ihr denn auch schon recht lang geworden, und etwas Erwünschteres hätte gar nicht kommen können, als das fremde Schiff mit den weißen, wunderlichen und doch so freundlichen Männern.

Toanonga befand sich am Besten dabei; der junge Engländer brachte, um ihn sich beliebt zu machen jeden Tag neue Geschenke, und er sah sich dadurch bald in dem Besitz einer so bedeutenden Anzahl von Nägeln, Glasperlen, kleiner Spiegel, Messer, Beile, Kattun, und vor allem Andern Tabak, dessen Gebrauch er auch schon kennen gelernt, daß er schon anfing, sich als einen Capitalisten zu betrachten, der sich nun bald von seiner beschwerlichen Häuptlingsschaft werde in das Privatleben zurückziehen können, von seinen Renten zu leben.

So angenehm nun aber auch ein solches Leben der Mannschaft des Wallfischfängers war, der sich, nach dem beschwerlichen Dienst an Bord, ein förmliches Paradies hier öffnete, so bedenklich schüttelten die <u>Officiere</u> – Harpuniere und Bootsteuerer – darüber den Kopf. Eine Zeitlang hatten sich diese wohl mit ruhigem Behagen dem Stillleben der Inseln hingegeben; als dies aber immer noch kein Ende zu nehmen schien, gedachten sie auch ihres eigenen Nutzens, und wünschten ihr Geschäft wieder aufzunehmen, wegen dem sie doch eigentlich an Bord gegangen waren: nämlich Geld durch den Fang der hier muthwillig versäumten Fische zu verdienen.

Zuerst erinnerte der erste Harpunier den Capitain, daß es später und später in der Jahreszeit würde, und sie schon gar nicht mehr daran denken dürften, ihrer ersten Absicht nach, Neuseeland anzulaufen. Die Mahnung half aber weiter nichts, als daß der Capitain noch einmal sechs Klaftern Holz bei den Eingebornen bestellte, zu denen diese, wie er recht gut wußte, fast eben so viele Wochen brauchten, es zu schlagen, und doch hatten die Leute an Bord schon jetzt alle Winkel und Ecken davon vollgestaut, – doch traten endlich die Officiere zusammen und erklärten ihrem Vorgesetzten, daß sie ihm allerdings gehorchen und so lange hier bleiben müßten, wie er es für gut fände, daß sie aber bei ihrer Zurückkunft nach Liverpool jedenfalls Beschwerde oder vielmehr Klage auf Schadenersatz für versäumte Zeit gegen ihn einreichen würden, wenn er jetzt nicht bald wieder die Anker lichte.

Capitain Silwitch, so zum Äußersten getrieben und sich seinen Leuten gegenüber auch im Unrecht fühlend, beschloß nun einen entscheidenden Schritt zu thun, <u>und</u> Toanonga selber um die Hand seiner Tochter zu bitten.

6

Einer ihrer heidnischen Trauungsceremonien konnte er sich, als höchst unbedeutender Christ, leicht unterwerfen, und ehe er die Heimfahrt antrat, was noch ein paar Jahr dauern mochte, fand sich immer eine Gelegenheit, das Mädchen, wenn auch nicht genau an diese, doch vielleicht an eine der Nachbarinseln wieder abzusetzen – mit nach Hause durfte er sie natürlich nicht nehmen.

Toanonga saß mit Hua auf einer großen, aus langem Gras feingeflochtenen Matte, vor seiner Hütte, im Schatten eines gewaltigen Toa-Baumes, der mit dem Duft seiner Blüten die ganze Nachbarschaft erfüllte. Es war ein reizender Platz, gerade an der Mündung eines kleinen, aus den Höhlen kühl und plätschernd niedersprudelnden Bergbachs, der sich die klare Bahn unter wehenden Palmen und über moosiges Gestein brach und Blumen und Früchte als Tribut dem Meere zuführte. Mächtige Cocospalmen schüttelten ihre federartigen, rauschenden Kronen über seiner Fluth und die hohen, stattlichen Mapebäume mit ihren breiten, magnolienartigen Blättern und wunderlich geformten Stämmen[2] deckten und beschatteten niedere Haine fruchtbeladener Orangen und Citronen und duftender Blütenbüsche, die durch sie gegen die sengenden Strahlen der Sonne geschützt wurden.

Das Haus des Häuptlings war nur wie das seiner geringsten Unterthanen aus trockenen, gelben Bambusstäben aufgerichtet, und mit Zuckerrohrblättern fest, aber doch luftig und vollkommen regendicht, gedeckt. Ein kleiner dabei angelegter und mit dicht gesteckten dünnen Stangen umzäunter Garten (eine Quantität wild herumlaufender Ferkel daraus fern zu halten, denen der Besuch des Hauses jedoch vollkommen frei zu stehen schien) enthielt Reihen gepflanzter Bananen und sogar einige Yams, und in feuchten Gruben gezogene Taro-

7

Pflanzen, während dichtgesteckte Brotfruchtbäume, die jedoch auch überall wild gediehen, die Hauptnahrung der Insel anzeigten und ihre wohlthätigen Äpfel vor die Thür ihres Eigenthümers niederschütteln.

Toanonga schwelgte in der Verdauung eines eben genossenen vortrefflichen Frühstücks, eines mit heißen Steinen gerösteten Ferkels und Me[3], und dieser gleichsam eine höhere Weihe zu verleihen, hatte er einen Theil der erhaltenen Geschenke, besonders eine Anzahl Nägel und Glasperlen, einige Uniformknöpfe und vor allem Andern einen zerbrochenen Sporn, an dem das Rädchen aber noch gut war und wirbelte, vortrefflich vor sich ausgebreitet und betrachtete sie mit augenscheinlicher Genugthuung und Freude.

Capitain Silwitch hätte wirklich keinen glücklicheren Moment für seine Werbung treffen – und keinen unglücklicheren Erfolg haben können.

Eine ganze Jagdtasche voll Geschenke für den König; Gegenstände, als ob ein Trödler seine Bude ausgeräumt und den Schutt zurückgeworfen, die Quantität vielleicht an den Eisenhändler zu verkaufen. Dazwischen fanden sich ein paar buntblitzende, blaue, großbeerige Glaskorallen, von enormem Gewicht; ein kleiner, gesprungener Rasirspiegel, eine unechte goldene Quaste von irgend einer Gardine, ein Argentan-Löffel und besonders eine plattirte Schuhschnalle bildeten aber die Hauptbestandtheile der Masse, die er, Hua dabei freundlich zulächelnd, vor dem erstaunten Hou – Häuptling der Insel – und auf die Matten zu den Knöpfen und Perlen schüttete.

„Tangaloa[4] segne mich!" rief der würdige Toanonga, als er die unvermutheten Schätze aus dem ganz unscheinbaren Lederbeutel auf sich förmlich herabregnen sah, ohne in dem

Augenblicke eine Ahnung zu haben, welchem glücklichen Ereignisse er diese fabelhafte Freigebigkeit des fremden weißen Mannes verdanke, – „der Fremde hat sein ganzes Canoe geplündert, die Augen seines Freundes mit seinen Schätzen glücklich zu machen, Si-li-wi" – (eine natürliche Verunstaltung des Namen Silwitch, da die Insulaner nur sehr schwer zwei Consonanten hinter einander in einer Silbe aussprechen können) „soll Brotfrucht und Cocosnüsse, Bananen und Turo, Ferkel und Fische haben, so viel er will auf sein Schiff. Si-li-wi ist ein Ehrenmann und darf sich eine Gnade erbitten."

„Und gebe Gott, daß du sie erfüllst, würdiger Greis," sagte der junge Mann halb lachend, halb verlegen, „ich komme allerdings heute Morgen mit einer großen Bitte an dich, oder eigentlich an – Hua an deiner Seite, deren Erfüllung mich unendlich glücklich machen würde."

„An mich?" fragte Hua erröthend, während sie von ihrer Matte aufsprang und den Fremden überrascht ansah; „willst du noch mehr von den wunderlichen weiß- und rothgefleckten Corallen, die wir in der Bai da drüben gesucht? oder soll ich dir Perlen holen lassen, unten vom Grund herauf? Ich weiß auch –"

„Halt, halt, Mädchen, mach mich nicht toll mit deinen freundlichen Worten!" bat der junge Mann abwehrend. „Es ist mehr als alles Das, und nun, Toanonga, soll es auch heraus, denn lange Reden bin ich doch nicht im Stande zu machen. Hier sind die Geschenke, du sollst noch mehr haben, Tabak, Feuerwasser, Messer, Beile, Kattun – auch ein Gewehr hab' ich für dich bestimmt, das den Blitz und Donner in sich trägt, und womit du deine Feinde besiegen und dir unterthan machen kannst."

„*Mea fanna fonnua*[5]?" rief Toanonga rasch, der bei der

Aussicht auf solchen Besitz alles Andere in dem Augenblick vergaß. „Wäre nicht übel; Toanonga möchte ungemein gern *Mea fanna fonnua* haben."

„Und du giebst mir Hua?" rief der Engländer rasch und freundlich.

„Hua?" sagte der alte Häuptling erstaunt, während das Mädchen bestürzt und erröthend dabei stand und kein Wort zu erwidern wagte. „Hua gehört nicht mein, kann ich nicht vergeben; gehört *Tai manavachi*, ist *Tai manavachis* <u>Ohana</u>."

„*Ohana?*" wiederholte der junge Mann bestürzt und erschreckt, denn das Wort bedeutet in der Tongasprache Braut sowohl als Frau. „*Ohana? –* seit wann?"

„Bah, nicht so lange," sagte der Alte kopfschüttelnd und die vor ihm ausgebreiteten Geschenke ein wenig mehr nach sich herüber schiebend, als ob er eine ungewisse Ahnung hätte, daß der Fremde, wenn er den angebotenen Tausch n i c h t eingehen wolle, diese am Ende auch wieder zurückziehen könne. „Muß heute oder morgen kommen, sie zu holen."

„Holen? – wohin?"

„Nach Tongatabu – große Insel, großer Häuptling," setzte der Alte mit einiger Selbstzufriedenheit hinzu; „wird *Ohana* dort und bekommt große Strecke Land."

„W i r d *Ohana?*" rief Silwitch aber, denn noch ein Strahl von Hoffnung dämmerte, also i s t sie noch nicht seine Frau, und wenn mich Hua lieber hat, als den braunen Burschen, da denk' ich, soll sie sich bei mir so wohl befinden, wie bei *Tai manavachi,* – Und was sagt Hua selber? – komm her Mädchen und sag' deinem Vater, daß du mir gut

10

bist und mich zum Mann haben willst."

„Ich dich zum Mann haben?" lachte aber die Schöne schelmisch, während ihr ein noch höheres Roth Wangen und Nacken färbte, „und wer hat dir das gesagt, *Muli*[6]?"

„Nenn' mich nicht f r e m d, denn ich bin es nicht mehr!" rief der Engländer bittend. „Wenn du es mir auch noch nicht mit klaren Worten gesagt, hat es doch jeder Zug deines Angesichts, selbst der Ton deiner Stimme, der Blick deines Auges schon gesprochen!"

„Und willst du hier bei uns bleiben auf der Insel, und dein Schiff verlassen?" frug der alte Häuptling vorsichtig.

„Mein Schiff verlassen? – jetzt? – nein, das geht nicht," sagte der Fremde rasch, „ich muß nach Norden hinauf und Fische fangen, aber im nächsten *Liha mua*[7] komme ich zurück mit Hua, wieder bei Euch zu wohnen."

„Mit Hua?" rief der Alte erstaunt und mit eigenthümlichen, halb ernsten, halb drolligen Zug um die Lippen – der tolle *Muli* wär's im Stande. – „Wolltest du das Mädchen mitnehmen auf dein Schiff?"

„Gewiß will ich," rief der Seemann rasch, „und sie soll's gut haben bei mir, und die Welt sehen. Toanonga, ich liebe deine Tochter so heiß und glühend, wie ich dir es gar nicht beschreiben kann, und du m u ß t sie mir zum Weibe geben."

„M u ß ich, so?" lachte der Alte gutmüthig; Hua aber, noch mehr erröthend, sagte leise und vorsichtig unter den halbgesenkten Wimpern zu ihm aufschauend.

„Und wenn Hua nun nicht will?"

11

„Du nicht wollen, Mädchen, und weshalb?" rief der junge Mann bittend.

„Und *Tai manavachi?*"

„Bah, *Tai manavachi!*" rief der Engländer verächtlich, „was schirt der m i c h – er soll kommen und dich holen, wenn ich dich erst einmal habe."

„Er ist ein tapferer Krieger!" rief aber der Alte jetzt rasch, „und hat seinen Namen danach bekommen. – Schlimm für den Feind, dessen Fährte er folgt."

Silwitch schüttelte den Kopf ärgerlich.

„Damit kommen wir nicht weiter," rief er rasch; „ich frage dich, Toanonga, ob du mir Hua zum Weibe geben willst?"

„Warum frägst du nicht Hua selber, ob sie dich haben will?" sagte der Alte mit seinem trocknen Lachen.

„Weil ich ihrer Liebe gewiß bin," rief der Engländer leidenschaftlich; „sie wird mit mir gehen, wenn d u ihr die Erlaubniß giebst!"

„Frag' sie," war Alles, was Toanonga erwiderte. Der junge Engländer wandte sich rasch dem schönen Mädchen zu, und streckte den Arm nach ihr aus, aber Hua wich ihm rasch und entschlossen aus und rief:

„Nein – nein – ich bin die Braut eines Andern, fort mit dir, *Pagalangi*[8], was willst du von mir?"

„Hua!" rief aber der junge Seemann erschreckt. „Hua, ich kann nicht leben ohne dich und muß dich mein nennen, wende dich nicht ab von mir und sei mein Weib."

„Du bist unser Freund gewesen," sagte das Mädchen

ernst und fast traurig mit dem Kopf schüttelnd, „und wir haben dich und die Deinen freundlich aufgenommen, was willst du mehr? Ich passe nicht zu euch, zu euren Sitten, eurer Sprache, eurer Religion, nicht zu den wilden Männern auf deinem Schiff. Ich will auf diesen Inseln bleiben, die meine Heimat sind."

„M e i n e Einwilligung hast du," lachte Toanonga in seiner trockenen Weise; „ich hab' es dir vorher gesagt."

„D e i n e Einwilligung hab' ich, Toanonga?" rief Silwitch rasch und in furchtbarer Aufregung, durch den Spott vielleicht nur noch mehr gereizt.

„Ja, die hast du," nickte der Alte lachend, „aber Hua will nicht."

„Sei nicht so bös, weißer Mann," sagte aber das Mädchen jetzt freundlich, ihm die Hand entgegenstreckend, „sieh', was würde *Tai manavachi* sagen, wenn er käme und fände mich als das Weib eines Andern; bliebest du selbst bei uns auf der Insel, die ich nun einmal nicht verlassen kann und will. Hua sieht dich gern, aber sie kann dir nie angehören."

Silwitch nahm die Hand und drückte sie in heftiger Aufregung, barg dann die Augen kurze Zeit in seiner Linken, und Toanonga sah, wie er einen heftigen Kampf mit sich selber kämpfe; aber er bezwang sich und als er den Kopf wieder hob, sagte er ruhig und gefaßt:

„Es ist gut, Hua; wenn du mich nicht haben willst, kann ich dich nicht zwingen, aber – ich hatte es gut mit dir gemeint und – du hast mir weh – recht weh gethan. Das ist jetzt vorbei und ich werde nun wieder fortsegeln von hier, und wahrscheinlich nie – nie wieder zurückkehren, nach *Monui* – Wirst du noch manchmal meiner dann gedenken?"

„Wenn ich ein Segel am Horizonte sehe, werde ich wünschen, daß es das deine ist," sagte Hua in ihrer einfachen Herzlichkeit, ihm treu und kindlich dabei in's Auge schauend.

„Und wann willst du gehen, *cowtangata*[9]?" frug der Alte jetzt, anscheinend gleichgültig, aber vielleicht mit dem unbestimmten Wunsch, das Gespräch auf einen fernen Gegenstand zu bringen, und nicht auf die noch vor ihm ausgebreiteten Geschenke zurückzuführen, die er eines nach dem Andern, vorsichtig und sorgfältig hinter sich und aus Sicht brachte.

„Ich weiß es noch nicht," erwiderte der Engländer ruhig; „ich habe noch Holz bei deinen Leuten bestellt, das ich zuerst an Bord nehmen möchte. Willst du mich los sein?"

„Nein, nein, bewahre!" rief der Häuptling rasch und erschreckt; „du bist willkommen, so lange auf der Insel zu bleiben, wie es dir gefällt – nachher kannst du gehen. – Und wollen die *Papalangis* selber ihr Holz schlagen?"

„Nein, ich habe deine Leute schon dafür bezahlt," sagte der Engländer, „und glaube sie sind mitten in der Arbeit; bis morgen Abend soll ich es an Bord haben."

„Es ist gut – ich will es dir wünschen," erwiderte der Alte mit einem etwas zweideutigen Lächeln. Ob es Silwitch aber bemerkte oder nicht, er schaute einen Augenblick sinnend vor sich nieder, nickte dann mit einem kaum unterdrückten Seufzer Hua, etwas lebendiger ihrem Vater zu, und schritt mit verschränkten Armen und gebeugten Hauptes langsam dem Strande zu, wohin er sein Boot beordert hatte, ihn wieder an Bord zu rudern.

14

2.

Die Bootsmannschaft hatte sich indessen, auf ihren Capitain wartend, die Zeit bestmöglichst vertrieben, Cocosnüsse abgepflückt, Orangen <u>ausgesogen</u>, getrunken, und sich dann, in den Schatten eines engverwachsenen Pandanus-Dickichts auf den bröcklichen, fast pulverisirten Corallenboden niedergeworfen, sich von den Anstrengungen des Fruchtsammelns zu erholen.

Es waren lauter englische Matrosen, und nur ein Schotte unter ihnen, Namens Mac Kringo, scherzweise gewöhnlich Lord Douglas genannt. Das Gespräch drehte sich aber natürlich um das herrliche Leben, das sie hier geführt und das, wie sie jetzt fast fürchten mußten, bald ein Ende nehmen würde, wenn sich der Capitain nicht, trotz den Officieren, noch einmal anders besänne und doch am Lande bliebe.

„Hol's der Teufel, Jungen!" sagte der eine Matrose, den die andern seiner ungemein großen Vorliebe für Fische wegen und in einer sonderbaren Verwirrung der heiligen Schrift J o n a s nannten, „wenn ich Capitain der *„Lucy Walker"* wäre, ich wollte den Teufel thun und ihr Kupfer so rasch wieder gegen Eisschollen reiben, wo ich selber hier einen solchen capitalen Hafen gefunden hätte. Der Böse mag sich die Wallfische selbst fangen, wenn er sie haben will, ich bin nicht eigennützig, und gönne ihm gern den Verdienst."

„Das glaub' ich, daß d u den Wallfischen das Wort redest, Jonas," lachte Mac Kringo, ihn von der Seite anblinzend, „bei dir ist's alte Anhänglichkeit."

„Ah bah, mein *bonny scotsman*," brummte aber der

15

Engländer, „wenn du nichts Besseres weißt, so bleib mit deinen abgedroschenen Witzen zu Hause; die sind auf meinem Namen schon lange stumpf geworden. Gieb uns aus deinem allzeit fertigen Hirn einen Rath, wie wir anständiger Weise hier bleiben können, denn zum Weglaufen ist die Insel zu klein, und ich will dir dann zugestehen, daß du wirklich Grütze im Kopfe hast. Bis dahin aber laß mich zufrieden, mit dem was du g l a u b s t oder nicht; sag' uns, was du w e i ß t.“

„Guter Rath wäre da nicht das erstemal an Narren fortgeworfen,“ brummte der unhöfliche Schotte ärgerlich in den Bart, „und wenn der liebe Gott herunterkäme und euch sagte, wie ihr's machen solltet, hättet ihr noch drei Bedenken und fünf Aber. Nein, geht mir fort; mit euch ist nichts anzufangen, und w e n n ich das wüßte, ich behielt's für mich.“

„Wenn er was wüßte,“ spottete ein Anderer, „Legs“ – „Beine“ – von einem Paar etwas kurzer und eingebogener Extremitäten so genannt. „Lord Douglas thut wahrhaftig, als o b er etwas im Hinterhalt hätte und uns nun nicht für würdig hielt, die Geschichte mit anzuhören. Das ist das billigste Mittel jedenfalls, dick zu thun. Nein, Kinder, unsere Zeit ist abgelaufen und ich müßte mich, nach allen Vorbereitungen zu urtheilen, sehr irren, wenn wir nicht schon morgen Abend um diese Zeit wieder unsere regelmäßige Wacht gehen und uns die Hälse abdrehen, nach den Schwarzkitteln auszuschauen. Wasser und Provisionen sind genug an Bord, und auf das bestellte Holz kommts dann gerade auch nicht so sehr an, ob wir das einwerfen oder nicht. Der Raum ist überdies so voll, daß wir's eine Zeitlang mitten auf Deck und im Weg lassen müßten, und der erste Harpunier würfe die verfluchten Scheite eigenhändig über Bord, wenn er sich ein einzigesmal die

Schienbeine daran stieße."

„Ja, auf u n s e r e Schienbeine würd' es da auch nicht besonders ankommen," knurrte ein Anderer, der den allerdings nicht empfehlenden Beinamen *Lemon*[10] hatte, weil er fortwährend und selbst bei seinem allerdings sehr seltenen Lachen genau solch ein Gesicht schnitt, als ob er ganz plötzlich aus Versehen in eine Citrone gebissen hätte. „Es ist eine verwünscht kuriose Einrichtung in der Welt, man mag's betrachten wie man will, und wir armen Matrosen ziehen immer den Kürzern. Schon beim Vertheilen, wir haben den hundertzwanzigsten, der Capitain hat den achtzehnten Theil, und wer fängt die Fische, wir oder er?"

„Nun, d u nicht, Lemon, mit deinem ewigen Raisonniren," brummte der Schotte, „denn wenn dir nicht jedesmal beim Anrudern das Maul verboten würde, kämen wir auch jedesmal zu spät zum Zulangen."

„Zankt euch nicht noch den letzten Tag, den wir vielleicht an Land sind," fiel Jonas hier rasch ein, als er sah, daß Lemon boshaft darauf erwidern wollte; „hier, mit festem Boden unter uns, sind wir doch Alle gleich, und die vom Lande fragen nicht darnach, ob wir an Bord den achtzehnten oder hundertachtzigsten Theil bekommen. Jungens, Jungens, mir bricht das Herz ordentlich, wenn ich daran denke, daß wir hier fort sollen."

„Herzbrechen?" knurrte Lemon, „das wäre der Mühe werth; kommt auch gar nicht vor in der Welt, daß Einem das Herz bricht, und ich weiß nur einen einzigen Fall, wo wirklich einmal Jemand an gebrochenem Herzen gestorben ist."

„Aus d e i n e r Bekanntschaft?" rief Jonas ungläubig.

„Aus meiner Bekanntschaft," erwiderte der Matrose ruhig; „es war der „lange Tom", wie wir ihn nannten, der hatte in Bristol, wo wir damals vor Anker lagen, mit einem andern Kameraden, ich weiß nicht mehr um was, gewettet, er wollte einen verdammt schweren Wurfanker von seinem Dock bis zu dem, wo unser Schiff lag, ohne abzusetzen, tragen – und er trug ihn auch, aber – er lebte keine fünf Minuten mehr – der Anker hatte ihm das Herz gebrochen."

Die Anderen lachten, der Schotte blinzte Jonas aber heimlich und verstohlen mit den Augen an, und sah nach den Busch hinüber, ein Zeichen, das dieser zu verstehen schien, denn er warf erst einen flüchtigen Blick auf seine Kameraden, ob ihn Niemand beobachte, und nickte dann zurück, daß er kommen werde.

„Wenn man's so bedenkt," sagte Legs nach einer kleinen Pause, die Augenbrauen fest zusammengezogen, und mit kleinen Stücken Coralle, die er vor sich aufnahm, nach einer noch unreifen, am Boden liegenden Orange werfend, „wenn man's so bedenkt, was wir da draußen in See für ein Hundeleben führen, Tag und Nacht in Arbeit und Gefahr, mit schlechter, salziger Schiffskost und knappem Grog, kein freundliches Gesicht zu sehen als Lemon's, am Tag in einer Hundekälte zu rudern, daß Einem die Arme mit den Wurzeln ausreißen möchten, und Nachts die verdammten Stücken Blubber[11] an Deck zu werfen und auszukochen; einmal halberfroren, einmal halb verbrannt, und wenn man nachher von einer dreijährigen Reise zurück kommt, vielleicht noch mit zehn Pfund Sterling Schulden im Buch für Kleider und Schuhwerk, das man haben mußte die Zeit über, und dem Schiff zu bezahlen hat, als ob sie von Gold und Seide gewesen wären, – nein, das soll verdammt sein. Und dann dagegen hier die rothen Schufte, was die für ein Götterleben in all ihren Bequemlichkeiten führen; nicht rühren thun sie die faulen Knochen, als vielleicht einmal auf einem Brotfrucht- oder Cocosnußbaum zu steigen, oder einen Fisch mit der Holzharpune aus dem seichten Wasser zu holen, die kleine Insel ist zum Überlaufen voll von hübschen Mädchen und man kann den ganzen Tag in Hemdsärmeln gehn. – Hol's der Henker, der liebe Gott hätte mir keinen größeren Gefallen thun können, als mich ebenfalls braun anzustreichen – die Farbe hält besser, und was spart man an Überzügen."

„Ich hätte auch nichts dagegen!" rief ein Anderer, mit einer feinen, kreischenden Stimme dazwischen, der eigentlich Roberts hieß, seines Organes wegen aber gewöhnlich „Pfeife" genannt wurde, „denn auf das Bischen Couleur wird Einem doch nichts zu Gute gethan; was will aber der Mensch machen? Wir müssen doch immer noch Gott danken, daß er nicht in den ganz schwarzen Topf gegriffen, denn dann wären wir geleimt gewesen, zeitlebens."

„Bah, was sind wir besser als Sclaven?" brummte Legs; „die können doch wenigstens heirathen und an Land bleiben, und was können wir? Hol der Teufel das Seeleben; wenn man eine Weile draußen ist, gewöhnt man sich zuletzt daran, und es kommt Einem sogar manchmal ganz hübsch vor, wie man aber nur wieder den Fuß auf festes Land, und besonders auf s o l c h e s Land setzt, ist auch der Teufel los und es zwickt und reißt Einen wieder, daß man sich ordentlich die Beine festhalten muß, nicht davon zu laufen."

Der Schotte war indessen aufgestanden und am Strande hin, nach den einzelnen Cocospalmen hinaufschauend, als ob er sich eine Nuß aussuchen wolle, langsam in den dichten Busch geschlendert, der den Corallenboden begrenzte, und Jonas erhob sich ebenfalls, zog sich den Bund seiner Segeltuchhose auf, spuckte sein Priemchen aus und biß ein frisches ab und setzte sich den auf der Erde verschobenen Hut wieder fester auf das in kleine, krause Löckchen gedrehte Haar.

„Nun, dir wird wohl die Zeit lang," sagte Pfeife, sich noch bequemer ausstreckend und ein Bündel Cocosnußbast unter den Kopf schiebend, weicher darauf zu liegen, „ich kann's abwarten – zum Henker, daß man nun nicht einmal das Glück hat, an irgend einer solchen Corallenbank hier – und Zeug ist genug da – ordentlich auf den Strand und fest zu kommen. Das wäre doch ein kapitaler Spaß, wenn wir nachher eine Colonie gründeten und uns häuslich einrichteten – ich weiß auch, wen ich heirathete."

„Ja, wenn wir einmal auf den Strand kommen," knurrte Lemon dazwischen, „so kannst du dich drauf verlassen, daß es auch im Schnee und Eis und ohne Fausthandschuh ist; unser Glück kenne ich; rennen wir aber n i c h t auf, so magst du Gift darauf nehmen, Kamerad, daß die „*Lucy Walker*" droben noch drei volle Jahreszeiten[12] herumschwimmt, und nachher immer noch nicht voll ist. Ich habe m e i n e Hoffnung jetzt auch nur auf nächsten Winter gesetzt, da wird „der Alte" schon dafür sorgen, daß wir wieder hier anlaufen."

Jonas hatte sich indessen, ohne weiter Theil an dem Gespräch zu nehmen, ebenfalls langsam und scheinbar ohne besondern Zweck von der in dem Pandanusschatten gelagerten Gruppe entfernt, und hier an einem Busch schüttelnd, dort sich einen Zweig niederbiegend und vielleicht abbrechend, kam er nach und nach aus Sicht. Dann aber eine Richtung einschlagend, die ihn näher dorthin brachte, wo Mac Kringo vor ihm verschwunden war, traf er auch diesen bald, seiner harrend, unter einer kleinen Gruppe von Cocospalmen und Casuarinen, von wo aus er ihm winkte hinanzukommen.

„Was zum Teufel hast du denn nur, Douglas," sagte Jonas kopfschüttelnd, als er das geheimnißvolle Wesen des Kommenden sah. „Du willst doch nicht etwa auskneifen, mein Bursche? – das gib auf, denn du weißt nicht, wie dick der Capitain mit dem alten Häuptling ist, und wie er überhaupt nur auf eine anständige Entschuldigung wartete, noch länger hier liegen zu bleiben; der holte dich wieder und wenn er die ganze Jahreszeit darum versäumen sollte."

„Schrei doch nicht, als ob du ein Segel draußen bei einem steifen Nordwester anrufen müßtest, Mate," brummte der vorsichtige Schotte mit gedämpfter Stimme; „es fällt mir nicht ein, solchen tollen Gedanken zu haben, aber – hättest du was dagegen, Kamerad, wenn wir hier an Land blieben und Brotfrucht und Schweinefleisch rösteten, wie Christen, anstatt hinter den alten, schmierigen Fischen herzufahren, wie ein Trupp Narren, und für andere Leute, die zu klug sind, selber zu gehen, Brennöl zu holen? – Hättest du was dagegen, mir zu helfen einen gescheuten Gedanken auszuführen, bei dem wir nicht die geringste Gefahr laufen, wenn wir – das Maul halten und unser eigenes Geheimniß bewahren können?"

„Frag' mich, ob ich lieber Grog trinke, als Salzwasser," knurrte der Matrose; „laß die Vorrede und komm zur Sache, wenn du wirklich was hast, denn der Alte kann alle Augenblicke herunter kommen und pfeifen und dann müssen wir fort."

„Gut, Jonas, ich will keine Umschweife machen," sagte der Schotte leise, vorsichtig noch einmal dabei den Blick umherwerfend, „aber schweigen mußt du können, denn ein Bischen Gefahr ist am Ende doch dabei."

„Unsinn, – ich werde mir nicht selber die Schlinge machen, in die sie mich hängen wollen," sagte der Matrose mürrisch über die vielen Vorreden.

„Nun, gut denn," flüsterte der Schotte, „hast du die beiden Wraks gesehen, die vor Honolulu lagen, wie wir dort waren?"

„Die Wraks von den zwei Wallfischfängern? – gleich am Eingang vom Hafen?"

„Dieselben."

„Ja wohl; und was ist mit denen?"

„Du weißt, wie sie dorthin gekommen sind."

„Es ist Feuer an Bord ausgebrochen, und die Schiffe sind verbrannt."

„Und die Mannschaft?"

„Blieb nachher an Land, bis sie sich auf andere Schiffe verdingte," brummte Jonas, „so haben sie's mir da wenigstens erzählt; aber was hat das mit uns zu thun."

„Wirst gleich hören, Kamerad; wer hat die Schiffe angesteckt?"

„Angesteckt?"

„Nun ja, glaubst du, daß ein Schiff im Hafen so leicht von selber zu brennen anfängt?" lachte der Schotte, „nein, wenn du's denn nicht weißt, will ich dir's sagen; die Leute der beiden Wallfischfänger haben sich den Gefallen selber gethan, und was in der weiten Welt hindert uns hier, daß wir nicht dasselbe thun?"

„Was uns hindert? – unser Hals," sagte Jonas kopfschüttelnd, dem die Idee zu rasch gekommen war, sie sogleich vollständig begreifen zu können, „weißt du, mein Junge, daß sie uns einfach an die Raanocke[13] aufhängen, wenn sie uns dabei erwischen?"

„Wenn sie uns erwischen, ja," lachte der Schotte, „wer hat denn aber die erwischt, die die Schiffe in der Bai von Honolulu angesteckt haben, heh? – Wer k a n n uns denn nachher überführen, wenn wir unsere Sache nur einigermaßen klug anfangen. Nein, Jonas, mit einem Schwefelholz haben wir's in der Gewalt, uns einen Aufenthalt auf diesen Inseln zu sichern, so lang wie er uns behagt, und ich glaube, unser Alter selber wär' ganz damit einverstanden, wenn er sich's nur eben dürfte merken lassen."

„Aber die Andern?" sagte Jonas, schon halb unschlüssig mit der verführerischen Aussicht vor sich, dem traurigen Leben an Bord eines Wallfischfängers auf so leichte Art plötzlich enthoben zu werden.

„Würden uns auch nicht verrathen," meinte der Schotte, „brauchen aber auch gar Nichts davon zu erfahren; Muth haben sie doch nicht genug, dafür einzustehen, und ein Paar von ihnen trau' ich nicht eine Schiffslänge aus Sicht; Pfeife besonders, der Hallunke, ist mir ein Dorn im Auge, und bleiben wir länger hier, spiel' ich dem auch noch einmal einen Possen."

„Und meinst du wirklich?"

„M e i n e n, Jonas?" rief Mac Kringo unwillig, „was ist da noch zu meinen dabei? Etwas Einfacheres gibts auf der Welt nicht, und wenn du nur den zehnten Theil so viel Courage hast, wie ich dir früher zugetraut, so verlieren wir kein

Wort weiter über die Sache, und schlafen morgen Abend hier in einem Bambushaus am Strand in – besserer Gesellschaft als dem dumpfigen Blubberloch von einem Logiskasten. – Nun, was sagst du, ja oder nein?"

„Und wann soll das geschehen?" frug Jonas leise.

„Sobald wir die Gelegenheit dazu finden; wahrscheinlich heute Abend mit Dunkelwerden, wenn der Koch sein Schaffen[14] fertig hat. Sie sitzen dann Alle oben an Deck, die Officiere, die an Bord sind, kriechen auch nicht draußen herum, und Einer kann unten Alles besorgen, während der Andere nur oben Wache hält, daß er ein paar Minuten ungestört bleibt; du magst Wache stehen, ich will selber das Übrige in Ordnung bringen. Bist du damit zufrieden?"

„Hol's der Teufel, ja!" sagte Jonas, sich im Voraus bei dem Gedanken an den Erfolg die Hände reibend, „stecken wir den alten Blubberkasten vor seinem Anker an. Wetter noch einmal, was der für eine famose Fackel machen wird!"

„Aber ruhig und keine Silbe zu –"

„Unsinn!" brummte Jonas; „werde mich hüten – wenn wir aber nur unsere Sachen retten könnten."

„Nimm dich in Acht!" warnte ihn der Schotte, „damit hat sich schon Mancher verrathen; wenns einmal brennt, ja, dann so schnell wie möglich, und für ein Canoe in der Nähe will ich schon sorgen; aber vorher keine Hand angerührt. Wenn d i e klug sind, da wollen wir nicht dumm sein."

„Gut denn, heute Abend –"

Ein gellender Pfiff von der Gegend her, in welcher ihr Boot lag, unterbrach ihr Gespräch, und Mac Kringo dem Andern zuwinkend, daß er sich wieder dorthin begebe, wo er hergekommen, damit sie nicht zusammen zum Strand zurückkehrten, lief rasch durch eine kleine Lichtung hin, die freie Corallenbank weiter oben zu erreichen.

„Hallo, hier Douglas, Seelöwen und Haifische, wo steckt Ihr?" rief ihm der Capitain, der in seinem Boot stand und ungeduldig nach ihm ausgeschaut zu haben schien, schon von Weitem entgegen; „was habt ihr im Busch zu thun, wenn ihr auf Bootswacht seid? – Wo ist Jonas?"

„Ich wollte nur –"

„Ach, da kommt er; herein mit euch, – Wetter noch einmal, das faule Leben hier an Land scheint euch zu behagen; wartet, ich will euch Beine machen, wenn ich euch wieder draußen in See habe, daß die Glieder gelenk werden. Auf euere Sitze da vorn – sind wir flott?"

„Alles in Ordnung, Sir –"

„Stoßt ab denn, und legt euch in die Riemen[15], meine Jungen. Ist schon Holz heut von Land an Bord geschafft?"

„Nein, Sir!" sagte Jonas, der gleich hinten im Boot vor dem Capitain saß, während die rasch eingesetzten Riemen das scharfgebaute Boot pfeilschnell durch den glatten Wasserspiegel trieben; „haben nichts gesehen."

„Schon gut – macht nichts!" lautete die kurze Antwort, und wenige Minuten später lief das Boot unter die niederhängende Fallreepstreppe. Der Capitain sprang an Bord und die Leute wollten damit unter ihre Krahnen gehn, es wie gewöhnlich aufzuheben, die Ordre aber lautete: es im Wasser zu lassen, da es wahrscheinlich gleich wieder gebraucht würde.

3.

Einer der Ungeduldigsten an Bord war der erste Harpunier, ein junger, kräftiger Irländer aus Galvay-Bai und dort erst kurz vor seiner Abreise verheirathet. Ihm brannte natürlich der Boden unter den Füßen, und er wollte das Schiff wieder in See haben, Beute zu machen und nach Hause zurückzukehren. Was half i h m das müßige Leben hier an Land.

Mit diesem hatte der Capitain, als er an Bord zurückkehrte, eine längere Unterredung, die den Wünschen des jungen Iren auch vollständig entsprochen haben mußte, denn er kam bald nachher mit fröhlichem Gesicht gleich hinter dem Capitain an Deck und beorderte seine Bootsmannschaft, sich fertig zu halten, kurz vor Sonnenuntergang an Land zu rudern, etwas dort abzuholen. Die vier Matrosen mit dem Bootsteurer, die er befehligte, waren ebenfalls seine Landsleute, und die Schiffsmannschaft hatte deshalb das Boot auch das Irische getauft.

An Bord der *„Lucy Walker"* herrschte indessen rege Geschäftigkeit; ein paar zum Ausbessern niedergeholte Segel wurden wieder angeschlagen, Taue gespließt, Pardunen angespannt, das Deck klar gemacht und überhaupt Manches vorgenommen, das auf einen baldigen Aufbruch schließen ließ. Als zwei der Leute deshalb, Legs und Pfeife, dem Capitain selber, der mit raschen Schritten auf seinem Quarterdeck auf- und abging, um kurzen Urlaub an Land baten, der ihnen, in einzelnen Abtheilungen natürlich, fast noch gar nicht verweigert worden war, schlug es ihnen dieser rund ab und schickte sie wieder nach vorn an ihre Arbeit.

„Siehst du," flüsterte da der Schotte seinem Kameraden Jonas, mit dem er oben in den Marsen etwas nachzusehen hatte, zu, „siehst du, mein Junge, daß ich eine gute Nase habe? Es ist die höchste Zeit für uns, unser kleines Geschäft in Ordnung zu bringen, denn ich möchte jetzt kein Maul voll Tabak gegen eine monatliche Löhnung wetten, daß wir nicht morgen Früh mit Tagesanbruch Anker auf und Segel gesetzt hätten. Der Alte dahinten zeigt wenigstens den besten Willen, aber wir Beide, denk' ich, sollen ihm noch einen Strich durch die Rechnung machen. Das wär' ein schöner Spaß, so auf einmal, ohne nur Abschied von unsern Freunden und Mädchen am Land zu nehmen, wieder auf und davon und draußen herumrackern; *nai my bonny child*, hier sind auch noch Leute, die ihre Stimme dabei abzugeben wünschen, wenn sie auch nur eben den hundertzwanzigsten Theil bekommen von dem Fang und das Ganze mit ihrem Schweiß und Mark bezahlen sollen."

„Am Ende will er gar noch heut Abend fort," sagte Jonas leise; „nachher wären wir aber die Angeführten."

„Nein, das nicht," beruhigte ihn der Schotte; „ich habe gehört, daß er sich das Irische Boot bestellt hat, gegen Sonnenuntergang mit an Land zu fahren, und dann kommt er immer vor vier Glasen[16] nicht wieder zurück; aber auf morgen Früh hat er's abgesehen. Er frug uns ja auch, als wir von Land zurückkamen, ob sie Holz an Bord gebracht hätten. Bah, so viel für deine Berechnungen," – und er schnalzte höchst selbstzufrieden mit den Fingern.

Jonas hatte indessen seine Arbeit oben beendet und mußte hinunter, wohin ihm der Schotte bald nachher folgte; als sich aber die Sonne mehr und mehr dem Horizonte näherte, wurde auch das Boot des ersten Harpuniers, der vorher einen seiner Mannschaft nach oben zum Ausschauen geschickt hatte, niedergelassen, und Legs, der in den Besahnwanten etwas auszubessern hatte, sah mit Erstaunen, daß unter einer Matte, auf dem Boden des Bootes, als sie durch die Einsteigenden zurückgeschoben wurde, Waffen versteckt waren. Er hatte – beschwören hätt' er's wollen, – ein paar Gewehrläufe darunter vorblitzen sehen? was zum Teufel war da wieder im Wind?

Der Koch, die Abendmahlzeit noch vor Dunkelwerden am Deck beenden zu können, und nicht gezwungen zu sein, in das dumpfige Logis hinabzusteigen, war indeß in der Cambüse emsig beschäftigt gewesen Thee zu kochen und Bananen und Brotfrucht zu braten, die mit dem kalten Fleisch von Mittag her keine üble Schiffskost abgaben. Nachdem er vorher bei dem jetzt commandirenden zweiten Harpunier die Erlaubniß eingeholt, rief sein gellender, wohlbekannter Ruf bald darauf die Leute sämmtlich nach vorn unter die Back, wo auf der Steuerbordseite des Schiffes die riesige kupferne Theekanne qualmte und der sonst in breiter hölzerner Mulde präsentirte harte Schiffszwieback jetzt fast vollkommen durch die nahrhafte, in Scheiben geschnittene und geröstete Brotfrucht verdrängt war.

Der Schotte setzte sich auch mit hin auf Deck und schenkte sich seinen Thee in den breiten, niederen Blechbecher, der den Inhalt einer gewöhnlichen Theekanne hätte mit Bequemlichkeit fassen können, vermißte dann aber sein Messer und stieg in den Raum hinunter, wo er es heute Morgen gebraucht und wahrscheinlich vergessen. Jonas indessen saß noch nicht und hatte ein kleines Faß mit seiner Wäsche zu der großen Luke gezogen, nahm die Hemden einzeln heraus, rang sie aus und legte sie auf das um den Vormast gehende Nagelbret.

„Komm her, Jonas," rief ihn Legs an, „hat den ganzen Tag nichts gethan und jetzt, nun der Thee an Deck steht, fällt's ihm auf einmal ein, daß er Hemden in der Brüh hat. Die Bananen werden kalt und schmecken nachher schlecht."

„Sie werden nachher gar nicht schmecken," lachte Pfeife mit seiner höchsten Stimme, „denn ich glaube wir werden damit eher fertig, wie er mit seinen Hemden."

„Glaub's, wenn man sie euch vorstellte," brummte Jonas, mit einem halb verschluckten Fluch; „aber der Koch hat noch mehr."

„Hallo!" rief Pfeife aufspringend, „da will ich mir gleich noch eine holen!" und er kam mit seinem Blechteller zur Cambüse, den Versuch wenigstens zu machen.

„Sieh einmal das Wetter, das herauf kommt," rief ihm hier der Koch zu, der in der niederen Thür stand und mit dem Arm nach Osten hinüber deutete; „zum Teufel das sieht schwarz aus, und sollte mich gar nicht wundern, wenn da eine tüchtige Mütze Wind drein stäke. Jedenfalls gibts Regen und wir thun besser die Luken zuzulegen; macht, daß ihr mit eurem Essen da vorn fertig werdet."

Der zweite Harpunier hatte indessen mit dem Fernrohr auf dem Quarterdeck gestanden, und unverwandt nach der niedrig auslaufenden Landspitze geschaut, hinter der das Boot vorher verschwunden war.

Mac Kringo stieg in diesem Augenblick die Luke herauf und als der Koch auch gerade zusprang, nahmen sie die beiden genau passenden und schließenden Lukendeckel, an den in den gegenüberliegenden Ecken angebrachten eisernen Ringen und hoben sie in die Falze.

„Koch!" rief des Harpuniers Stimme in diesem Augenblicke von dem Quarterdeck aus.

„Ay, ay, Sir!"

„Rasch dein Essen wieder fort und in die Cambüse – *all hands on deck*[17] – große und Vormarsraae auf – rasch mit euch, meine Jungen, werft die Falle los! – Nun, was steht ihr da, wie verhagelt? die Marsraaen auf, und schnell, oder ich mache euch Beine!"

„Halloh, was ist nun los?" rief aber Legs, der eben einen Teller voll glücklich erbeuteter heißer Bananen in Sicherheit bringen wollte und jetzt nicht wußte, wohin damit, „was soll das heißen?" Es blieb ihm aber nicht lange Zeit zur Besinnung, die Befehle folgten zu rasch nacheinander, und während unter dem Singen und Schreien der Mannschaft die schweren Raaen an ihren Ketten in die Höhe klirrten, schob und schleppte der Koch rasch das Abendbrot der Leute bei Seite und jetzt vorn in das Logis hinunter, damit er die Sachen nur einmal vor der Hand aus dem Wege bekäme.

„An die Winde mit euch, rasch da vorn und ein Bischen lebhaft!" rief jetzt der Officier, der nach vorn und mitten zwischen die Leute gekommen war, von denen sich die meisten noch gar nicht von ihrer ersten Überraschung erholen konnten, denn es fing ihnen jetzt wirklich an klar zu werden, daß sie ohne Weiteres in See hinaus und die Insel verlassen sollten; „munter, meine Jungen, munter!" rief der Harpunier, dabei auf die Back springend, die Leute besser übersehen zu können, „her mit eurem Pumpgeschirr, und nun laßt uns einmal sehn, wie rasch ihr den Anker herauf bekommen könnt. Wetter, Jungen, es sind nur fünfundzwanzig Faden Kette aus, mit denen müßt ihr ja nur so weglaufen können."

„Den Teufel, Douglas!" flüsterte Jonas, in Todesangst an den Schotten hintretend, diesem in's Ohr, „hast du's gethan? – und jetzt sollen wir in See, das wäre eine schöne Geschichte."

„Hallo, da ihr Beiden!" rief in diesem Augenblick, und ehe noch der Schotte etwas erwidern konnte, der Officier, dessen Adlerblick die beiden Müßiggänger dort schon entdeckt hatte. „Hier Douglas – herauf mit dir, mein Mann, und löse das große Marssegel, und du, Jonas, auf die Vormarsraae; marsch mit euch, und nachher die Bramsegel auch frei, und du Bill, hinaus mit dir, und mach den großen Clüver los. Auf mit dem Anker, auf meine Jungen! – *Oh joli men hoy!*"

Widerspruch gegen die gegebenen Befehle war nicht möglich, obgleich fast alle Matrosen erstaunt mit den Köpfen schüttelten und sich diese bald abdrehten, um zu sehen, ob ihr Capitain noch nicht bald an Bord käme, ohne den sie doch unmöglich in See gehen konnten. Einmal war es fast, als ob Mac Kringo zögere, und er machte sogar eine Bewegung nach dem Harpunier zu, aber er besann sich in demselben Momente, als dieser ihm ein paar Kernflüche über seine Säumigkeit entgegendonnerte, und lief jetzt rasch die Wanten hinauf nach oben, den gegebenen Befehl zu erfüllen und die Segel zu lösen, die sie vielleicht bald Alle dem Verderben entgegenführen würden. Gestehen d u r f t e er ja nicht was er gethan, er wäre gebrandmarkt gewesen auf Lebenszeit, wenn man ihm wirklich das Leben geschenkt hätte, und die Kameraden –

„Ei, zum Teufel!" zischte er dabei zwischen den zusammengebissenen Zähnen durch; „kröche ich jetzt zu Kreuz, die Schufte ließen keinen guten Faden an mir, so lang sie mich hätten. Ich hab's nicht meinethalben allein gethan, so mögen's die Anderen auch mit ausbaden."

Die Ankerkette rasselte indessen, mit den raschen Schlägen des eisernen Pumpgeschirrs, schnell an Deck, der

Anker hing schon und das Schiff trieb mit der ausgehenden Ebbe der Mündung der Bai zu.

„Boot ahoy!" rief da Einer der Leute an der Winde aus, der eben über die Monkeyrailing das rasch anrudernde Boot erkennen konnte, und der Harpunier drehte sich, das Teleskop, das er noch in der Hand hielt, darauf richtend, schnell danach um.

„Flink, meine Jungen, flink!" rief er dabei; „hier hat's Eile – Larbord Seite da, Einer von euch, werft die Brassen los – Koch! rasch dahinten, die Brassen von den Nägeln – Starbordseite große und Fockbrassen – *belay that anchor*[18] – so, genug! – Marsbrassen – so, genug! und nun die Bramsegelschoten aus – so, genug! So, nun auf mit dem Anker, unter die Klüsen mit ihm, so rasch ihr laufen könnt. – *Oh, joly men hoy!*"

Der Schotte, der die Bramsegel gelöst hatte, kam jetzt rasch an den Wanten herunter, als ihn der Harpunier sah.

„Hallo, da oben, Sir – da du einmal gerade unterwegs bist, wirf den Royal[19] los – heda – hast du's gehört, Bursche? hinauf mit dir, oder ich werde dir Beine machen. Wenn ich keinen von den Jungen gleich bei der Hand habe, wird es deinen faulen Knochen wohl auch nichts schaden, einmal nach oben zu gehen. – Alle Wetter, da sind sie – das war Zeit, daß wir fortkommen," unterbrach er sich rasch, als plötzlich eine förmliche kleine Flotte von Canoes um die Landspitze bog. Die Aufmerksamkeit der Leute wurde aber rasch von dieser ab an Bord ihres eigenen Schiffes gelenkt, wo jetzt das vom Land zurückkehrende Boot, um das sie sich bis daher gar nicht hatten kümmern können, langseit legte, und im nächsten Augenblick, seinen Leuten voran, Capitain Silwitch an Bord sprang.

4.

Toanonga hatte an dem Nachmittag noch recht herzlich über den wilden, tollköpfigen Papalangi gelacht, der da, aus irgend einem Land hergeregnet, gleich geglaubt, er könne so ohne weiteres die Tochter eines ersten Häuptlings, aus dem Blut der Hau's oder ersten Könige auf seine Arme packen und in die weite See damit hinein fahren, wohin es ihm gerade beliebe.

„Guter Bursch," sagt er dabei auf seine gemüthliche Weise hin, „sehr guter Bursch; hat mir die ganze Tasche voll Sachen gebracht, und blieb' er hier bei uns, und *Tai manavachi* wäre nicht da, und Hua wollte ihn – und er hätte noch mehr solche Sachen, und brächte alles Das, was er versprochen, wer weiß, ob nicht dann der Pagalangi und Hua doch Mann und Frau geworden wären."

Der alte Häuptling, still vor sich hinschmunzelnd, erging sich noch in einer Menge anderer Möglichkeiten, indeß er sich zugleich auf sehr angenehme Weise mit dem Sortiren der verschiedenen Arten Knöpfe und Nägel beschäftigte, als ein Bote, einer seiner jungen Leute, von einem anderen Theil der Küste herüberkam und die Ankunft vieler Kriegscanoes, wahrscheinlich den jungen Häuptling *Tai manavachi* führend, meldete, der jetzt komme, seine Braut heimzuführen. „Kommt gerade recht," murmelte der alte Mann zufrieden vor sich hin; „tollköpfiger Pagalangi hätte am Ende noch dumme Streiche gemacht, und Hua ist nirgends besser aufgehoben, wie bei ihrem Mann – aber was ist das?" unterbrach er sich dann selbst, als ein Boot von dem draußen in der Bai liegenden Schiff ab nach der nächsten Landspitze, wo gar keine Wohnungen lagen, hinüber hielt. „Was wollen die Fremden da drüben, wo Hua nur Abends mit ihren Frauen hinübergeht? – Hm, hm, hm, wird sie noch einmal sprechen und fragen und gewinnen wollen – ja, zu spät, *cowtangata*, zu spät – wenn sie dich möchte, hätte sie lange Ja gesagt."

Eine Zeitlang blieb er so sinnend stehen und schien gewissermaßen zu erwarten, daß das Boot, wie jedes anderemal nach seinem gewöhnlichen und ihm eigentlich auch vorgezeichneten Landungsplatz herüber halte, von wo der Capitain des Wallfischfängers dann gewöhnlich allein nach der andern kleinen Bai hinüber gegangen war. Da das aber heute Abend augenscheinlich nicht in der Absicht der Fremden lag, und Toanonga sich dadurch gewissermaßen, er wußte selber eigentlich nicht recht warum, beunruhigt fühlte, beschloß er selber dort hinüber zu gehen, und zu gleicher Zeit seiner Tochter die Ankunft ihres Bräutigams zu melden.

Mit einiger Beschwerde erhob er sich von seiner Matte, auf der er vorher jedoch sorgfältig seine Schätze in ein Stück braungefärbtes und gedrucktes Gnatu[20] eingeschlagen hatte, die er nun vor allen Dingen in seiner Hütte in Sicherheit brachte. Dann winkte er den beiden Burschen, ihm zu folgen, und mit diesen langsam ein kleines Dickicht von Fruchtbäumen durchschreitend, das den Hang des Hügels nach dieser Seite zu bedeckte, stieg er die leise Abdachung hinan, die von ihrem Gipfel aus einen Überblick nach der Nachbarbai, mit ihrem stillen Wasser und wehenden Palmen gewährte.

Hierher kam Hua jeden Abend mit mehreren ihrer Gespielinnen sich zu baden und auf der klaren Fluth, über den aufzweigenden Corallen hin in ihrem Canoe zu schaukeln. Silwitch hatte ihr da oft Gesellschaft geleistet und selige Stunden mit ihr verträumt, während das Mädchen mit ihm plauderte und lachte, ihm die Legenden

34

und Märchen ihres Volkes erzählte und ihn neckte und seiner spottete, ihm aber nie eine Freiheit gegen sich selber gestattete. Nie durfte er auch nur den Arm um sie legen, oder sie gar küssen, und zehnmal war er in bitterem, verzehrendem Unmuth fest entschlossen gewesen, nie wiederzukehren und die gefährliche Nähe der so schönen wie spröden Maid auf immer zu fliehen, aber das herzliche, lächelnde „*chio do fa*[21]!" mit dem sie ihm beim Abschied jedesmal die Hand unaufgefordert reichte, zwang ihn auch wieder zurück in ihre Nähe, bis er zuletzt nicht einmal mehr den Gedanken fassen konnte, sie zu fliehen.

Auch heute hatte sie sich, noch nicht von der Ankunft des Geliebten benachrichtigt, hierher zurückgezogen, und sein Canoe mußte auch in der That diese Bai passiren, wenn er Toanonga's Wohnort erreichen wollte, da auf der andern Seite der Insel ein breiter Corallendamm das Umschiffen derselben im Binnenwasser unmöglich machte. Die Mädchen saßen zusammen im Schatten eines breitästigen Toabaumes, dem einzigen auf dem kleinen, hier absichtlich von Unterholz befreiten Raum, ihr Haar mit wohlriechendem Cocosnußöl zu salben, als das Wallfischboot des Fremden um die Spitze der Bai schoß und die Mädchen erschreckt aufspringen machte; nur Hua blieb ruhig sitzen und sagte lachend:

„Was fürchtet ihr euch, tolle Dirnen, habt ihr den Pagalangi noch nie gesehen mit seinem Boot, und sieht er zu windwärts von der Landspitze da draußen anders aus als zu leewärts? Er wird uns sein Lebewohl sagen wollen, denn die fremden Männer sind alle auf das Schiff zurückgefahren, und den ganzen Tag schon in den Seilen herumgeklettert. Er hat unsere besten Wünsche für sein Wohl – wir f ü r c h t e n ihn nicht!

„Aber was suchen die Fremden h i e r ?" rief eines der

Mädchen, schüchtern zu ihrem Sitz zurückkehrend; „komm, Hua, wir wollen in den Wald gehen, bis sie vorbeigerudert sind – siehst du, sie wollen landen."

„Laß sie, Mädchen," sagte des Häuptlings Tochter verächtlich; „wenn wir sie hier nicht länger dulden wollen, schickt sie Hua wieder in See."

„*Chio do fa, Hua, chio do fa!*" rief in dem Augenblick die lachende Stimme des jungen Capitains zu ihnen herüber; „wartest du hier auf mich, Maid, zur rechten Stunde? ich komme, ich komme."

„Nicht auf dich, Pagalangi," sagte das Mädchen ruhig, sich halb von ihm abwendend; „dieser Platz ist mein Eigenthum, und wer ihn betritt, kommt zu m i r ."

„Und sollen wir hier unser Haus bauen in späterer Zeit?" flüsterte der junge Mann, näher zu ihr hintretend und die Hand ausstreckend, die ihrige zu ergreifen.

„Wir?" wiederholte die Jungfrau erstaunt.

„Zögert nicht länger wie nöthig ist, *Captain dear*!" rief aber in diesem Augenblick der Mate oder Harpunier warnend, „ich habe da oben auf dem Hügel eine Gestalt gesehen und die Canoes, die wir von Deck aus sahen, könnten auch bald hier sein, wenn sie beabsichtigt hätten, hier herzulaufen."

„Es ist wahr, George," rief der Capitain zurück, „ich habe überdies schon zuviel Zeit verloren," und sich rasch zu der Geliebten drehend, sagte er schmeichelnd:

„Komm mit mir, Hua – da draußen liegt mein Schiff, in wenigen Minuten setzen wir die Segel und frisch und fröhlich ziehen wir hinaus in die freie, offene See – meine Seele hängt an dir, Mädchen, und ich kann nicht ohne dich leben.

„Zurück, Pagalangi," rief aber Hua, zum erstenmal vielleicht erschreckt, als er dreister auf sie zutrat und seinen Arm um sie zu legen suchte; „zurück, *taima tangata* – eines Häuptlings Tochter ist für dich zu gut; such' dir ein Weib unter den Dirnen des Landes."

„Meinest du, Herz?" rief der junge Mann jetzt, dem Zorn und beleidigte Eitelkeit das Blut in die Wangen jagte, „dann will ich doch sehen, ob du an Bord dieselbe Sprache hast!" und mit raschem Sprung die Sträubende umfassend, ehe sie selbst im Stande war um Hilfe zu rufen, hob er sie vom Boden auf, und floh mit ihr dem vielleicht hundert Schritte davon entfernten Boote zu.

„Hilfe! Hilfe!" schrie jetzt das arme Mädchen, die erst in dem Entsetzen der Gefahr, als sie das Boot vor sich sah und ihr Schicksal ahnte, die Sprache wieder fand. „Hilfe, Toanonga, zu Hilfe – zu Hilfe deinem Kinde!"

„Sie hören dich nicht, Liebchen," lachte aber der junge kecke Seemann, seine süße Last nur schneller dem Ziele zuführend; „dein Ruf dringt zu spät an ihr Ohr."

„Habt Acht, Capitain!" rief aber in dem Augenblick der Harpunier, der mit dem Steuerriemen in der Hand hinten im Boot gestanden, den Befehl zum Abstoßen zu geben, so rasch ihre Beute geborgen sei, und der jetzt zwei junge Burschen aus den nächsten Büschen herausbrechen und dem Mädchenräuber folgen sah; „habt Acht, sie sind hinter euch!" Silwitch hatte aber, an keine Verfolgung denkend, nur Auge und Ohr für sein erobertes Glück, und der junge, riesige Ire, die Gefahr von dem Haupt des Capitains abzuwenden, flog unbewaffnet wie er war, mit einem Satz so nahe er konnte, an Land, in die klare und hier seichte Fluth hinein, unbekümmert, ob sie hier einem ungleichen Kampf entgegengingen, warfen sich auch die beiden jungen Indianer auf den Capitain, ihres Häuptlings Tochter aus seinem Griff zu retten. Der Ire aber zwischen den Capitain und seine Verfolger springend, ergriff den ersten beim Arm und schleuderte ihn wie ein Kind zur Seite, während er den Zweiten, stärkeren der einen Schlag nach ihm führen wollte, mit sicher gezieltem und geübtem Stoß so derb zwischen die Augen traf, daß er betäubt und regungslos zu Boden schlug.

„Nun fort!" rief er jetzt und stieß, in das Wasser

38

springend, das Boot, in das der Capitain seine Beute schon hineingehoben, ab von den Corallen, und sich nachschwingend, während zwei der Leute das Mädchen hielten, und die andern den Capitain zu sich herein zogen, setzte er rasch und dringend hinzu: „an eure Riemen, meine Bursche, an eure Riemen, für euer Leben, denn beim Teufel, dort kommt die ganze Canoeflotte hinter der Landspitze vor – an eure Plätze und vorwärts! der Capitain wird die Dirne schon festhalten und du, Patrick, kannst ihr indessen ein wenig die Füße zusammenbinden, daß sie nicht doch noch über Bord springt; erst aber ein Tuch über den Mund, daß sie das verdammte Schreien läßt. Und nun ein mit euren Rudern, und brecht sie, wenn ihr könnt!"

Das elastische Holz bog sich unter den kräftigen Zügen der, ein jubelndes Hurrah ausstoßenden Matrosen, denn die kecke Entführung hatte ihre ganze Sympathie, und das scharfgebaute Boot schoß schäumend durch die Wellen, dem nicht so gar weit davon ankernden Schiff zu. Die Fahrzeuge der Eingebornen dagegen, sieben vollbemannte und wunderlich geschmückte Kriegscanoes, die allerdings noch zu weit entfernt waren, den Hilferuf zu hören, konnten doch schon auf dem Corallensand des Strandes die hin und her laufenden dunklen Gestalten erkennen. Wenn sie deshalb auch vielleicht anfänglich die Absicht gehabt hätten, näher am Land zu bleiben, wo die ihnen hier günstige Strömung auch die stärkste war, so schien das fremde Boot diesen Plan geändert zu haben. Sie hielten nun vor allen Dingen gerade auf die ziemlich in ihrem Cours, aber ihnen gegenüber liegende Landspitze zu, wo sie die dunkle Gestalt eines Eingebornen entdecken konnten, von welcher sie jedenfalls Auskunft über das etwas verdächtige Benehmen des Bootes zu erhalten hofften.

Die Gestalt am Ufer war aber Niemand anderer als

Toanonga selber, und nach einigen rasch gewechselten Worten mit dem ersten, festlich geschmückten, aber mit wohl zwanzig Kriegern bemannten stattlichen Canoe gab dieser den ihm folgenden Fahrzeugen durch schrill gerufene Laute irgend einen Befehl, und quer hinüber schneidend über die Bai, wo ihnen jetzt das die Segel setzende Schiff der Papalangis in Sicht kam, suchten sie augenscheinlich diesem die Bahn abzugewinnen.

„Anker klar, da vorn!" rief die helle, fröhliche Stimme des Capitains über Deck, als er kaum die Wanten seines Fahrzeugs erfaßte und die Railing übersprungen hatte.

„Alles klar, Sir!" lautete der bestimmte Ruf des Harpuniers zurück.

„Her zu mir denn, mein Herz!" jubelte er, als er die Arme ausstreckte, das ihm heraufgereichte und sich wild sträubende Mädchen in Empfang zu nehmen; „her zu mir, mein Herz, und nun hab' ich und halt' ich dich, und *Tai manavachi* muß rasche Canoes und tapfere Krieger haben, wenn er dich wiederholen und aus meinen Armen reißen will."

„Bind mich los, *tangata foi*!" rief aber das schöne Mädchen, als ihr das Tuch abgenommen war, das bis dahin ihren Mund bedeckt, in wildem Zorn: „bind' mich los und gib mich frei, falscher, verrätherischer Pagalangi, der du, wie der Dieb in der Nacht, dich in meines Vaters Haus geschlichen. Hotuas Fluch über dich und dein Schiff! Bind' mich los!"

„Daß du mir über Bord sprängst und den ganzen Spaß verdürbest," lachte der junge Mann. „Nein Herz, du bist jetzt vielleicht bös auf mich, aber das wird sich schon geben; ich bin nicht so schlimm, wie du mich machst, und wir werden hoffentlich noch recht gute Freunde werden. Jetzt aber, wildes Täubchen, muß ich dich auf kurze Zeit hinunter und aus dem Weg tragen," setzte er rasch hinzu, als ihn ein Blick überzeugt hatte, wie die Canoes einen näheren, ihnen wohl genau bekannten Canal durch die Riffe annahmen, den Lauf des Schiffes abzuschneiden, das die breite Ausfahrt halten mußte. Wenn er auch ihren Angriff nicht zu fürchten brauchte, denn selbst vor Anker hätte er sich die Canoes abhalten können, wollte er doch, so lange das anging, jedes Blutvergießen, wie jede weitere Feindseligkeit vermeiden. So denn die geraubte Braut, die sich vergebens seinem Griff zu entwinden suchte, in die Arme fassend, trug er sie in die Cajüte hinunter, deren Thüre er rasch hinter ihr abschloß.

Keine Zeit war es jetzt für ihn, die Zürnende zu besänftigen, das Schiff trieb mit dem schäumenden Corallendamme mehr und mehr entgegen, und näher und näher kamen die Canoes dem Feinde.

Die Commando's am Bord den Steuernden zuzurufen, erforderten jetzt die ganze Aufmerksamkeit der Mannschaft, die an den Brassen, jeder an seinem Posten, stand, etwa gegebene Befehle zu anderer Stellung der Segel so rasch als möglich auszuführen, während der Capitain selber vorn von der Back aus, durch zwischen ihm und dem Steuernden aufgestellte Harpuniere, den Lauf des Fahrzeugs mit seiner Stimme lenkte. Die „Lucy Walker" war übrigens ein treffliches Seeboot und gehorchte dem Steuer rasch; so umschifften sie denn auch, mit der jetzt immer frischer einsetzenden Brise, die so scharf von Osten herüberkam, daß sie in eine Bö auszuarten drohte, die gefährlichen Klippen, die ihnen rechts und links schäumende Brandungswellen herüberrollten und jetzt, von keiner Gefahr weiter bedroht, und gerade, als die Sonne in dem noch klaren Westen verschwand und die von gegenüber aufsteigenden

Wetterwolken mit ihrem rosigsten Lichte übergoß, breitete sich die freie, offene See vor ihnen aus.

„Freie Bahn!" rief da der junge Capitain in lustigstem Übermuth, seinen Hut gegen die noch immer unverdrossen heranschäumenden Canoes schwenkend, indeß der Bug seines eigenen Fahrzeugs, die Segel von der frisch und stark aufkommenden Brise gebläht, durch die krystallene Fluth schoß und die klaren Wellen zu beiden Borden spritzend abwarf. – „Freie Bahn! und nun auf Wiedersehn, vielleicht für nächstes Jahr. Armer *Tai manavachi!*" setzte er dann lächelnd hinzu, als er noch einen Blick auf die Canoes warf, ehe er von der Back hinunter sprang, „wenn du wirklich da drin bist, thust du mir wahrhaftig leid, so, nur wenige Minuten, die Zeit, versäumt zu haben. Hättest du nicht so lange Siesta gehalten, vielleicht läge die Braut jetzt in deinen Armen, statt in meiner Cajüte. Zu spät nun deine Anstrengungen, mein Tapferer, zieh deine Ruder ein, tollköpfiger Bursch, oder das Wetter da drüben schneidet dir auch zum Land zurück die Straße ab?

Nun, meinetwegen," setzte er nach einer kleinen Pause hinzu, währenddem er zu seinem Erstaunen sah, wie die Canoes wirklich die Passage in offener See forcirten und dem drohenden Himmel und der trostlosen Aussicht auf Erfolg zum Trotz die Verfolgung noch nicht aufgegeben zu haben schienen, „wenn ihr's nicht besser haben wollt, so kann mir's recht sein; Nebenbuhler sind überdies gefährliche Gesellen," und an Deck hinunterspringend und die jetzt zurückbleibenden Canoes keines Blickes weiter würdigend, ging er wieder nach aft (hinten), dort die nöthigen Befehle zu geben, einen Theil der Segel wieder zu bergen und für ein doch mögliches Unwetter, das in diesen Breiten oft einen furchtbaren Charakter annehmen kann, wenigstens vorbereitet zu sein.

42

Die „*Lucy Walker*" ließ die Insel, jetzt vor dem Wind laufend, rasch hinter sich, und vor ihnen war an dem, im Abendschein klar abgeschnittenen Horizont kein Land mehr sichtbar.

5.

„Zum Teufel noch einmal, Legs," sagte Pfeife mit seiner feinen, quitschigen Stimme, als die eine Wacht ins Logis beordert war, rasch ihr <u>Abendbrot</u> einzunehmen, um an Deck bereit zu sein, wenn das Wetter die ganze Mannschaft oben verlangte, indem er an seinen indessen kalt gewordenen Bananen kaute, „das riecht mir schon seit einer Weile so verdammt brandig hier unten – hast du noch Nichts gemerkt?"

„Mir ist's auch schon so vorgekommen," rief der Schotte jetzt rasch, der in tödlicher Ungeduld wie auf Kohlen gestanden und nur nicht gewagt hatte, selber das erste Wort darüber zu sagen. Wäre er sich seines Verbrechens nicht bewußt gewesen, würde er gar nicht daran gedacht haben, in der ersten Entdeckung ein Zeichen zur Anklage zu finden; „weiß der Henker, wo's herkommt, aber es riecht versengt und wir lassen Spunt lieber einmal nachsehen."

„Wo?" frug S p u n t , wie der Böttcher auf Wallfischfängern gewöhnlich genannt wird.

„Nun, hier unten in den Ecken, oder wenn da nichts ist, unter Deck," sagte Douglas ausweichend.

„Na, hier werdet Ihr doch wohl auch selber die Nasen in die unteren Koyen bringen können," knurrte der Böttcher, der eben an einer höchst wohlschmeckenden Schweinsrippe kaute, „Spunt – immer nur Spunt; Spunt muß bei Allem dabei sein und damit seid Ihr gleich fertig."

„Alle an Deck!" schrie da die gellende Stimme des Harpuniers, der zugleich mit einer aufgegriffenen Handspake auf die Logisluke schlug, seinen Worten größeren Nachdruck zu geben; „Alle an Deck da unten und reefen[22], herauf mit Euch, herauf!"

„Mr. Mate!" rief der Schotte jetzt, der zuerst die kleine schmale Leiter heraufsprang, während Legs und Pfeife indessen noch überall in den Ecken herumvisitirten und rochen, dem unverkennbar brandigen Duft auf die Spur zu kommen, „da unten –"

„Reefen!" schrie ihn aber der Harpunier an, nicht gewohnt, irgend eine Einrede zu gestatten; „Reefen, hast du's gehört, tauber Schotte? – nach oben, wohin du gehörst, oder ich b r i n g dich hinauf mein Bursche!"

„Da unten riechts –"

„Will er das Maul halten und gehorchen, wenn ich ihm etwas sage?" rief aber der rauhe Geselle, die hingeworfene Handspeiche in zorniger Drohung wieder aufgreifend.

„F e u e r ist irgendwo unten!" knurrte aber der Schotte fest entschlossen, sich diesmal nicht einschüchtern zu lassen und das Hauptwort gleich vorrückend, den <u>Officier</u> über die Wichtigkeit der Einrede nicht in Zweifel zu lassen; „es riecht brandig und muß irgendwo brennen, und wenn i h r ' s wollt brennen lassen, kann's mir recht sein." Und damit, als ob er Alles gethan, was von ihm konnte verlangt werden, sprang er auf die Railing und lief, die Wanten fassend, an diesen hinauf, den gegebenen Befehl auszuführen.

„Wo brennt's?" rief der Harpunier aber rasch, die

Handspake niederwerfend, dem jetzt ebenfalls heraufkommenden Pfeife an; „was ist da wieder los? – was habt ihr da unten wieder angerichtet?"

„Wir?" schrie Pfeife, den Officier erstaunt ansehend; „angerichtet? Unser angerichtetes Essen haben wir unten stehen lassen, um schnell herauf zu kommen."

„Der schottische Dickkopf da oben sprach von Feuer," rief der Harpunier nach oben sehend; „na, komm du mir nur wieder herunter!"

„Ja, brandig riecht's unten," betätigte dies aber ebenfalls der Matrose, „und Spunt hat's jetzt auch herausbekommen und schniffelt in allen Koyen herum."

„Er soll nachher einmal unter Deck nachsehn," sagte der Harpunier; „jetzt rasch nach oben, *boys*, legt euch aus, daß wir die Segel klein bekommen," und zu dem Clüverfall springend, warf er dieses selbst los, daß der schwere, lange Clüver in seinem Stag niederschnurrte, nachher bei mehr Muße auf dem Clüverbaum festgeschnürt zu werden.

Bis jetzt wehte nur noch erst eine steife Brise, die aber, wie schon gesagt, leicht in einem Sturm ausarten konnte, und Capitain Silwitch wollte sein Schiff keiner unnöthigen Gefahr aussetzen. Durch die dichtgereeften Segel wurde aber auch ein Fortgang gehemmt, und wenn sie auch noch rasch genug durchs Wasser liefen, die ihnen trotzdem hartnäckig folgenden Canoes, behielten sie doch, so lange nämlich die jetzt rasch einsetzende Nacht nicht ihren Schleier über das schäumende Meer warf, deutlich von Deck aus in Sicht.

Der Harpunier hatte indessen über dem ihm gemeldeten brandigen Geruch die seine ganze Thätigkeit in Anspruch nehmende Beschäftigung des Segelreefens vergessen, und

Capitain Silwitch, der bis dahin an Deck geblieben war, das aufsteigende Wetter und dessen Stärke abzuwarten, wollte sich eben vor einem, in diesem Augenblick beginnenden tüchtigen Schauer froh vielleicht, einen Vorwand zu haben – in die Cajüte hinabziehn, als Spunt nach dem Quarterdeck hinter kam und mit abgezogener Mütze seinem Officier meldete, der Feuergeruch würde stärker, und es wäre nöthig, daß sie unten nachsähen.

„Was gibt's?" rief Capitain Silwitch, schon auf der Cajütstreppe und noch mit dem Kopf über die Seitenrailing derselben schauend; „was will der Mann, Sir?"

„Die Leute wollen vorn einen brandigen Geruch bemerkt haben," rapporte der Harpunier, „Spunt mag wohl einmal nach unten gehen und nachsehen?"

„Einen brandigen Geruch? – wo?" rief der Capitain, rasch wieder an Deck springend, denn mit Feuer an Bord eines Schiffes ist nicht zu spaßen. „*Damn it,*, mir ist's auch schon vorher einmal so vorgekommen. Reißt die Luken auf, Böttcher, rasch, und seht nach; das hättet Ihr schon lange thun können."

Der Böttcher ging schnell zurück, von wo er gekommen, den Befehl auszuführen, als ihm auch schon der Ruf von mehreren Stimmen „Feuer! Feuer!" entgegen schallte, unter dem Luckendeckel hervor hatte Lemon, von oben herunter kommend, den feinen blauen Rauch herausquellen sehen, und als er zusprang, mit Spunt zusammen die eine Hälfte des Deckels abzuheben, schlug ihnen der dicke, schwere Qualm in furchtbarer Wirklichkeit entgegen.

„Feuer!" gellte der Angstschrei der Leute über Deck, „Feuer! Boote nieder – Boote in See – wir sind verloren!"

„Teufel!" schrie der Capitain, in grimmer Wuth das Deck stampfend; „Teufel – und gerade jetzt; so, hinunter Einer von euch, und seht, ob noch zu löschen ist – heda, Böttcher – Zimmermann!"

Die Leute schienen aber alle den Kopf dermaßen verloren zu haben, daß sie gar nicht wußten, wo angreifen, wo helfen, und nur der Schotte, dem laut lamentirenden Jonas einen Stoß in die Rippen gebend, sprang zum Rand der Luke, und suchte, mit den Füßen unten nach den Einschnitten an der mittleren Stütze fühlend, in den Rauch hinein seine Bahn. Aber auch er mußte es aufgeben, und den einen Arm emporwerfend, streckte er diesen, schon halb betäubt von dem Rauch, nach Hilfe aus, und wurde rasch wieder an Deck gezogen, während der Capitain und Harpunier jetzt den Luckendeckel wieder zuwarfen, das Feuer, vielleicht in dem furchtbaren selbsterzeugten Qualm zu ersticken.

Was da unten brannte, und wie das Feuer ausgekommen, war etwas, dem sie jetzt auch nicht einmal eine Vermuthung gönnen konnten.

„Wasser und Provisionen herbei!" rief die Stentorstimme des Capitains über Deck durch den Lärm; „jede Bootsmannschaft ihr Boot so schnell als möglich verproviantirt und an Lanzen noch hinein was ihr habt. – Hier Mr. Fergusen," wandte er sich dann rasch an den ersten Harpunier, „sie besorgen die Instrumente in ihr Boot, Sextant, Compaß und Chronometer – haben sie nach dem Barometer gesehen, wie er steht?"

„Er ist wieder gestiegen."

„Desto besser, ein Sturm jetzt und wir wären verloren."

„Und glauben Sie nicht, daß wir das Schiff noch retten können?" frug der Harpurnier, selbst mit wenig Hoffnung im Ton.

„W i e ?" entgegnete der Capitain eintönig, „ich begreife nicht, daß es so lange unentdeckt bleiben konnte – früher wäre Hilfe vielleicht möglich gewesen, was sollen wir jetzt thun?"

„Wenn man nur wenigstens wüßte, w a s brennt," sagte der Harpunier.

„Das Schlimmste, was brennen kann," erwiederte der Capitain, der seine Kaltblütigkeit wieder gewonnen, „das Öl, haben sie das nicht an dem Qualm gesehen?"

„Dann sind wir verloren!" rief der Harpunier.

„Wir? – das Schiff. – Mit den Booten können wir leicht eine andere Insel erreichen."

„Aber die Canoes hinter uns, – hätten wir nur die verdammte Dirne an Land gelassen."

„Teufel, an die Canoes hätt' ich gar nicht mehr gedacht."

„Wenn wir jetzt unsern Cours änderten," rief der Harpunier rasch, „es ist dunkel und in kurzer Zeit –"

„Wird die Flamme lichterloh hier am Deck emporleuchten – unsere einzige Hoffnung ist, ihnen vorher mit den Booten aus dem Wege zu kommen. So, rasch hinein – mit dem Seitenwind laufen wir dann ein Stück nach Norden hinauf und sind morgen Früh hoffentlich, wenn die Sonne aufgeht, aus Sicht."

Die Mannschaft hatte indessen in wilder Hast Alles herbeigeschleppt, was an Provisionen aus der ihnen geöffneten und von dem Feuer noch nicht angegriffenen Proviantkammer zu erreichen war. Die kleinen, überdies immer bereiteten Wasserfässer für jedes Boot waren gefüllt und standen am Deck, jeden Augenblick hinuntergelassen zu werden, da man die oben in der Schwebe hängenden Boote, Unglück zu verhüten, nicht so schwer beladen durfte, ehe sie auf dem Wasser ruhten.

Der zweite Harpunier war indeß beordert, Munition und Gewehre aus der vordern Cajüte herbeizuschaffen, die Leute zu bewaffnen, und Capitain Silwitch sprang jetzt selber in seine Cajüte hinunter, die Gefangene herauf zu holen, ehe sich das Feuer dorthinein etwa die Bahn gebrochen hätte.

Vor allen Dingen seine Papiere und Geld zu sich steckend, für alle Fälle gerüstet zu sein, trat er zu Hua, die noch gebunden und regungslos in dem Sopha lehnte, auf das er sie gelegt.

„Mädchen, herauf mit dir!" rief er ihr zu, nach ihren Armen fühlend, ihre Banden zu lösen. „Das Schiff brennt und wir müssen flüchten."

„Hotuas Fluch hat dich getroffen," lachte aber die Jungfrau zornig auf, „seiner Rache bist du verfallen. Schon seit ich in deiner Macht bin, hab' ich den grimmen Feind gewittert, der in den Eingeweiden deines Schiffes wühlt – er ist von Minute zu Minute mächtiger geworden und da drinnen kannst du das fröhliche Knistern hören, wie er sich die Bahn gräbt ins Freie. Du bist verloren und der Sturm draußen läßt dir die Wahl jetzt zwischen Feuer und Wasser – zu verderben, wohin du dich wendest."

„Noch nicht, mein Herz," lachte aber der Seemann in fester, trotziger Entschlossenheit, „so lange jene Canoes draußen in solchem Wetter leben können, brauchen wir auch in einem tüchtigen, regelrechten Boot nicht viel zu fürchten."

„Canoes? – was für Canoes?" frug Hua rasch aufhorchend.

„Es ist gut, mein Schatz," sagte der Seemann ausweichend, den das Wort schon gereute, das er gesprochen; „euere Fischercanoes mein' ich. Und nun komm!" und ihre Banden mit einem Messer durchschneidend, führte er das Mädchen, die ihm jetzt willig folgte, an Deck hinauf. Der Rauch unten verstattete ihnen schon kaum noch das Athmen, während rasch die Nacht einbrach und ihren dunklen Schleier über das Meer legte.

Der erste Harpunier hatte indeß die Mannschaft in ihre verschiedenen Boote gewiesen, während er das eigene für sich und seine Leute wie für den Capitain mit seiner Gefangenen freibehielt, auch die Instrumente und einen Theil der Waffen da hineinstaute. Die übrigen sollten flott werden, so rasch sie könnten. An der Starbordseite hatte sich schon die Flamme durch das dünne Deck die Bahn gebrochen, und einmal nur erst ein wirkliches Luftloch für die Gluth geöffnet, und jeden Augenblick konnte dann das ganze Schiff in Flammen stehn. Die Boote blieben jetzt ihre einzige Rettung.

Als sie das Deck erreichten, schaute Hua rasch und spähend umher, und horchte in peinlicher Angst in die Nacht hinaus, aber nichts ließ sich weder erkennen noch hören und ihr nächster Blick, mit kalter Entschlossenheit nur einen Erfolg zur Flucht, sei diese so verzweifelt wie sie wolle, berechnend, musterte die Mannschaft der verschiedenen Boote erst und fiel dann auf das wild erregte Meer. Tief aufseufzend hob sich da ihre Brust, als sie das

Trostlose eines jeden solchen Versuchs fühlte, und schaudernd wandte sie sich ab von dem Manne, der sie Allem entrissen, was ihr lieb und theuer war auf der Welt, und der sie jetzt umfaßte, sie wieder in das Boot zu heben, dem einen Element vertrauend, was das andere entfesselt bedrohte.

Ihr Fuß zögerte auch, als sie das Deck verlassen sollte; zog sie den Tod nicht solchem Leben vor? – Aber d i e C a n o e s ? – das eine Wort, so unbestimmt und vague, hatte neue Hoffnungen in ihr geweckt. Wurden sie verfolgt, so lag Rettung im Bereich der Möglichkeit, denn ihre Landsleute sind berühmt selbst unter den kühnen Nachbargruppen im Bau trefflicher Canoes, mit denen sie hunderte von Meilen weit die See befahren und nicht selten sogar Stürmen trotzen.

„Komm, komm, mein Täubchen," mahnte sie aber der Engländer, ihr Sträuben fühlend, „du kennst die Gefahr nicht, der wir hier mit jeder Secunde Zögern ausgesetzt sind; an ein verwünschtes Faß Pulver unter Deck hab' ich bis jetzt noch gar nicht gedacht – über Bord Leute, über Bord in euere Boote, wenn euch euer Leben lieb ist!" und das Mädchen auffassend, schwang er sich in demselben Moment über die Railing, als das Boot, von beiden Krahnen gesenkt, niederfiel auf das Wasser und noch von dem rasch die Fluth durchschneidenden Schiff den nachstürzenden Wellen immer wieder entführt wurde.

Lemon behauptete indeß das Ruder in all seiner sauertöpfigen Hartnäckigkeit, denn das Schiff mußte die Bahn halten, bis sämmtliche Boote frei waren. Eine Handspeiche neben sich, die er zuletzt in's Rad stecken wollte, es auf seiner Stelle zu halten, wenn er seinen Posten verlassen mußte, stand er mit unerschütterter Ruhe den jetzt aus mehren Stellen an Deck brechenden Krater unter sich beobachtend und anscheinend vollkommen gleichgiltig, daß Alle das Schiff verließen und ihn allein auf dem brennenden Sarg zurückließen. Rechts und links glitten schon die glücklich niedergelassenen Boote, mit ihren Segeln gesetzt, ab von dem seinem Geschick verfallenen Schiff, und nur noch das eigene hing unter den Krahnen.

Eine helle Flammensäule stieg in diesem Augenblick mit blendendem Strahl hoch auf in die Nacht; ein Theil des Decks war eingestürzt und die Gluth brach lodernd hinaus in's Freie.

„Nieder mit euch, nieder!" schrie des Capitains Stimme über das Wasser, der mit dem eigenen Boot dicht im Fahrwasser seines Schiffes folgte; „nieder, oder ihr seid verloren!"

Der Schotte und Pfeife standen an den Tauen, vierten, auf den jetzt rasch gegebenen Befehl des Harpuniers, das Boot nieder, langseits dem Schiff und sprangen dann rasch hinein, Jonas und der ihm aus einem andern Boote beigegebene Legs mit Spunt, dem Böttcher, reichten ihnen die schon bereit liegenden kleinen Fässer mit Wasser und Proviant nach, und ihnen mit dem Harpunier folgend, war Lemon der letzte Mann an Bord.

„Komm von Bord, Sir!" rief sein Officier, „schnell! um dein Leben!"

„Werdet doch wohl warten, bis ich komme?" knurrte der sauertöpfische Gast in voller Ruhe, und die Handspeiche einschiebend und ein dort liegendes Fall darumschlagend, daß sie nicht wieder herausrutschen konnte, blieb er noch einen Moment stehen, das Deck kopfschüttelnd zu überschauen und stieg dann rasch an der Seite nieder, von halbwegs ab auf eine der *thwarts* oder Bootbänke springend.

Das Boot hatte indeß seine Segel schon gesetzt, löste das Springtau und kam frei, und allein fort schoß der brennende Koloß, wie ein angeschossener Eber seine wilde unbewußte Bahn, die Todeswunde im Herzen, da er nicht mehr entfliehen konnte in toller, blindstürmender Wuth.

„Habt Acht auf eure Segel!" rief ihnen der Capitain zu, der mit seinem rascheren Boot gerade an ihnen vorüberschoß, während die jetzt vollkommen ausgebrochene Gluth am Bord der armen „Lucy Walker" einen hellen Schein über das Wasser warf und alle Gegenstände deutlich erkennen ließ; „das obere Fall da hat sich umgeschlagen."

„Wirf es herüber, Jonas!" rief der Harpunier, der den Steuerriemen in der Hand hielt, „wirf es herüber, Mann, aber rasch, denn das Segel faßt jetzt den Wind nicht genug, und wenn uns die nächste Welle erwischt, füllen wir – Pest und Tod – werft einen Theil der Ladung über Bord, wir gehen ja fast bis an den Rand im Wasser und sind verloren, wenn uns eine einzige Welle überwäscht."

Jonas, überhaupt etwas ängstlicher Natur, und mit dem bösen Gewissen, Mitwisser der That zu sein, die sie Alle jetzt in Todesgefahr gebracht, stand zitternd von seinem Sitz auf, dem Befehl Folge zu leisten, während Andere noch unschlüssig zwischen den eingestauten Sachen wählten, was sie hinauswerfen sollten.

„Rasch, Leute, rasch, *damn it*, ihr steht da, als ob euch der Compaß gebrochen wäre; faßt zu!"

Ein schriller, jubelnder Schrei gellte in diesem Augenblick in so furchtbarer Wildheit über das Wasser, daß sich die Leute erschreckt danach wandten, und Jonas das schon gefaßte Tau seiner Hand wieder entgleiten ließ.

„Teufel!" fluchte der Harpunier, „die Wilden!" und in demselben Moment fast antwortete von dem vor ihnen dahinschießenden Boot des Capitains aus ein lauter, weit schallender Hilferuf Huas, dem herausfordernden Schlachtschrei ihrer Landsleute.

„Wahr' dein Segel, Mann, wahr' dein Segel!" kreischte der Harpunier, als dieses, durch das verworfene Tau eingepreßt, den Wind nicht faßte und zu flappen anfing.

„Eure Riemen, Boys, eure Riemen!" gellte die entsetzte Stimme des Harpuniers, als die ihnen folgende Welle drohend hinter ihnen dreinstürmte. Die Leute griffen auch fast mechanisch nach den Rudern – aber zu spät; hoch über ihnen stand die gläserne, von dem jetzt helllodernden Schiff noch grell beleuchtete See – wenige Secunden fast war es, als ob sie in der Luft, über der sicher gefaßten Beute hing und jetzt ein gellender Aufschrei und die Mannschaft des geschwemmten, überladenen Bootes, rang mit der schäumenden Fluth.

6.

Durch die tanzenden Wogen, über die leuchtende quillende Fluth schossen die dunklen Canoes der Eingebornen, die Mattensegel geschwellt, heran, und im Bug des vordersten stand eine hohe, edle Gestalt mit wehendem Haar und Hüftentuch, die weite See mit dem Adlerblick überfliegend, wo ihn die stürzende Woge auf ihren Kamm hob und in jagender Schnelle voranriß.

Es war der junge Häuptling *Tai manavachi*, der dem Tod selbst trotzend, seine kleine Flotte dem frechen Räuber in Nacht und Wetter nachführte und verzweifelnd schon die trostlose Jagd hatte aufgeben wollen, als der Feuerschein des fremden Schiffes jubelnd von ihm entdeckt wurde. Auch auf den andern Canoes hatten sie schnell die Wahrheit des Unfalls ihrer Feinde begriffen, und der gellende Jubelruf, der Schlachtenschrei ihres Stammes, mit dem sie ihre Lanzen und Speere fester packten, war es, der das Blut des sonst wahrlich unerschrockenen jungen Engländers in den Adern gerinnen machte.

Hua aber hatte in jauchzender Seeligkeit die Nähe der Freunde gehört, und wenn auch der antwortende Schrei zu schwach war, gegen den Wind an die Retter zu erreichen, wußte sie doch nun, daß die Ihren, den Wogen trotzend, mit kühnem Muth ihren Spuren gefolgt waren, und die einzelnen Boote ihnen jetzt gar nicht mehr entgehen konnten.

„Ruhig, mein Täubchen, ruhig!" warnte sie aber drohend der neben ihr stehende Capitain; „die Nacht ist dunkel und deine Stimme dringt doch nicht zu ihnen hinüber, aber auch der Gefahr wollen wir uns nicht aussetzen und – ich möchte dir kein Leides thun – aber wirst du noch einmal laut, so muß ich dich wieder binden und knebeln, so weh mir das selber thäte."

Hua blickte wild und trotzig zu ihm empor, aber sie war auch schlau genug, nicht nutzlos den Zorn Derer zu reizen, in deren Gewalt sie sich noch befand, und kauerte von jetzt an still und schweigend im Boot, aber ihre Blicke forschten, die Sehkraft bis zum Schmerze angestrengt, in die Nacht hinaus, die Freunde zu entdecken.

Ein blendendes Licht breitete sich in dem Augenblicke über die See, und als sie rasch die Blicke dem brennenden Schiffe zuwandten, sahen sie einen hellen Strahl von seinem Deck emporschießen und ein dumpfer Krach verkündete die

Explosion des Pulvers. Das Fäßchen hatte aber zu hoch unter Deck gelegen, dem Rumpf des Schiffes weiteren Schaden zu thun, als das Deck oben zu sprengen und den Besahnmast zu splittern, der jetzt in lichten Flammen einen Moment zur Seite schwankte, und dann schwerfällig und tausend und tausend Funken emporwerfend, über Bord in See schlug.

„Mein armes Schiff!" seufzte der Capitain und blickte traurig herüber, da traf ein anderer Ton sein Ohr und „ein Schuß!" rief fast die ganze Bootsmannschaft wie aus einem Munde.

„Ein Schuß!" – Ein Schiff war in der Nähe, das ihre Noth erkannt, und das Signal gab zur Rettung – ein Schuß, und von Gefahr umringt, zeigte sich Hilfe. Der Schall kam aber vom Süden herauf, und sie mußten ihren Cours jetzt ändern, die Boote deshalb zusammenrufend – das Sinken des einen war in der Erregung des Augenblicks von den andern gar nicht bemerkt – legten sie rasch über den andern Bug, schräg von den Wellen abschneidend und konnten der Richtung, die ihnen jetzt ein zweiter und dann bald darauf folgender dritter Signalschuß angab, genau folgen. Einmal an Bord und die Canoes, denen sie bis dahin zu entgehen hofften, waren ihnen nicht mehr gefährlich.

Tai manavachi kam indeß mit geblähten Segeln und sieben vollbemannten großen Kriegscanoes durch die Wellen schäumend an; ein Brautzug hatte es werden sollen und war eine Jagd geworden auf den Räuber seines Theuersten, was er auf dieser Welt kannte, und wie die jetzt schon sehr gemäßigte, aber doch noch immer frische Brise mit den flatternden, wehenden Zierrathen am Bug der schlanken, wunderlich geschnitzten Fahrzeuge schlug und spielte, standen die wilden, trotzigen, kriegerischen Gestalten, hinaus in die Nacht spähend, am Bord, die geflüchteten

56

Boote zu erkennen und zu verfolgen.

Ein Hilferuf traf ihr Ohr, neben ihnen im Wasser schrie sie ein Schwimmender an um Rettung, und treibende Ruder und Sitze verriethen ihnen rasch genug das Schicksal wenigstens eines der Boote. Einen ängstlich suchenden Blick warf der junge Häuptling umher – wenn gerade dies Boot – doch nein, sein Herz zog ihn weiter, und nur dem nächsten Canoe ein paar Worte zurufend, das rasch zur Seite schoß und seinen Bug gegen die nächsten Wellen anwarf, hier zu halten und die Verunglückten aufzunehmen, verfolgten die Rächer unaufgehalten ihre Bahn.

Da dröhnte auch zu ihnen der Krach des explodirenden Pulvers herüber, aber mehr als das, der helle, blitzähnliche Strahl verrieth ihnen die weiß leuchtenden Segel der Flüchtigen, und als gleich darauf die fernen Kanonenschläge irgend eines zufällig in die Nähe gekommenen Fahrzeugs an ihr Ohr schlugen, zuckte ein triumphirendes Lächeln über das Antlitz des jungen wilden Kriegers. Er kannte die Lage der Feinde, und daß sie jetzt hinüberhalten m ü ß t e n , dem Schiffe zu, wo sich ihnen allein noch Rettung bot. Dorthin aber war er im Stande ihnen den Weg abzuschneiden und wußte sie jetzt in seiner Macht.

Capitain Silwitch hatte sich indessen wohl gescheut, den hellen Wasserstreifen zu durchfahren, den das jetzt bis in die Masten hinauf brennende Fahrzeug zwischen sich und seinen Verfolgern ließ, aber er durfte auch keine Zeit versäumen, denn der Feind mußte gewaltig schnelle und tüchtige Canoes haben, daß er es nur gewagt hatte, ihnen bis hier heraus zu folgen. So, auf ihre eigenen guten Boote vertrauend, hielten sie gerade nach Süden hinunter und einmal wieder weit genug von dem hellen Schein entfernt, hofften sie auch in der Dunkelheit der Nacht dem Feinde entgehen zu können.

Ein neuer Signalschuß des fremden Fahrzeugs, dessen Capitain den Booten die Stellung seines Schiffes zu zeigen wünschte, tönte schon um vieles näher, und Capitain Silwitch hätte jetzt gern ein Gewehr abgefeuert, dem ziemlich unter dem Wind befindlichen Fremden die Richtung anzudeuten, in der sie sich selbst befanden, mußte er nicht zugleich fürchten, dadurch auch den vielleicht nähergekommenen Verfolgern die Stelle zu verrathen.

Sein Boot, das größte Segel führend, war das erste, die andern vielleicht in zwei- und dreihundert Schritt Entfernung folgend, und Einer der Bootssteuerer war vorn in dem Bug postirt, scharf auszuschauen, ob er nicht vielleicht doch gegen den etwas helleren Horizont das jetzt keinesfalls so weit mehr entfernte Schiff entdecken könne.

„Hallo, Capitain!" rief dieser plötzlich, „da vorn sah ich eben etwas Dunkles, als sich das Boot auf der Welle hob, es sah aus wie ein Boot."

„Hab' Acht, wenn es wiederkommt," lautete die Antwort. Die nächste Woge, jetzt nicht mehr durch den Wind gepeitscht, aber noch immer in schwerer Dämmung, kam hinter ihnen drein, und rechts und links von dem Boot ihren zischenden, glühenden Schaum ausgießend, hob sie das schlanke Fahrzeug auf ihren Nacken über die nächsten Wellen. Ehe aber nur der Mann eine weitere Meldung machen konnte, schallte ein gellender Jubelruf, schrill und furchtbar an ihr Ohr, und:

„Hierher, hierher, Tangata Tonga!" jauchzte die emporspringende Maid den Rettern entgegen. – „Hierher zu Hilfe!" und die Arme emporschlagend, wollte sie sich eben in die schäumende See werfen, als Silwitch seinen linken Arm um sie schlang und die sich wild gegen ihn Sträubende festhielt und zu sich zog. Aber *Tai manavachi* hatte den Ruf gehört und erkannt, und während die Europäer in wilder Hast ihre Waffen aufgriffen und der Bug des Bootes, wie selber ein lebendiges Wesen, vor der Nähe <u>des</u> Feindes zurückscheuchend abfiel von seinem Cours, schoß auch das mächtige dunkle Canoe heran, und zwanzig drohende Gestalten, unter denen her jetzt die andern Canoes preßten und ihren antwortenden Jubelruf durch die Luft sandten, streckten die Arme aus, die Larbordseite des eingeholten Bootes zu fassen und zu halten. Durch die zerrissenen Wolken trat in diesem Augenblick die bleiche Mondessichel und warf ihr fahles silbernes Licht auf die wogende See.

„Ergib dich, Pagalangi, ergieb dich!" schrie da der junge Häuptling, der die Gestalt der Geliebten in dessen Arm sich winden sah; „ergieb dich, denn ihr seid in meiner Hand!"

„Zurück! oder Hua ist eine Leiche!" donnerte ihm aber des Weißen Ruf entgegen, der sein Messer aus der Scheide riß und es über dem Mädchen zuckte – er sah doch, daß hier Widerstand vergebens war, und wollte das letzte Mittel versuchen, sich und die Seinen vor Gefangenschaft oder Tod zu retten, dachte aber gar nicht daran, der armen, durch ihn verrathenen Maid ein Leides zu thun, und flüsterte ihr rasch und beruhigend in's Ohr:

„Fürchte dich nicht, Hua – dieser Arm sollte eher verdorren, ehe er d i c h träfe; und wenn sie mich tödteten, ich hätte keine Waffe für dich!"

„F ü r c h t e n ?" rief aber die Jungfrau, wild und zornig ihm in's Auge schauend; „fürchten? stoß zu, Pagalangi, wenn du Muth hast, aber du bist verloren. Hierher, *Tai manavachi*,!" schrie sie dann in trotziger Kühnheit nach dem Geliebten hinüber; „hier ist der Räuber deiner Braut – triff ihn sicher und kehre dich nicht an mich!"

„Hua, Hua!" rief aber der junge Häuptling, den Arm bittend und schützend gegen sie ausstreckend; „gib sie frei, Fremder, wirf das Messer von dir und deine Boote mögen ungehindert von mir jenes Schiff suchen – schädige ihr aber nur eine Locke ihres Hauptes, und zerreißen will ich dich auf langsamem Feuer!"

„Du sicherst mir unser Leben und unsere Freiheit?" rief der Europäer.

„Ich geb' dir mein Wort!" rief der Häuptling stolz, während die beiden Fahrzeuge jetzt rasch und schäumend neben einander hinschossen und die Matrosen ihre freilich von Seewasser durchnäßten Musketen und die gefährlicheren Wallfischlanzen aufgegriffen hatten, dem grimmen Feind im Nothfall trotzig die Stirn zu bieten.

„So geh', Hua!" sagte Silwitch traurig, sie freigebend aus seinen Armen; „geh' und vergiß den Fremden, der dir weh that, weil er dich so unendlich liebte."

Hua erwiderte keine Silbe, aber ihr Fuß stand auf dem Rand des Bootes und als der Bug des jetzt dicht an sie hinanschießenden Canoes rasch vorüberglitt, sprang sie mit kühnem Satz hinüber und in die Arme ihres aufjauchzenden Geliebten.

Fast über ihren Köpfen hin dröhnte in dem Augenblick der schmetternde Schlag eines Kanonenschusses und als sie überrascht emporschauten, war das fremde Schiff, dem das brennende Fahrzeug als Mark gedient, so nahe an sie herangekommen, daß das Canoe selbst seinen Bug herumwerfen mußte, nicht überfahren zu werden.

„Teufel!" schrie Silwitch, ingrimmig mit dem Fuße stampfend, „so dicht am Ziel und doch zu spät!" Aber in die

Nacht hinein, rasch und plötzlich wie sie gekommen, verschwanden die Canoes. Höhnisch noch schlug ihr gellender Triumphschrei an sein Ohr, und Hua war auf immer für ihn verloren.

Das fremde Schiff, ein Bremer Wallfischfänger, braßte seine Segel back, als es die gesuchten Boote so dicht unter seinem Bug sah, Taue wurden übergeworfen, die Mannschaft aufzuholen und die Schiffbrüchigen sahen sich bald Alle an sicherem Bord. Nur ein Boot fehlte noch; auf und ab kreuzte das Schiff, von Zeit zu Zeit noch einen Schuß feuernd nach dem vermißten Boot – umsonst. Bis Tagesanbruch hielt es auf der Stelle, und als die Sonne sich über den Horizont hob, wurden die Tops bemannt, von oben aus vielleicht etwas zu erspähen – es ließ sich Nichts erkennen. Nur in blauer Ferne lag das Land, kein Boot, kein Segel war weiter am Horizont zu sehen und mit scharfangebraßten Segeln, dicht am Wind, hielt das deutsche Schiff mit der geborgenen Mannschaft der „Lucy Walker" nach Norden auf, den Sandwichs-Inseln zu.

Fußnoten:

[1] Die Muntere.

[2] Die südseeländische Kastanie, *tuscarpus edulis*, ist ein stattlicher, mächtiger Baum mit immer grünen Blättern und der Kastanie ähnlichen, doch stachellosen Früchten, aber das Eigenthümliche an ihm ist der Stamm, der etwa zehn oder zwölf Fuß hoch aufsteigt, ehe er auszweigt, und bis zum 7. oder 8. Jahre ziemlich glatt bleibt, dann sich aber auf eine höchst wunderbare Weise vergrößert. An vier, fünf und mehr Stellen desselben, von oben nach unten, von der Wurzel bis zum Stamme laufend, erhebt sich die Rinde und wächst – der Baum behält seine Stärke und diese Streifen heben sich mehr und mehr, bis sie zuletzt förmlicher, mit grauer Rinde bedeckten, nicht selten ganz regelmäßigen Planken gleichen, die, nur wenige Zoll stark, oft zwei, drei, ja vier Fuß breit, wie die Schaufeln eines Rades vom Baume abstehen. Je älter der Baum dabei wird, desto knorriger wird er, durch kranke Flecke ziehen sich diese bretartigen Auswüchse hie und da zusammen und er sieht dann allem Andern ähnlicher, als einem Baum.

[3] *Me*, die Brotfrucht.

[4] Tangaloa ist einer ihrer Hauptgötter, der die Tonga-Inseln beim Fischen mit einem Haken aus dem Meere gezogen haben soll.

[5] *Mea fanna fonnua*, auch Kanone, wörtlich eine Waffe, die gegen das Land schießt.

[6] Fremder.

[7] Januar.

[8] Engländer oder überhaupt Weißer.

[9] Freund.

[10] Citrone.

[11] Der Wallfischspeck

[12] Die Jahreszeit des Fischfangs, also volle Jahre.

[13] Die Raanocke, das äußerste Ende der Raaen oder Querbalken, an denen die Segel befestigt sind. Auf der See werden bei etwa stattfindenden Executionen die Verurtheilten daran aufgezogen.

[14] Essen.

[15] Ruder.

[16] Die Zeiteintheilung an Bord eines Schiffes geschieht nach Glasen, von den früheren Sandgläsern so genannt. Jede Wacht von vier Stunden hat acht Glasen; diese zu bezeichnen, wird jede halbe Stunde, bis die Wacht aus ist, einmal mehr mit dem Klöppel an die Glocke geschlagen, so daß, von zwölf Uhr z. B. an gerechnet, halb ein Uhr einmal angeschlagen wird, um ein Uhr zweimal, halb zwei Uhr dreimal, um zwei Uhr viermal u. s. f. bis vier Uhr, was man durch acht Schläge oder Glasen angiebt. Ein viertel auf Fünf beginnt dann wieder mit e i n e m Schlag, daß vier Glasen Abends also zehn Uhr bedeuten würde.

[17] Die ganze Mannschaft an Deck.

[18] Haltet mit dem Anker.

[19] Royal oder Oberbramsegel, das oberste leichte Segel.

[20] Eine zu Zeug verarbeitete und von der Rinde des chinesischen Maulbeerbaumes bereitete und gedruckte Masse. Ungedruckt hat sie den Namen Tapa.

[21] Der Gruß und Abschied der Tonga-Inseln.

[22] Segel verkürzen.

Die Bootsmannschaft.

1.

Nur e i n e n Theil der Mannschaft ließ das wackere Schiff zurück, denn wie vorher erwähnt, schlug auf der Flucht eines der Wallfischboote um, und die Indianer nahmen die Meisten der Schwimmenden in das für sie zurückgelassene Canoe.

Den Morgen trotzend, blieb das schlanke Fahrzeug an der Stelle halten, wo es die ersten Opfer des Wracks getroffen, und der phosphorisirende Schaum der züngelnden Wellen half ihnen getreulich die dunklen, in Wasser schwimmenden Gestalten zu erkennen, so daß sechs Verunglückte nach und nach ihrem nassen Grab entrissen wurden.

Wohl kreuzten sie noch eine Weile dort auf und ab, zu sehen, ob noch ein Anderer ihre Hülfe in Anspruch nehmen würde. – Aber Alles blieb stumm und still auf der kochenden Fluth. Der schrille Ruf einer aufgescheuchten Möwe tönte hier und da durch die Dunkelheit, oder der Schaum zischte in dem schweren Niederschlagen eines sich überstürzenden Wogenkammes – sonst war Alles ruhig wie das Grab.

Da dröhnte der Signalschuß des fremden Schiffes durch die Nacht, dem der höhnende Jubelruf der Tonga-Insulaner antwortete, und dorthin schwang im Nu der Bug des flüchtigen Canoes, die Freunde einzuholen und sich ihnen wieder anzuschließen.

Den Gefangenen befahl indeß ein federgeschmückter dunkler Krieger, sich mitten in das Boot zu legen, und wenn sie seine Worte auch nicht verstanden, ließ ihnen doch die drohende Geberde und gehobene Waffe keinen Zweifel über seine Absicht. An Widerstand war überhaupt nicht zu denken, und so gehorchten sie denn schweigend dem Befehl.

Das Fahrzeug war allerdings eines jener geräumigen, außerordentlich langen und trefflich gebauten Kriegscanoes; glücklicher Weise aber nicht für den Krieg, sondern nur für die Brautfahrt, mit vielleicht halber Mannschaft besetzt, so daß sie ohne Gefahr für sich selber die Schiffbrüchigen – und jetzt Gefangenen – aufnehmen konnten. Nichts desto weniger mußten sich diese vollkommen ruhig verhalten und lagen, auf dem Boden des Canoes lang ausgestreckt, eng und gedrückt genug, immer Zwei neben einander.

Der Wind heulte mit erneuter Wuth über die aufgeregte See; die Blitze zuckten, und der Donner prasselte in wilden jähen Schlägen schallend drein, während das schlanke Fahrzeug mit vollgeblähtem Segel mit den Wogen bäumte und sank, und gar nicht selten züngelnde Spritzwellen über Bord nahm.

Jonas, der eine der Geretteten, fühlte dabei wohl, daß er eng genug zusammen gepreßt einen seiner Kameraden neben sich hatte, war aber noch nicht im Stande gewesen, heraus zu bekommen, wer das sei, und auch bis zu diesem Augenblicke viel zu sehr mit sich selber beschäftigt gewesen, besondere Nachforschung zu halten. Jetzt aber verrieth ihm ein außergewöhnlich greller und langanhaltender Blitz das Gesicht seines Nebenmannes, und er erkannte den kleinen Legs.

Legs lag, seine kurzen, etwas gebogenen Beine fest angezogen, auf dem Rücken, schloß die Augen und schien mit auf der Brust gefalteten Händen vollständig sich in sein Schicksal zu ergeben.

„Legs," flüsterte da Jonas, der neben ihm auf dem Bauch lag, und sich nur mit einiger Schwierigkeit nach ihm herumdrehen konnte, „Legs bist du das?"

„Ich wollte, ich wär's nicht," stöhnte der arme Teufel, ohne jedoch die Augen dabei zu öffnen – „das ist eine schöne Lage hier für einen ordentlichen Christen, wo einem das verdammte Seewasser am Nacken hinein und am ganzen Rücken hinunter läuft – das halbe Boot muß voll sein."

„Das sei Gott geklagt," stöhnte Jonas, „ich kann den Mund schon kaum über Wasser halten, und habe mir den Hals beinah abgedreht. Wenn ich nur wenigstens auch auf den Rücken läge, wie du – so wie ich mich aber rühre, hauen mir vielleicht die verwünschten braunen Bestien Eins über. Prächtige Gelegenheit für einen Menschen hier, als Ballast für die wilden Hallunken im Boot zu liegen!"

„Jedenfalls wollen sie uns erst einweichen," stöhnte Legs in wahrhaft stoischem Gleichmuth, „um uns nachher eher gar zu bekommen."

„Die Teufel wären's im Stande, uns auch noch zu braten," seufzte Jonas, „und wenn ich das gewiß wüßte, hätt' ich große Lust, das ganze Ding hier umzuwerfen und uns alle mit einander auszuschütten. Eben so gern oder noch lieber von einem verdammten Haifisch auf einmal verschluckt, wie von solch einer nichtswürdigen Rothhaut stückweis geröstet zu werden."

„Und daran ist nur der vermaledeite Capitain schuld," brummte Legs, „der das Mädchen – Heiland was für ein Donner! – der das Mädchen hätte da lassen sollen, wo sie der liebe Gott hingesetzt. Jetzt haben wir die Geschichte – den Teufel zu zahlen und kein Pech heiß, und Legs wird wieder, wie gewöhnlich, die Suppe ausessen müssen, die

Andere für ihn eingebrockt."

„Na," brummte Jonas, „d u sitzest dieses Mal nicht allein an der Schüssel, und wenn" – der Satz wurde auf gewaltsame Weise unterbrochen, denn das Boot stieg in dem Augenblicke mit dem Bug auf die Spitze einer Woge, und das zurückschießende, darin befindliche Seewasser füllte den geöffneten Mund des armen Teufels dermaßen, daß er durch Sprudeln und Spucken kaum wieder Luft und Athem bekommen konnte.

Seine Lage wurde jetzt auch so unerträglich, ja, gefährlich, da das Canoe reichlich Wasser eingenommen hatte, daß er sich gewaltsam begann umzudrehen und Legs dadurch erbarmungslos gegen die Seitenwand drückte. Legs übrigens, keineswegs in der Stimmung, sich das Mindeste gefallen zu lassen, fluchte laut und wurde nur zum Schweigen gebracht, als er die drohend über sich gebeugte Gestalt eines der Wilden erblickte. Beim Leuchten eines Blitzes erkannte er aber den dunkeln Feind, wie den, mit der Waffe oder einem Ruder gehobenen Arm, und kniff mit einem kurzen Stoßseufzer beide Augen fest zusammen.

Die Gefangenen konnten jetzt hören, daß sich ihr Fahrzeug wieder der kleinen Canoeflotte angeschlossen hatte, und dadurch gewannen sie wenigstens e i n e n Vortheil. Die Indianer nämlich wandten nun ihre Aufmerksamkeit wieder dem eigenen Boote zu und begannen das übergeschlagene Wasser auszuschöpfen – nicht etwa aus Mitleid für die am Boden liegenden Weißen, sondern nur um ihr Canoe zu erleichtern und in dem Wettlauf, der Insel zu, nicht zurückzubleiben.

Die Lage der auf dem Boden des Canoes ausgestreckten Gefangenen war dadurch um ein Wesentliches verbessert, und wenn die zürnenden Elemente ihre Herzen auch noch mit banger Furcht erfüllten, schienen sie doch wenigstens für den Augenblick der Gefahr enthoben zu sein, selbst in dem Boote zu ertrinken. Das war aber auch für jetzt der ganze Vortheil, den sie davon hatten, denn mitten im Sturme und Ungewitter schossen die Boote dahin, und Jonas, der einmal den Kopf hob, zu sehen, wo sie eigentlich wären, begriff gar nicht, wie ihre Sieger in der stockfinstern Nacht nur überhaupt einen Cours halten konnten. – Verfehlten sie aber das Land – ein Fleckchen Erde von wenigen Quadrat-Meilen in dem weiten Ocean – und hielten sie jetzt hinaus in die offene See, was sollte dann zuletzt aus ihnen werden?

So schäumten sie in toller Flucht durch die aufgerüttelten Wogen. Der Sturm hatte schon ausgetobt, und nur noch mattleuchtende Blitze am nordwestlichen Himmel verriethen, welche Bahn er genommen; die See ging aber nichts desto weniger noch hohl, und es erforderte die ganze Geschicklichkeit und Kaltblütigkeit der Insulaner, ihre Fahrzeuge flott und unbeschädigt zu halten.

Die englischen Matrosen hatten dabei keine Ahnung, in welcher Richtung das Land lag, welche Richtung sie selber steuerten. Das vordere Canoe schien jedoch dieselbe anzugeben, und ein in kurzen Zwischenräumen dort ausgestoßener und langgezogener Schrei – der wie ein Weheruf über die Fluth schallte – hielt die verschiedenen Canoes zusammen. So viel entging ihnen aber nicht, daß der Wind ihnen nur wenig günstig sei, denn das Mattensegel war scharf angebraßt und die zu windwärts überschlagenden Wellen verriethen ebenfalls, daß sie so dicht wie möglich am Winde lägen, gegen die hohe See also schwerlich raschen Fortgang machen würden.

Stunde nach Stunde verging auch, und noch war ihnen keine Nacht im Leben so lang vorgekommen wie diese, die gar kein Ende nehmen wollte. Da plötzlich hallte ein wilder, jubelnder Ton über das Wasser, und als Jonas erstaunt den Kopf hob und danach aushorchte, herrschte in dem Augenblicke Todtenstille rings umher. Ihm selber aber war es, als ob er in der Ferne und zwar gerade voraus die Brandung hören könne, wie sie sich tosend über den Riffen dieser Inseln bricht; und als ob auch die Indianer diesem willkommenen Laute – dem Zeichen des nahen Landes – gelauscht, so brach jetzt donnernd ihr Jubelruf durch die Nacht.

Doch nicht allein der Brandung jauchzten sie entgegen, noch ein anderes, willkommneres Zeichen hatten sie erblickt, und zwar einen rothen Feuerschein, der mit seinem flackernden Licht zu ihnen herüber glühte. Das war das Zeichen des befreundeten Stammes auf Monui, der das Feuer auf einer der vorragendsten Bergkuppen entzündet und unterhalten hatte, den kühnen Schiffern als Leitstern zu dienen.

Auf dem vorderen Boot hatten sie es zuerst entdeckt, und in froher Lust stimmten die Häuptlinge, die sich im ersten Boot mit ihrem jungen Führer *Tai manavachi* befanden, den Siegesgesang ihrer Heimat an.

Kaum aber trug die Brise die geliebte Weise zu den anderen Canoes hinüber, als diese jauchzend einfielen und der donnernde Chor das rauschende Brechen der Wogen selber übertäubte.

Im Osten dämmerte dabei der Tag – immer breiter, immer lichter wurde der Streifen, und nur kurze Zeit noch verfloß, bis sie die düstern Umrisse des nicht mehr so fernen Landes deutlich vor ihrem Bug erkennen konnten.

Legs, so theilnahmlos er sich bis jetzt gegen alles gezeigt, was ihn umgab, hatte doch nicht umhin gekonnt, mit dem dämmernden Tag einen Ausguck zu halten. Kaum drehte er aber den Kopf herum, als er auch schon die zackigen Umrisse der nicht mehr fernen Küste am Horizont erkannte, und wieder in seine alte Lage zurückfallend, brummte er halb laut vor sich hin:

„Na ja – da sind wir wieder. Die rothen Canaillen müssen Nasen wie die Spürhunde haben, daß sie in der Nacht ihren Cours halten konnten – und jetzt freue dich, Benjamin, und steh bei den Fallen, denn ich will ein Landlubber sein, wenn ich nicht schon das Feuer rieche, an dem wir geschmort werden sollen. – Jonas! – he, Jonas! – schläfst du!"

„Schlafen?" knurrte der Angeredete, „da soll einer auch schlafen, wenn diese rothen Heiden einen Spektakel machen, daß die Fische auf dem Grunde auseinander fahren. Mir ist überhaupt nichts weniger als schläfrig zu Muthe. Hörst du die Brandung?"

„Bah, schon seit einer halben Stunde," sagte Legs. „Wir werden gleich Anker werfen. Schildkröten und Seeschlangen, wie sich die guten Leute auf Monui freuen werden, uns wieder zu sehen."

„Ja, kann ich mir etwa denken," brummte Jonas, „und so eine dürre Spiere, wie du bist, kann lachen! Die hat verdammt wenig dabei zu befürchten; aber wenn ich m e i n e Rippen und Arme und Beine anfühle, ist mir's schon immer, als ob ich ausgenommen und mit heißen Steinen gefüllt und sauber in Bananenblätter eingepackt in einem von ihren verwünschten Backöfen schwitzte. Meine einzige Hoffnung ist nur jetzt noch die, daß ich vor lauter Gift und Galle ganz bitter schmecken und vollständig ungenießbar sein werde."

„Na, ihr habt euch ja alle so schrecklich danach gesehnt, an Bord bleiben zu können," meinte Legs, „jetzt könnt ihr das Vergnügen genießen."

„Und du wohl nicht?" sagte Jonas, den Kopf rasch nach ihm hinumdrehend, – „aber meinetwegen," setzte er, wieder in seine alte Lage zurücksinkend, hinzu – „mir ist's recht, und, wenn sie uns nicht geradezu todtschlagen und auffressen, befinden wir uns dann am Ende noch immer besser hier, als auf dem blutigen Blubberkocher der *Lucy Walker*, die jetzt wenigstens ihre Thranfässer sicher auf Meeresgrund gelöscht hat."

Erschreckt schaute er in die Höhe, denn wie er gerade aufsah, hing anscheinend dicht über ihnen eine mächtige Woge mit silberblitzendem Kamm, die im nächsten Augenblick über ihnen zusammenbrechen und ihr schwankes Fahrzeug rettungslos begraben mußte. – Aber die Woge blieb stehen, und der Jubel der Eingeborenen sagte ihm bald, daß es die Brandung gewesen sei, die über den Riffen ihre ewigen Sturzwellen thürmt – daß sie die Einfahrt in das glatte Binnenwasser glücklich erreicht, und nur noch kaum eine englische Meile von dem gestern Abends mit so ganz anderen Erwartungen verlassenen Lande entfernt seien.

Vom Ufer aus begrüßte sie auch schon das Jubelgeschrei der Wilden, die alle mit einander am Strande versammelt schienen, die glücklich und siegreich Heimgekehrten zu begrüßen.

Die gefangenen Matrosen hoben wohl die Köpfe und blickten dort hinüber, aber der Jubel galt i h n e n nicht, das wußten sie recht gut, und mißmuthig, und Manche wohl mit ängstlich pochendem Herzen sanken sie in ihre früheren Stellungen zurück, die Landung und damit den Befehl zum

71

Aufstehen zu erwarten.

Die Indianer, in deren Gewalt sie sich befanden, hatten sich übrigens die ganze Zeit entsetzlich wenig um sie gekümmert, und nur nicht gelitten, daß sie sich bewegten. Außerdem hatten die Gefangenen aber auch keine Ahnung, was aus ihrem Capitain und der übrigen Mannschaft geworden sein konnte. Ob die Wilden ihre Kameraden gefangen oder sämmtlich erschlagen und nur s i e vielleicht für ein ganz besonderes Festmahl aufgespart hatten, oder ob sie von dem Schiff, dessen Schüsse sie gehört, gerettet worden – sie wußten's nicht und – kümmerten sich auch in der That nicht viel darum. In diesem Augenblicke hatte Jeder zu viel mit sich selber und seiner eigenen Haut zu thun, um besonders viel auf den Nachbar zu denken.

Von der frischen Brise getrieben, schossen die wackeren Canoes indeß dem Landungsplatze entgegen, und der Federschmuck, mit dem die hochgeschwungenen Buge geziert waren, flatterte lustig im frischen Winde. Jetzt formten sie sich in langer Reihe, das Boot ihres jungen Häuptlings mit Hua in seinen Armen voran, die anderen ihm folgend in wildem Jubel und mit Siegesliedern, und als die scharfgebauten Schnäbel den Corallensand berührten, da stießen die am Ufer versammelten Insulaner ein solches tolles entsetzliches Geschrei aus, daß die Luft ordentlich erbebte und die Gefangenen in banger Ahnung zusammenschauderten.

2.

Wohl waren sie an dem Raub des Mädchens vollkommen unschuldig, würden aber diese Barbaren darauf Rücksicht nehmen? Sie gehörten mit zu dem Schiff, das die

Gastfreundschaft der Eingeborenen in so undankbarer, böser Weise vergolten, und was der Capitain gesündigt, konnte jetzt wahrscheinlich die Mannschaft entgelten.

Im Anfang nahm aber Niemand von ihnen auch nur die mindeste Notiz. Die Mannschaft der Canoes sprang, so wie ihre Fahrzeuge Grund berührten, über Bord und an Land, und schaute sich nicht einmal nach den Europäern um. Diese blieben auch noch immer, eines weiteren Befehls gewärtig, im Boote und richteten sich nur jetzt halb auf, dem wilden Toben am Lande zuzusehen.

„Guten Morgen, Lemon," sagte da Jonas, als er den also benannten Kameraden dicht neben sich erblickte – „auch mit angekommen? – und Spund, Pfeife und Lord Douglas sind auch mit da?"

„Die ganze blutige Gesellschaft," knurrte Lemon mit einem Gesicht, als ob er sich und die ganze übrige Welt hätte vergiften können. „Jetzt haben wir die Bescheerung!"

„Und wo ist unser zweiter Harpunier?" fragte Jonas, sich nach diesem unter den Gefangenen umsehend, „denn u n s e r Boot ist doch wenigstens hier beisammen."

„Das ist dem zweiten <u>Harpunier</u> seine Sache!" knurrte Lemon. „Wahrscheinlich frühstückt er heute Morgen mit irgend einem Haifisch – hol' ihn der Teufel!"

„Hallo, Mates, an Land!" rief da der Schotte Mac Kringo seinen Kameraden zu – „seht ihr nicht, wie uns das dicke Rothfell da drüben zuwinkt und schreit? – Sie wollen die Canoes wahrscheinlich auf die Corallen ziehen."

„Na dann *look out for a squall!*" murmelte Jonas vor sich hin, indem er langsam den voransteigenden Gefährten folgte. „Jetzt wird die Bombe platzen."

Seine Befürchtung zeigte sich indessen, wenigstens für den Augenblick, unbegründet, denn die Insulaner, die für jetzt noch viel zu sehr mit dem geretteten Mädchen, der Tochter des Häuptlings, zu thun hatten, thaten gar nicht, als ob die weißen Männer auch nur auf der Welt wären. Ohne selbst bei dem Aufslandziehen der Boote ihre Hülfe in Anspruch zu nehmen, ließ man den kleinen Trupp der eingebrachten Europäer unbeachtet, selbst unbewacht am Ufer stehen, und Alles drängte sich jetzt nur um Hua her, Männer, Frauen und Kinder, sie zu bewillkommnen, sie zu umarmen.

In vielen Augen standen sogar Freudenthränen, mit denen sie das geliebte und schon fast verloren gegebene Kind begrüßten.

Während aber noch ein Theil der Insulaner so umhersprang und jubelte oder sich wieder und wieder die Abenteuer der letzten Nacht von den Freunden erzählen ließ, gingen andere mehr praktisch auf die nächsten Bedürfnisse der Neuangekommenen ein, die jedenfalls nach ihrer langen gefährlichen Fahrt Hunger haben mußten. Im Schatten der nächsten Palmen wurden ihre gewöhnlichen Kochgruben zum Rösten der Ferkel rasch hergerichtet, Brotfrüchte, Bananen und Fische herzugeschafft und Alles geordnet, ein baldiges und reichliches Mahl zu versprechen.

Die Frauen verrichteten dabei gar keine oder nur die leichteste Arbeit, pflückten breite Blätter, besonders von den Hibiscusbäumen, die zu Tischtüchern und Servietten dienen sollten, holten in leeren Cocosnüssen Seewasser herbei, das die Stelle des Salzes vertrat, und pflückten Früchte von den nächsten Büschen, welche dann die Knaben zu den beabsichtigten Eßplätzen trugen.

Die Europäer standen indessen noch immer auf einem

Trupp und leise flüsternd zusammen, sahen zu, wie die Ferkel ausgenommen und geröstet wurden, und wie die Gäste schon Miene machten, ihre verschiedenen, ihnen durch den Rang angewiesenen Plätze einzunehmen.

Da trat plötzlich Toanonga, der Häuptling der Insel und Vater Hua's, aus dem Kreis der Seinen, wackelte gemüthlich auf die Matrosen zu, vor denen er, beide Hände auf seine Hüften legend, stehen blieb, und sagte:

„*Chio do fa*, ihr Männer – *chio do fa* – ihr seid nicht lange fortgeblieben und habt schöne Streiche mit eurem großen Canoe gemacht. Wi[23]! – Wi, ihr Burschen, war das der Dank, daß ihr so viel Brotfrucht und Cocosnüsse und Bananen und Ferkel hier bekommen habt und so freundlich von uns aufgenommen worden seid? – Wi! schämt euch – und wie ihr jetzt da steht! – Toanonga möchte nicht in eurer Haut stecken, nicht um alle Glasperlen der ganzen Welt."

Wenn die Meisten der Schaar auch nicht die Worte verstanden, fühlten doch Alle deutlich genug, w a s der Mann eigentlich zu ihnen sagte, was er sagen und denken mußte – und er hatte Recht. Die armen Teufel befanden sich so unbehaglich wie möglich und sahen, nach einem spätern Vergleich Spund's, wirklich gerade so aus, wie ein Hund, den man beim Stehlen erwischt.

Der alte würdige Insulaner war dabei sehr ernst und finster geworden, und Spund, der Furchtsamste der Schaar, that schon einen Schritt vor, ihm wo möglich zu Füßen zu fallen und um Gnade zu bitten. Mac Kringo jedoch, der Einzige von ihnen, der die Landessprache verstand und darin verkehren konnte, während die Übrigen bis jetzt nur Worte davon begriffen, trat da vor und sagte:

„Du hast Recht, Toanonga, es war ein schlechter Streich,

den dir der Capitain gespielt – aber was können w i r dafür? Waren w i r in dem Boot, das deine Tochter vom Lande stahl? Nicht ein Einziger. Frag sie selber, und sie muß dir meine Worte bestätigen. Du bist deshalb auch zu vernünftig, uns das entgelten zu lassen, was ein Anderer verbrochen hat."

„Schweig du, bis du gefragt wirst, mein Bursche," rief aber Toanonga, der es für unter seiner Würde hielt, sich mit einer untergeordneten Person – und er wußte recht gut, daß die Matrosen das an Bord der Schiffe waren – in ein Argument einzulassen. „Ihr steckt alle mit einander unter einer Decke, und wenn d u in dem Boote gewesen wärest, würdest du eben so gut gerudert haben, und wie die Anderen es gethan, sobald es dir dein Capitain befohlen."

„Tai halla! tai halla! – gewiß!" schrieen jetzt eine Menge junger Burschen, die sich herbeigedrängt, so wie sie sahen, daß ihr Häuptling mit den Papalangis sprach, und wilde Ausrufe, hier und da auch mit Verwünschungen gemischt, kreuzten toll und laut durch einander.

Da hob Toanonga nur den Arm auf, und im Augenblick verstummte der Lärm. Auf ein zweites, eben so gebieterisches Zeichen bemächtigte sich aber eine Anzahl kleiner Burschen der Männer und suchte sie unter Lachen und Schreien von ihrer Stelle hinweg und dem Holzrand zuzuführen.

Widerstand wäre unter allen Umständen fruchtlos gewesen, und die Leute wollten dem Befehle schon ruhig gehorchen. Spund jedoch, der glaubte, daß es jetzt an ihr Leben ginge, drängte sich bis zu Toanonga hin, und vor diesem richtig auf die Kniee fallend, bat er den alten ehrlichen Häuptling im breitesten Irisch um sein Leben.

Über das Gesicht des Alten stahl sich aber ein gutmüthiges Lächeln, denn es that ihm wohl, nicht allein den Weißen gegenüber seine Autorität gezeigt zu haben, sondern sich auch von ihnen gefürchtet zu sehen. Er war aber viel zu weichherzig, ihnen irgend ein Leid anzuthun. Seine Tochter hatte er wieder zurück, das Schiff, welches ihm hatte Schaden zufügen wollen, war verbrannt, und die paar davon an seine Insel verschlagenen Weißen dachte er nicht für Vergangenes zu bestrafen. Die jungen Burschen hatten im Gegentheil die Papalangis nur eben zum Frühstück führen sollen, das etwas abseits von den Eingebornen für sie hergerichtet worden, und als ihnen dies jetzt von dem alten Häuptling erklärt wurde, war dem armen Teufel eine große Last von der Seele gewälzt.

Der leichte Muth, den Matrosen vor allen übrigen Menschen so besonders eigen, gewann auch bald bei ihnen wieder die Überhand, und als sie jetzt in einem kleinen Dickicht von Pandanus, Casuarinen und einzelnen hochstämmigen Cocospalmen, unbelästigt von einem der Eingeborenen, um das reichliche Mahl saßen, kehrte die, wenn auch nicht fröhliche, doch sorglose Laune rasch zurück.

„Und da hätten wir endlich unseren Wunsch erfüllt," brach Legs zuerst das Schweigen, „da säßen wir auf dem Trocknen mit Schweinebraten und Brotfrucht, statt Salzfleisches und Schiffszwiebacks, und Cocosmilch, statt faulen Wassers und dünnen Grogs. Jungens, wenn die Sache nicht schlimmer wird, so können wir es hier ruhig aushalten, und wenn erst ein paar Tage vorüber sind, daß von der fatalen Mädchengeschichte nicht weiter gesprochen wird, so dürfen wir am Ende gar noch unserem Schöpfer danken, uns aus dem alten verbrannten Kasten hieher zurückgeführt zu haben."

„Sei nicht zu sicher, mein Bursche," brummte jedoch der Schotte, „wir wissen noch gar nicht, ob uns der Brand des Schiffes zum Heil ausschlagen wird; denn ehe wir es uns versehen, kann uns die braune Rotte über dem Halse sein."

„Der liebe Gott hat es jedenfalls gethan," bestätigte aber auch Spund, eben mit einem delicat gebackenen Rippenstück beschäftigt, und Spund gehörte überhaupt – wo es ihm gerade paßte – einer streng religiösen und zwar methodistischen Richtung an. „Der liebe Gott hat es gethan, und daß er euch nichtsnutziges Gesindel ebenfalls in seinen erbarmenden Schutz genommen, ist nur wieder einer von seinen unbegreiflichen, aber sicher zum Heil führenden Wegen."

„Na, wir wollen hier nicht untersuchen, ob wir es verdient oder nicht verdient haben," sagte da P f e i f e, „hier sind wir aber einmal, durch die gütige Fürsehung von dem Wassertode und vielleicht noch vor Schlimmerem bewahrt, und wie ich die Insulaner bis jetzt gefunden, so glaube ich kaum, daß uns noch eine Gefahr für unser Leben droht. Hätten sie Böses mit uns im Sinne, so brauchten sie uns nur einfach ersaufen zu lassen; kein Mensch hätte ihnen dabei einen Vorwurf machen können. Kalter, berechneter Blutdurst liegt aber nicht in ihrer Natur, und da sie uns nicht im ersten Augenblicke die Schädel eingeschlagen haben, so denk' ich, dürfen wir für unsere Sicherheit auch weiter nichts fürchten."

„Ich möchte nur wissen," knurrte da Lemon, einen Seitenblick nach dem Böttcher werfend, „warum Spund um Gnade gebeten hat, wie sie uns zum Frühstück riefen."

„Laß du nur dein Spotten, Lemon," brummte, als die Anderen lachten, der also geneckte – „Gnade haben wir alle nöthig, und ob das, was der Alte sagte, auf Tongaisch hieß:

78

Gieb ihnen ein Spanferkel und Brotfrucht, oder schneid' ihnen den Hals ab, hast du so wenig gewußt wie ich. Wenn ich nur jetzt erst eine Ahnung hätte, wie wir diesen Heiden wieder entgingen und von der Insel fortkämen!"

„Fort?" rief Legs erstaunt aus – „wer will denn wieder fort? – ich wahrhaftig nicht. Ich danke meinem Schutzgeist, der mich hergebracht hat, und denke gar nicht daran, wieder an Bord irgend eines anderen blutigen Schiffes zurück zu gehen. Mögen die Thran sieden, die ein Vergnügen daran finden; i c h befinde mich wohl wo ich gerade bin, und denke Bürger und Einwohner, wie sie bei uns sagen, auf Monui zu werden."

„Da kommt der Alte wieder," unterbrach Mac Kringo das Gespräch – „nehmt euch zusammen, Jungens, und macht ihn nicht böse. Er hat uns nun einmal in der Tasche, und wir müssen sehen, daß wir ihn zum Freund behalten."

Von Toanonga schien ihnen aber nichts Feindseliges zu drohen.

Der gutmüthige alte Mann, ohne jedoch seiner Würde im Mindesten etwas zu vergeben, mochte sich im Gegentheil in dem Bewußtsein behaglich fühlen, der Protector dieser von ihm abhängigen Papalangis zu sein. Mac Kringo hatte ihn auch darin bald durchschaut und sein Betragen schon ganz darnach geregelt.

Er stand auf, sobald sich der alte Häuptling ihrem Eßplatz näherte, begrüßte ihn ehrfurchtsvoll und fragte ihn, was zu seinen Befehlen stände, und Toanonga, den das sichtlich erfreute, winkte ihm huldreich mit der Hand und bedeutete ihm dann, daß er sich freuen würde, wenn die Fremden seinen Leuten keinen Anlaß zu Klagen geben wollten. Sie seien allerdings für jetzt noch Gefangene, bis das Gericht der

Egis oder Häuptlinge über sie entschieden hätte; denn dem, was diese über sie beschließen würden, müßten sie sich allerdings fügen; aber er hoffe, daß sie mit ihrer Lage zufrieden sein sollten. Das hänge jedoch, wie schon gesagt, lediglich von ihrem eigenen Betragen ab. Für jetzt sei ihnen eine leerstehende Hütte, die er Mac Kringo an einer vorragenden Landzunge zeigte, zum Wohnort angewiesen; dorthin würden sie auch geschickt bekommen, was sie zum Leben brauchten. – Außerdem sei ihnen aber für jetzt der Verkehr mit den Eingeborenen, besonders den Frauen, untersagt, und er erwarte, daß sie jenen Platz nicht verlassen würden, bis sie abgeholt würden.

Damit, und als ob er sich jetzt genug mit den Leuten eingelassen, machte er eine höchst würdevolle, wie verabschiedende Bewegung mit der einen Hand, drehte sich dann ab, und verließ die darüber etwas verdutzten Matrosen, ohne irgend einen Einwand anzuhören oder nur zu erwarten.

3.

Die Leute waren über diese Ankündigung, die ihnen Mac Kringo gewissenhaft übersetzte, allerdings etwas bestürzt. Daß sie erst noch einem Gericht der Egis unterworfen werden sollten, hatten sie nicht mehr geglaubt. Wer wußte denn, was diese über sie beschließen würden? und daß ihnen nicht alle Insulaner so freundlich gesinnt und auch nicht so gutmüthig waren, wie der alte Toanonga, hatten sie lange schon gemerkt.

Übrigens wurden sie bald gewahr, wie die Ausführung der Anordnung auf dem Fuße folge; denn kaum hatte der Häuptling sie verlassen, als sich ein junger Bursch ihnen als

Begleiter vorstellte, sie nach ihrem vor der Hand einzunehmenden Hause oder Gefängniß abzuführen. Daß sie ihm gehorchen mußten, verstand sich von selbst.

Merkwürdig blieb aber dabei wie sehr sie von den übrigen Eingebornen ignorirt wurden. Man that vollkommen, als ob sie gar nicht auf der Insel seien, und während die Männer, die ihnen auf dem schmalen Pfade begegneten, über sie hinweg in die Wipfel der Cocospalmen starrten, gerade als wenn sie dort in diesem Augenblick etwas höchst Interessantes entdeckt hätten, glitten die Mädchen und Frauen und Kinder, die sie unterwegs trafen, scheu in das Dickicht, drückten sich dort hinter einen Busch oder Stamm und ließen sie ungegrüßt vorüber ziehen.

Alle die frohen und leichtherzigen Hoffnungen, die ihnen das Frühstück gebracht, zerstörte denn auch dieses unheimliche Betragen wieder. Sie kamen sich vor wie Ausgestoßene, Verfehmte, die Jeder mied, und still und schweigend wanderten sie zuletzt ihre Bahn, dem etwa eine halbe Stunde Wegs entfernten Orte ihrer Bestimmung entgegen.

Der Platz dort gefiel ihnen aber gar nicht. Eine schmale, an manchen Stellen kaum zwanzig Schritt breite Landzunge – eigentlich nur ein mit Vegetation bedeckter Corallenstreifen – lief zu dem Platz aus, auf dem eine alte, halb verfallene Bambushütte stand, und wenn die Eingeborenen wirklich etwas Böses gegen sie im Sinne hatten, waren sie dort ohne Waffen, ohne Boot, vollständig in ihre Hände gegeben.

Daran ließ sich aber nichts mehr ändern, der Befehl lautete: sie dort abzuliefern, oder vielmehr sie dort sich selber zu überlassen, und der Erfolg bewies, wie klug der alte Toanonga die Stelle ausgewählt. Eine einzige

Schildwacht nämlich, auf den schmalsten Theil der Landzunge postirt, konnte jede ihrer Bewegungen überwachen, und daß sie sich dieser nicht mit Gewalt widersetzen durften, wußten sie recht gut.

So vergingen ihnen acht volle Tage, in denen die Langeweile sie bald umbrachte. Der alte Häuptling hatte ihnen allerdings ein paar hölzerne Harpunen geschickt, um sich ihre Fische selbst damit zu fangen, und ein altes, sehr kleines Canoe war ihnen ebenfalls gegeben worden. Der Raum aber, in dem sie umherfahren konnten, blieb immer sehr beschränkt, da ein bis an die Oberfläche steigender Corallengürtel die ganze Landzunge einfaßte. Übrigens wußten sie mit der leichten Harpune nicht ordentlich umzugehen und fingen wenig oder gar nichts damit.

Nichts desto weniger litten sie keinen Mangel, denn jeden Morgen brachten ihnen ein paar Eingeborene Brotfrucht und Cocosnüsse, mit denen sie sich freilich vor der Hand begnügen mußten. Die aber, die ihnen die Lebensmittel ablieferten, ließen sich auf gar keine Unterhaltung mit den Gefangenen ein. Die von Mac Kringo an sie gerichteten Fragen beantworteten sie kurz oder gar nicht, und nur das eine Wort *mawquaw* – „wartet!" hörten sie alle Tage.

Die Eingeborenen hatten allerdings in der Zeit mehr zu thun, als sich mit den gefangenen Europäern einzulassen. Die Verbindung Hua's mit *Tai manavachi* wurde gefeiert – wie Mac Kringo doch herausbekommen hatte – und das *Cava*-Trinken beschäftigte sie fast ausschließlich den ganzen Tag. Der Lärm ihrer Tänze und Sänge schallte auch oft, von der Brise getragen, bis zu den armen Gefangenen herüber; das war aber auch alles, was sie von der Feierlichkeit genossen, denn die weißen Tuas[24] durften nicht Theil nehmen an einem Feste des ersten Häuptlings.

82

Am neunten Tage Morgens war Alles vorüber, und *Tai manavachi* führte seine junge Frau auf seiner kleinen Flotte mit hinweg, der eigenen Heimat zu. Die Insulaner gaben ihnen noch eine lange Strecke das Geleit; dann kehrten sie zurück, und es war jetzt plötzlich so still auf Monui geworden, daß die sonst so lebendige Insel fast wie ausgestorben schien.

Um Mittag herum waren die jungen Leute allerdings schon wieder zurückgekehrt, aber bei den Matrosen ließ sich Niemand blicken als ihr gewöhnlicher Bote, der die Lebensmittel brachte.

Spund, vor allen Anderen, war damit nun allerdings vollkommen einverstanden. Er lag den ganzen Tag im Schatten einer mächtigen, unfern von ihrer Hütte wachsenden Cocospalme, seinen Platz nur eben so viel verändernd, wie sich die Sonne drehte. Auch Jonas und Lemon schienen sich in diesem Leben wohl zu fühlen. Mac Kringo dagegen verlangte es nach einer Beschäftigung, und während er die Morgenstunden darauf verwandte, meist verunglückte Versuche im Fischfang zu machen, benutzte er den Nachmittag, ein Kartenspiel aus Holz zu fabriciren. Er hatte nämlich eine Holzart dort gefunden, die sich ziemlich leicht spaltete, und war mit wahrhaft eiserner Geduld daran gegangen, mit seinem Taschenmesser, an dem sich eine kleine Säge befand, einen Stamm abzuschneiden und dünne Scheiben davon herzurichten. Wenn die Sache auch außerordentlich langsam ging, war es für ihn doch eine Beschäftigung und versprach später sogar eine Unterhaltung.

Legs hatte ihm im Anfange aufmerksam zugesehen. So lange er selber nichts zu thun brauchte, war es ihm recht, wenn ein Anderer arbeitete. Endlich aber bekam er auch selbst das Zusehen satt, nahm eine Harpune und schlenderte langsam hinaus, den Strand entlang.

Dort versuchte er allerdings erst eine Weile, ein paar der in dem krystallklaren Wasser umherschwimmenden Fische zu harpuniren; im t i e f e n Wasser überstach er sie aber jedes Mal, und im seichten stieß er die Harpune so oft und vergebens gegen die harten Corallen, daß er bald die beinernen, überdies nicht sehr dauerhaften Spitzen abgebrochen hatte, das unnütze Holz dann zu Boden und sich selber unter einen breitästigen Pandanusbaum warf, den Sonnen-Untergang hier in aller Ruhe abzuwarten.

Eine halbe Stunde mochte er etwa so gelegen haben, und er fing schon an schläfrig zu werden. Die Augenlider wurden ihm schwer, und er war eben im Begriff, wirklich einzuschlafen, als er unfern von sich und schon halb träumend etwas auf dem Wasser plätschern hörte.

There she blows, murmelte er halblaut vor sich hin, denn im Geist saß er oben im Top vom Vormast auf der *Lucy Walker*, nach Wallfischen ausschauend, und das Plätschern kam ihm wie das Blasen der Fische vor. Da es sich jedoch wiederholte, wurde er auch endlich wach, schlug die müden Augen auf und sah plötzlich, kaum hundert Schritt von sich entfernt, eines der wunderhübschen Tonga-Mädchen auf den Corallen im Wasser stehen.

Der ganze weibliche Theil der Bevölkerung hatte sich nun bis jetzt – den Befehlen des Häuptlings nach – so fern von den Papalangis gehalten, daß ihnen die ganzen neun Tage hindurch keine einzige nur in Sicht gekommen. Um so mehr wunderte sich jetzt Legs, eine von ihnen so ganz in der Nähe, und zwar auf dem den Weißen angewiesenen Fischgrunde zu sehen.

Das Mädchen erweckte aber auch noch außerdem seine

Neugierde, was sie dort eigentlich treibe, denn sie stand in dem seichten Wasser, das ihr bis über die Knie ging, vollkommen ruhig, und schlug nur manchmal mit der rechten, flachen Hand darauf, daß es weit hinausschallte. – Auf solche Art konnte sie doch keine Fische fangen.

Nun war ihnen allerdings streng untersagt worden, mit den Eingeborenen, besonders mit den Frauen, zu verkehren, wenn die aber selber zu i h n e n kamen, glaubte Legs auch keiner Verantwortung unterworfen zu sein. Jedenfalls hatten sie die Erlaubniß, dort, wo sich die Dirne befand, zu fischen, und wenn er davon Gebrauch machte und das Mädchen da draußen zufällig fand, war es nicht seine Schuld. Froh auch, etwas gefunden zu haben, die langweiligen Stunden rascher zu vertreiben, griff er die weggeworfene und jetzt vollkommen nutzlose Harpune wieder auf, um die Waffe wenigstens als Beweis seiner Beschäftigung bei sich zu haben, glitt dann unter seinem Baume vor und langsam in das seichte warme Wasser hinein und nahm jetzt eine solche Richtung, daß er dem Mädchen da draußen, wenn sie wieder zum Ufer zurück wollte, leicht den Weg abschneiden konnte. Er glaubte nämlich, daß sie nur hier herausgekommen wäre, weil sie keinen der Fremden in der Nähe vermuthet hätte.

So wenig als möglich Geräusch machend, näherte er sich dabei langsam dem jungen Ding, das viel zu sehr da draußen beschäftigt schien, um auf irgend etwas Anderes zu achten. Der Boden aber, auf dem er ging, war nicht eben. Die Corallen bildeten allerdings hier einen ziemlich festen, bei niederem Wasser etwa zwei Fuß tiefen Grund; hier und da waren aber doch durch ihre Verzweigungen nicht ausgefüllte Löcher geblieben. Legs watete dort hinaus, achtete aber mehr auf das Mädchen als den Grund, auf dem er hinschritt, versah eines von jenen Löchern und schlug so lang – oder vielmehr so kurz er war, aufs Wasser.

Etwas bestürzt, raffte er sich allerdings wieder gleich empor und erwartete jetzt nichts Anderes, als die erschreckte Schöne dem Lande zufliehen zu sehen. Das Mädchen aber, das sich nun nach dem Geräusch umgedreht hatte, blieb lachend stehen und schien sich nicht im Geringsten zu fürchten, ja, ihn sogar zu erwarten.

Legs, mit einem Kernfluch über seine eigene Ungeschicklichkeit, ließ sich denn auch nicht lange nöthigen und watete, nur allerdings vorsichtiger geworden, langsam auf die Schöne zu, die indessen ihre wunderliche Beschäftigung ruhig und unbekümmert fortsetzte.

Mit der Sprache der Leute konnte der Matrose nun allerdings noch nicht zu Stande kommen; einzelne Wörter und Benennungen hatte er sich aber doch gemerkt, besonders den Gruß der Insulaner, ihr herzlich klingendes und so oft gehörtes *chio do fa*, das er auch vor der Hand zur Einleitung für ein weiteres Gespräch verwandte.

Chio do fa, lächelte das hübsche Kind zurück, und Legs, um weitere Vocabeln verlegen, faßte sich endlich ein Herz und fragte auf gut Englisch, was sie da mache.

Das Mädchen, eines der hübschesten der Insel, mit weiter keiner Bekleidung als einer wunderlich geflochtenen, schmalen Matte um die Hüften und einem kurzen Stück Tapa über den Schultern, das die Bewegung ihrer Arme keineswegs beeinträchtigte, schüttelte aber als Antwort nur lachend mit dem Kopf – ein Zeichen, daß sie nicht verstehe, was er sage.

Legs fand jetzt, daß er das Englische aufgeben und sich mehr auf Zeichen beschränken müsse. Deßhalb auf das

Wasser deutend und mit der Hand ihre bisherige Bewegung nachahmend, sah er sie dabei so komisch fragend an, daß das junge Ding in fröhlichem Übermuth wieder laut aufjubelte und dabei ein paar Reihen Zähne zeigte, die ihr wie Perlen zwischen den rosigen Lippen lagen. Jedenfalls hatte sie aber verstanden, was er meinte, denn sie nickte ihm freundlich zu und sagte:

„Ang-a!"

„Ang-a – ja wohl," brummte Legs vor sich hin – „jetzt bin ich so klug wie vorher. Was ist *Ang-a*?"

„A n g - a !" wiederholte aber das Mädchen lauter als vorher und wie erstaunt, daß der Fremde nicht wissen solle, was *Ang-a* sei. Trotzdem schüttelte Legs noch immer bedeutend mit dem Kopf, und da sie wohl merken mußte, daß ihm die so deutlich gegebene Erklärung doch noch immer nicht genüge, setzte sie lächelnd hinzu – *„mawquaw!"*

D a s Wort verstand Legs. Die vollen neun Tage hindurch hatten sie das jeden Morgen von dem Burschen gehört, der ihnen das Essen brachte – warte ein wenig! – und als er darauf rasch und befriedigt mit dem Kopfe nickte, drehte sich die Kleine von ihm ab und schlug aufs Neue, wie vorher, das stille Wasser mit der flachen Hand.

Er sah jetzt, daß sie im linken Arm ein kleines Bündel mit Stücken gerösteter Brotfrucht und anderen Lebensmitteln trug – aber wozu? – Wollte sie so lange hier draußen im Wasser stehen bleiben, daß sie sich ihr Mittagsessen gleich mit herausgenommen? – Er war dabei näher zu ihr hinan getreten, und der weiche, elastische Körper des Mädchens, so in Arms Bereich von ihm gebracht, schimmerte ihm so verführerisch aus der leichten Umhüllung entgegen, daß er allen Warnungen zum Trotz seinen Arm langsam ausstreckte und um ihre Taille legte.

Die Insulanerin nahm jedoch nicht die geringste Notiz davon, und Legs war selber so erstaunt über den günstigen Erfolg seiner Kühnheit, daß er ein paar Minuten regungslos in dieser Stellung verharrte, ohne sich natürlich weiter um das zu kümmern, was auf dem Wasser vorging.

„*Gia-hi!*" sagte da plötzlich die braune Schöne, indem sie ein Stück der Brotfrucht nahm und neben sich ins Wasser warf.

Legs konnte nicht umhin, den Kopf nach jener Richtung zu drehen, denn er sah sich dort plötzlich etwas bewegen. Im nächsten Augenblicke erkannte er aber auch zu seinem Entsetzen die Finne eines gar nicht etwa so sehr kleinen Haifisches, der sich in demselben Moment etwas auf die Seite warf und mit dem geöffneten, bis über die Oberfläche reichenden Rachen das Stück Brotfrucht aufschnappte und verschlang. So nahe war ihnen die Bestie gekommen, daß er sie hätte mit der Hand auf den Kopf schlagen können.

„*Ang-a!*" lachte das Mädchen noch einmal laut auf, indem sie dem Ungethüm einen neuen Leckerbissen zuwarf.

„*Ang-a h e l l !*" schrie aber Legs, der im Todesschreck einen Schritt zurückprallte, denn selbst der beherzte Matrose fürchtet nichts mehr auf der Welt als den Hai, seinen ärgsten Feind. „Das ist ein H a i , bei allem, was da schwimmt!"

Unwillkürlich drückte er sich dabei hinter das kecke, wilde Ding, das sich ein solch gefährlich Spielzeug ausgesucht. Die Insulanerin aber, mit einem schelmischen Blick auf den Fremden, dessen Entsetzen ihr nicht entgangen war, ließ das nächste Stück Brotfrucht dicht neben sich und mehr nach rückwärts fallen, so daß der

Fisch in seinem nächsten Sprung danach in Wirklichkeit Legs' etwas ausgebogene Extremitäten streifte.

Das war diesem aber außer dem Spaß, denn während der Fisch in die Höhe schnappte, den für ihn hingeworfenen Bissen zu ergreifen, wußte Legs jetzt wirklich nicht, ob der Angriff ihm oder der Brotfrucht galt, stieß einen lauten Schrei aus und that, so weit er springen konnte, einen Satz zurück. Dabei fiel er aber wieder, so lang er war, ins Wasser und schlug jetzt aus Leibeskräften mit Armen und Beinen um sich, um durch lautes Plätschern und Lärmmachen, als e i n z i g e s Hülfsmittel, den furchtbaren Feind fern von sich zu halten.

Er hörte dabei nicht das laute glockenrein klingende Lachen der jungen Dirne, sah nicht, daß der Hai, durch das ungewohnte Geräusch erschreckt, schon lange wieder hinaus aus der seichten <u>Fluth</u> und durch irgend ein Loch der Corallenwände in tieferes Wasser gefahren war. Nur mit jeder, von ihm selbst aufgeschlagenen Welle, während er sich in aller Hast dem sicheren Ufer zuarbeitete, fürchtete er das gefräßige Ungeheuer dicht hinter sich, das vielleicht nur auf einen günstigen Moment wartete, ihn zu ergreifen, und wälzte sich solcher Art schreiend und mit Armen und Beinen schlagend, bis zum nächsten Landvorsprung hin.

Einen solchen furchtbaren Lärm hatte er dabei gemacht, daß seine Kameraden erschreckt aufsprangen und der Richtung zueilten, von der sie die Hülferufe gehört. Nicht wenig erstaunt waren sie aber, Legs in solcher Aufregung ankommen und das Mädchen draußen im Wasser so herzlich lachen zu sehen, ohne daß sie auch nur die geringste Ursache für Eines oder das Andere erkennen konnten.

Von den Eingeborenen waren indessen ebenfalls Einige

durch den Lärm herbeigerufen worden. Diese erriethen übrigens, wie es schien, was da draußen vorgefallen, denn sie amüsirten sich unter einander vortrefflich, ohne jedoch den Weißen dabei zu nahe zu kommen.

Jedenfalls verhinderte sie ein strenges Verbot ihres Häuptlings, sie würden diese Gelegenheit sonst gewiß nicht versäumt haben, sich nach Herzenslust über den Fremden lustig zu machen.

Legs behielt deshalb auch volle Freiheit, sein Abenteuer den Kameraden nach seiner eigenen Art zu erzählen, und demnach war er draußen beim Fischen von einem furchtbar großen Hai angegriffen und verfolgt worden und nur durch seine Geistesgegenwart der Gefahr entgangen, von dem Ungeheuer erfaßt und unter Wasser gezogen zu werden. Mac Kringo schüttelte freilich dazu den Kopf und fragte, wie es denn käme, daß der Hai nicht das Mädchen da draußen angegriffen, und warum die Dirne so entsetzlich gelacht hätte. Legs jedoch meinte, die Braunfelle hätten gut lachen; an die ginge ein Hai gar nicht, und da sie sich selber sicher wüßten, so wäre es keine Kunst, sich über einen Anderen lustig zu machen.

Die Aufmerksamkeit der Matrosen sollte aber bald auf etwas Anderes gerichtet werden, denn ein Bote von Toanonga kam gegen Abend, ihnen anzuzeigen, daß sie sich am nächsten Morgen bereit halten sollten, zu der Rathsversammlung der Häuptlinge abgeholt zu werden.

Weiteres war nun aus dem Burschen nicht heraus zu bekommen. Entweder wußte er selber nicht mehr, oder durfte nicht mehr sagen. Den Seeleuten war aber bei der ganzen Sache nicht wohl zu Muthe, denn die Vorladung, wie die ganze Versammlung wurde gar so feierlich gehalten.

Was wollten sie denn eigentlich noch mit ihnen? Daß sie an dem Raub der Häuptlingstochter unschuldig waren, wußte der alte Toanonga so gut wie sie selber, und konnte man sie also deshalb noch bestrafen? – Wenn man sie also nicht bestrafen wollte, wozu dann eine Rathsversammlung halten?

Jonas schlug jetzt vor, daß sie suchen sollten, sich in der Nacht eines Canoes zu bemächtigen und damit aufs Gerathewohl in See zu gehen. Inseln lägen doch noch mehrere dort herum, und eine oder die andere würden sie schon finden, wenn sie nicht gar unterwegs ein Schiff anträfen, <u>das</u> sie aufnehmen könnte. Das war aber ein verzweifelter Plan; denn erstens wußten sie, daß sie streng bewacht wurden, dann hatten sie gar keine Waffen, um sich, wenn angegriffen, zu vertheidigen, und ohne Provision und Instrumente in See zu gehen, wo ihnen der nächste Sturm außerdem verderblich werden mußte, wäre mehr als Tollkühnheit, es wäre einfach Wahnsinn gewesen.

Mac Kringo, der überhaupt als Dolmetscher ein gewisses Ansehen bei den Kameraden gewonnen hatte, stimmte gleich dagegen und erklärte, daß e r auf keinen Fall sich bei einem solchen verzweifelten Unternehmen betheiligen würde. Hätten sie jetzt die ganze lange Zeit nutzlos verstreichen lassen, so bliebe ihnen nun auch weiter nichts übrig, als das Letzte abzuwarten, und daß sie nichts dabei für ihr Leben zu fürchten hätten, glaube er ihnen mit Bestimmtheit versichern zu können. Die Eingeborenen seien viel zu gutmüthig, ihnen mit vorbedachter Grausamkeit etwas zu Leide zu thun, und seiner Meinung nach wäre die ganze Geschichte weiter nichts, als eine Idee des alten Toanonga, der sich, den Europäern gegenüber, gern ein wenig wichtig machen wolle. Das Ganze würde darauf hinaus laufen, daß man ihnen vorhalte, wie gut und großmüthig die Bewohner von Tonga, und wie schlecht die Papalangis seien, und zuletzt würde man sie auf der Insel ruhig gewähren lassen, zu treiben was ihnen gerade beliebe.

Ob er nun das Richtige getroffen oder nicht, blieb sich gleich; darin hatte er jedenfalls Recht, daß ein Fluchtversuch jetzt im letzten Augenblick Wahnsinn gewesen wäre, und die Bootsmannschaft entschloß sich denn auch endlich, das Resultat, wie es auch ausfallen möge, geduldig abzuwarten.

4.

Der nächste Morgen kam, und die Leute versuchten, soweit ihnen das irgend möglich war, T o i l e t t e zu machen. Damit sah es aber entsetzlich windig aus, denn bei ihrer Flucht von Bord hatten sie nur das Nothwendigste mitnehmen können, und bei dem Sinken des Bootes auch selbst das noch verloren. Nur Mac Kringo und Legs besaßen Hüte, nur Spund und Jonas Jacken, und ihre Schuhe waren von dem scharfen Corallenboden, auf dem sie o h n e Schuhe gar nicht gehen konnten, schon so mitgenommen worden, daß sie kaum noch zusammen hielten.

Die einzige Verbesserung, die sie mit sich vornehmen konnten, war die, daß sie ihre Hemden auswuschen, um wenigstens mit reiner Wäsche vor den Häuptlingen zu erscheinen, und was eine Kopfbedeckung betraf, so hatten die, welche mit einer solchen nicht mehr versehen waren, darin die Mode der Eingeborenen nachgeahmt und sich eine Art Kopfschutz aus den Blättern der Cocospalme gefertigt, der die Augen wenigstens gegen das blendende Sonnenlicht schirmte.

Nur Pfeife, einer gewissen Phantasie dabei folgend, war

daran gegangen, einen wirklichen Hut zu flechten – was die Matrosen meist verstehen und sich oft ihre Strohhüte selber machen. Das Cocosblatt zeigte sich aber nicht geschmeidig genug dazu, und wenn er auch wirklich eine Art Hut zusammen brachte, so hatte derselbe doch eine so wunderliche Form bekommen, daß selbst Lemon lachte, als er ihn zum ersten Male sah.

Die ersten Morgenstunden vergingen übrigens, ohne daß sie zu der erwarteten Zusammenkunft wären abgerufen worden. Nur ihr Frühstück erhielten sie wie gewöhnlich, dann war Alles still – nicht einmal ein Fischer-Canoe sahen sie in dem Binnenwasser der Riffe, so hatte die heute gehaltene Rathsversammlung das Interesse der Insulaner in Anspruch genommen.

Endlich kam der, eines Theils gefürchtete, andern Theils aber auch wieder sehnlichst erwartete Bote; denn selbst die schlimmste Wirklichkeit kann in manchen Fällen oft weniger peinlich sein, als diese ewig zögernde Ungewißheit, in der sich des Menschen Herz in solchem Falle verzehrt.

Ein junger Bursch, der auf der Insel Constabel-Dienste versah, sich sonst aber in nichts von den Übrigen auszeichnete, als wo möglich noch fauler als der Rest zu sein, kam endlich und meldete den Papalangis, daß Toanonga und die Versammlung der Egis sie erwarte.

Mac Kringo theilte den Übrigen die Botschaft mit, und Lemon brummte halblaut vor sich hin: Die Egis sollen verdammt sein!

Das nahm der Botschafter aber entsetzlich übel; denn wenn er auch kein Englisch verstand, hatten die Eingeborenen jenes Wort „verdammt" doch so oft von dort landenden Fremden gehört, um zu wissen, daß es etwas sehr

Böses und Häßliches bedeute. Er hielt deshalb auch dem kleinen sauertöpfischen Burschen eine lange und heftige Strafpredigt, die dieser jedoch mit weiter nichts als einem noch viel mürrischeren „Geh zum Teufel" erwiderte.

Mac Kringo gab sich freilich alle Mühe, den Frieden wieder herzustellen und den Eingeborenen zu besänftigen, indem er ihn zu überzeugen suchte, daß er den Papalangi ganz falsch verstanden habe. Der Bursche wußte aber recht gut, was er selber gehört hatte, und der Zug setzte sich endlich, von ihm angeführt, langsam in Bewegung.

„Hört einmal, Kameraden," sagte da Mac Kringo als sie schon unterwegs waren, indem er sich gegen die kleine Schaar wandte, „ich habe euch schon versichert, daß ich nicht glaube, wir hätten irgend etwas von dem rothen Gesindel zu fürchten. Sollten sie uns aber d o c h zu Leib wollen, und es ist immer gut, auch auf das Schlimmste vorbereitet zu sein, dann wollen wir uns auch nicht wie die Schafe zur Schlachtbank führen lassen, sondern lieber wie englische Matrosen sterben und noch so vielen der rothen Brotfruchtfresser, wie möglich, die Schädel einschlagen. Seid ihr damit einverstanden?"

„Gewiß," rief Pfeife für die Übrigen; „irgend etwas wird man ja dort schon finden, womit man zuschlagen kann, und wenn das n i c h t wäre, so hat jeder seine Fäuste und sein Messer bei der Hand, die lumpigen Schufte nach Herzenslust zu bearbeiten."

„Gut," sagte Mac Kringo. „In dem Falle liegt unsere einzige Aussicht auf Erfolg aber nur darin, daß wir uns nicht t r e n n e n lassen, sondern fest zusammen halten. Sechs handfeste Burschen wie wir können es dann auch schon mit einem Schock solchen weichlichen Gesindels aufnehmen, und im schlimmsten Falle arbeiten wir uns zu einem Canoe durch, plündern einen Brotfruchtbaum und ein paar Cocospalmen und gehen in See."

„Das sind schöne Aussichten!" seufzte Spund, „und bedenkt nur dabei, daß wir sie durch Widersetzlichkeit immer noch erbitterter machen!"

„Wenn du dich willst fressen lassen," kreischte Pfeife, „so hat natürlich Niemand was dawider. Ich danke aber dafür, und wenn sie uns wirklich einmal zu Leib wollen, so liegt nachher verwünscht wenig daran, ob wir sie dabei in guter oder böser Laune behalten."

„Pst – da sind sie!" flüsterte aber in diesem Augenblicke Mac Kringo, der durch die Büsche hin die hellen buntfarbigen Kleider der Eingeborenen schon erkannt hatte. „Jetzt haltet euch ruhig, und im Nothfalle fest zusammen. Unsere Messer haben wir doch wenigstens alle im Gürtel, und was sie auch vorhaben, sie sollen uns wenigstens nicht unvorbereitet finden."

Weiteres Gespräch war jetzt auch unmöglich geworden, denn wie sie den nächsten Busch umschritten, sahen sie sich plötzlich der ganzen Versammlung gegenüber, die sie sich allerdings nicht so zahlreich gedacht. Die Einwohnerschaft der ganzen Insel schien aber hier versammelt und der große weite Raum vor Toanonga's Hütte, in dem die Egis den Mittelpunkt bildeten, schwärmte ordentlich von braunen lebendigen Gestalten beiderlei Geschlechts.

Inmitten des Platzes stand ein riesiger Tamarindenbaum, um den herum neun hochstämmige Cocospalmen angepflanzt schienen. Dadurch erhielten sie dem Platz den Schatten, die Sonne mochte stehen, wo sie wollte[25], und konnten ihre Versammlungen zu jeder beliebigen Tageszeit halten.

Dort waren feine Matten ausgebreitet, welche die Bewohner aller der Südsee-Inseln so trefflich zu flechten verstehen, und die Egis von Monui bildeten, mit Toanonga in der Reihe sitzend, einen vollkommenen Kreis.

In demselben nahmen die verschiedenen Häuptlinge ihre Plätze ein, aber keineswegs nach Gutdünken, sondern sie waren ihnen vorher von dem Ceremonienmeister angewiesen worden. Toanonga behauptete den Ehrenplatz und saß, den Rücken seinem Hause zugedreht, mit dem Gesicht der reizenden Bai zugewandt, die hier durch rechts und links auslaufende Landzungen gebildet <u>wurde</u>. Zu beiden Seiten dann von ihm ab kamen ihm zunächst die Angesehendsten und vom edelsten Blut, bis sich mit den geringeren Häuptlingen der Kreis ihm gegenüber wieder schloß.

Um die Egis aber her, und zwar so gedrängt, daß sie fast deren Rücken berührten, saßen[26] die übrigen Eingeborenen, Männer und Frauen, bunt durch einander, und wer dem Kreise nicht so nahe kommen konnte, zu hören was da verhandelt wurde, ließ es sich wenigstens von den näher Sitzenden mittheilen.

Außerhalb dieses fast dicht geschlossenen Kreises hatten die Kinder ihren Tummelplatz gewählt, sich haschend und überschlagend, und mit den nackten Füßen auf dem scharfen Corallensande allerlei wilde Lust treibend.

Die Berathung war indessen nicht gleich von Anfang an so öffentlich – wenn auch im Freien – verhandelt worden. Bis die Egis unter sich einig geworden, hatte man das Volk in ehrerbietiger Ferne gehalten, und erst als die Hauptsache vorüber war, ließ man die Neugierigen hinzu. Wollte jedoch der alte Toanonga die Galerieen wieder geräumt haben, so brauchte er nur ein Zeichen zu geben, und Keiner hätte daran gedacht, sich dem Befehle zu widersetzen.

Jetzt übrigens, da die gefangenen Fremden in Sicht kamen, wurde eine andere Ordnung nöthig, um sie würdig zu empfangen, und einer der als Constabel agirenden Burschen schrie deshalb den Zuhörern zu, Raum zu geben. Diese mußten auch schon wissen, um was es sich handle, denn sie wichen nach rechts und links zurück, die Fronte gegen die Bai offen lassend, während die mit dem Rücken nach dem Wasser zu sitzenden Häuptlinge ebenfalls aufstanden.

Geschäftige Hände ergriffen dabei rasch ihre Matten, und trugen sie hinter Toanonga und die ihm zunächst sitzenden Häuptlinge, wo sie mit ihnen eine zweite Reihe bildeten. Dadurch war der Raum vor dem alten Häuptling frei geworden, an beiden Seiten aber kauerte die Einwohnerschaft von Monui.

„Mate," sagte da Legs, indem er seinen Hosenbund etwas höher über die Hüften heraufzog und aus alter Gewohnheit – denn Tabak hatte schon lange Keiner von ihnen mehr – auf die Erde spuckte – „die Geschichte wird feierlich – was sagest du dazu."

„Mein Leben lang will ich keine Schiffsplanke betreten," murmelte Pfeife zwischen den Zähnen durch, „wenn ich nicht wünsche, daß ich hier fort wäre. Da stehen ein paar Hundert breitschulterige Kerle herum, mit den Waffen vielleicht hinter den nächsten Büschen versteckt, was sollen wir Sechs gegen die ausrichten?"

„Bah, so viel für die ganze Band'," brummte der, fast um einen Kopf kleinere Matrose. „Meinen Hals setz' ich zum Pfand, daß die Kerle nicht einmal die Courage haben, uns etwas am Zeuge zu flicken. Ja, wenn wir Einer oder Zwei wären, aber einer ganzen Bootsmannschaft – wenn auch unserem Harpunier und Bootsteuerer der Hals voll Wasser gelaufen ist – kommen sie schon nicht zu nah."

„Du, der Alte fängt an," flüsterte da Pfeife, indem er den Kameraden in die Seite stieß, „jetzt bin ich neugierig."

Toanonga hatte indessen – die Hände in voller Ruhe auf seinem Bauch gefaltet – die ankommenden Papalangis Einen nach dem Andern aufmerksam gemustert. Als sie aber auf Anordnung eines der Leute vor ihm niedergesessen oder vielmehr gekauert waren, und sich halb schüchtern im Gefühl der sie umgebenden Menschenmenge, halb wieder trotzig und im schlimmsten Falle zum Äußersten entschlossen, im Kreise umsahen, nickte er ihnen mit seinem gutmüthigen Lächeln zu und sagte:

„*Chio do fa, Papalangis – chio do fa!*"

5.

Die Leute, die aus dem freundlichen Gesicht des Alten neuen Muth schöpften, erwiderten den Gruß rasch, und dieser fuhr, den Kopf dabei langsam auf und ab neigend, einer in Bewegung gesetzten Pagoge nicht ganz unähnlich, fort:

„Ich habe euch rufen lassen, Freunde, um mit euch ein ernstes Wort über euch und eure Zukunft zu sprechen. Du da vorn, wie heißest du gleich? – verstehst ja wohl unsere Sprache genug, den Anderen wieder zu erzählen, was ich dir gesagt habe?"

„Mac Kringo heiße ich," erwiderte der also angeredete Schotte, indem er den Kopf etwas neigte. „Rede nur, Toanonga; ich verstehe Alles, und es soll kein Wort davon verloren gehen."

„Gut, Freund – desto besser. So passe wohl auf, denn es kommt für euch viel darauf an, daß du auch eben recht verstehest."

„Du weißt, unter welchen Umständen wir euch auf diese Insel zurückbekommen haben. Es war nicht unser Wunsch, und wir hätten euch lieber in eurem großen Canoe fortsegeln sehen. Du weißt auch, daß ihr oder euer Capitain – das bleibt sich gleich, denn ihr gehörtet zusammen und standet einander bei – mir hier, der ich euch alle freundlich aufgenommen, ein großes Leid anthun wolltet. Das war eure Dankbarkeit, ich will euch das aber nicht so übel nehmen, denn ihr Papalangis wißt es vielleicht nicht besser, und wenn ihr erst einmal eine Zeit lang zwischen uns gelebt habt, werdet ihr schon gescheidtere und bessere Menschen werden. Trotzdem nun hat der wackere und tapfere *Tai manavachi*, während er eurem bösen Capitain mitten im Sturm seine Braut wieder abnahm, euch, seine Feinde, die ihr verunglückt waret, aus dem Meer gerettet und ans Land gebracht, und euch auch weiter nicht das geringste Leid zugefügt. Er hatte eurem Capitain versprochen, euch ungestraft ziehen zu lassen, wenn er Hua, die damals noch in eurem Canoe war, kein Leid zufügen wollte, und da euer Capitain sie darauf frei ließ, glaubte er auch an euch sein Wort halten zu müssen. – *Tai manavachi* ist ein großer und edler Häuptling, und sein gegebenes Wort war heilig. Die Hotuas hatten es gehört, und er wußte, daß er es nicht brechen durfte. So – sag' jetzt deinen Freunden erst einmal, was ich mit dir gesprochen."

Mac folgte dem Befehl und übersetzte den Übrigen die kurze und einfache Rede. Die Matrosen hörten ihm aufmerksam zu, bis ihn Legs endlich unterbrach und ausrief:

„Schon gut, schon gut, das ist eine alte Geschichte, und das Meiste davon wissen wir schon. Er soll uns ein frisches Garn spinnen. Hol' der Böse die Saalbadereien!"

„Nur Geduld, Mate!" rief aber auch Jonas; „wenn einer ein Schiff vom Stapel lassen will, muß er erst sehen, ob Alles dicht und in Ordnung ist. Er hat jetzt die Geschichte kalfatert und Masten eingesetzt und Takelwerk angeschlagen. Paß einmal auf, jetzt wird er die Segel setzen und 14 Knoten die Stunde gehen."

„Haben sie Alles verstanden," fragte Toanonga.

„Alles," sagte der Schotte, der klug genug war, den Alten so viel als möglich bei guter Laune zu erhalten, „und sie bitten dich fortzufahren."

„Schön," erwiderte der alte Häuptling, zufrieden dabei mit dem Kopfe nickend: „Ich muß dir nun sagen, daß ich im Anfang gar keine Lust hatte, euch hier auf der Insel zu behalten. Ihr waret Kriegsgefangene von *Tai manavachi* und ich wollte, er sollte euch mit hinüber nach Tonga nehmen. *Tai manavachi* hat aber ein großes Herz. Er sagte, daß seine jungen Leute sehr zornig auf euch wären, und er nicht wisse, ob er dann sein Wort halten könne: euch kein Leid zuzufügen. Überdies könnte er euch auch nicht gebrauchen und wolle nichts mehr mit euch zu thun haben."

Sehr freundlich von *Tai manavachi*, dachte Mac Kringo, erwiderte aber laut kein Wort und verzog keine Miene, und der Alte fuhr nach kurzer Pause fort:

„Da ihm aber nach unseren Gesetzen nun das Recht über euch zusteht, so haben wir, die Egis des Landes, uns die Sache überlegt, euch ihm abgekauft und beschlossen, euch hier auf Monui zu behalten."

„A b g e k a u f t ? " rief Mac Kringo erstaunt.

„Ja, Freund," sagte der Alte, ganz unbefangen und freundlich dabei lächelnd, „a b g e k a u f t . Nicht etwa, denn ich wüßte nicht, was ich mit euch anfangen sollte, sondern die Egis, und zu welchem Zwecke, will ich dir gleich auseinandersetzen, wenn du den Übrigen erst meine Worte erklärt hast."

Mac Kringo that das diesmal schnell genug, denn die Nachricht hatte ihn selber überrascht, Legs aber rief lachend aus:

„Da hätte ich den Alten für gescheidter gehalten. Wer u n s kauft, ist bös angeführt, denn ich will verdammt sein, wenn ich selbst mein e i g e n e r H e r r sein möchte."

„Und was wollen sie da mit uns machen?" fragte Spund erschreckt; „da sollen wir wohl a r b e i t e n ?"

„Bah!" lachte Jonas; „die Arbeit, die d i e faulen Burschen hier zu verrichten haben, könnte man recht gut vor dem Frühstück fertig bringen, ehe der Kaffee kalt wird; – Lumpenvolk das, einen weißen Christenmenschen zu k a u f e n ! Aber so viel weiß ich, daß ich mich schon dumm genug anstellen werde."

„Und dazu brauchst du dich auch gar nicht zu verstellen," brummte Lemon. „So viel ist aber sicher, und Legs hat Recht, ich hätte die Rothhäute auch für gescheidter gehalten, als daß sie Kerle wie Spund und Pfeife kauften."

„Na, sei du nur –"

„Ruhig!" unterbrach aber Mac Kringo die Kameraden; „ist das jetzt eine Zeit zum Necken? Hört erst, was der Alte weiter zu sagen hat, nachher können wir darüber reden."

„W a s sagen sie?" fragte Toanonga.

„Sie lassen dich nur bitten, fortzufahren," erwiderte Mac Kringo.

„Gut, sehr gut," nickte der Alte wieder, während jetzt besonders die Frauen unter den Zuhörern sich vordrängten, als ob sie kein Wort von dem verlieren wollten, was da verhandelt würde. „Die Egis haben euch also, wie ich dir schon vorher erzählt, gekauft, und eigentlich blieb ihm nichts Anderes übrig; denn was sollten wir mit euch machen? ihr habt keinen Tabak, keine Glasperlen, keine Beile, kein Zeug, für das wir euch zu einer weiten Seefahrt ausrüsten könnten, und ihr werdet doch wohl einsehen, daß wir euch das nicht auch noch obendrein schenken können, weil ihr eines Egi Tochter habt entführen wollen und dabei verunglückt seid."

„Aber wir können uns vielleicht selber ein Boot bauen oder ein Canoe aushauen," unterbrach ihn jetzt Mac Kringo, dem der Gedanke nicht recht behagen wollte, den rothen Gesellen käuflich überlassen zu sein.

„Womit?" fragte ihn aber ganz trocken der Alte. „Habt ihr selber Beile? Habt ihr Segel und Ruder? Habt ihr Proviant? Nein, Freund; wir haben schon Schaden genug durch euch gelitten und wollen jetzt auch einigen Nutzen aus euch ziehen."

„Aber was sollen wir thun?" fragte der Schotte ungeduldig.

„Das wirst du gleich hören," lautete die ruhige Antwort des Alten. „Die Egis haben euch allerdings gekauft, aber mit Gütern, die dem Lande selber gehören, deshalb können sie auch nicht und wollen sie nicht eure Dienste für s i c h in

Anspruch nehmen. Krieg haben wir jetzt nicht; wir leben mit allen benachbarten Inseln in Frieden, und *Tai manavachi* ist unser mächtiger Bundesgenosse geworden. Wäre das nicht der Fall, so würden wir euch vielleicht in unseren Canoes verwenden können, deren Behandlung ihr bald lernen würdet. Überhaupt seid ihr Weißen entsetzlich unwissende Menschen, für die es ein großes Glück ist, daß sie nach unserer Insel gekommen sind – ihr könnt nicht einmal Fische fangen. Doch das alles werdet ihr wohl nach und nach begreifen, wenn ihr erst einmal selber für euch und die Euren sorgen müßt."

„Wenn wir das aber alles nicht können und verstehen," brummte Mac Kringo, „was wollt ihr denn mit uns machen?"

„Du bist entsetzlich ungeduldig," sagte Toanonga, „ich war ja eben im Begriff, dir das zu erklären. Vor allen Dingen wollte ich dir nur erst begreiflich machen, daß wir uns den Kopf zerbrochen haben, euch eine ordentliche Stellung hier anzuweisen, und ich selber habe da endlich einen Vorschlag gemacht, dem die anderen Egis nach reiflicher Überlegung beigepflichtet sind. Unser Entschluß deshalb ist der folgende: Auf Monui leben, seit unsrem letzten Krieg im vorigen Jahre, einige Frauen ohne Männer. Diese haben also auch niemanden mehr, der für sie sorgt, und mußten deshalb von den Egis oder vielmehr von dem Lande selber erhalten werden. Unter unsern Einwohnern hat sich aber bis jetzt noch niemand gefunden, der sie wieder heirathen wollte; der Männer sind auch durch die vielen Kriege weniger geworden, und diese Frauen begannen für uns eine Last zu werden."

Mac Kringo hatte die Einleitung in immer wachsendem Staunen zugehört, denn er begriff gar nicht, was ihre Verhältnisse mit dem der Wittwen auf Monui zu thun haben könnten. Eben so wußte er recht gut, daß in diesem gesegneten Lande niemand dem Andern zur Last sein k o n n t e, denn wo die Leute eben so genügsam von Brotfrucht und Wasser oder Cocosnüssen lebten und von allem diesem übrig genug für sämmtliche Bewohner war, konnte auch von keinem Nahrungsmangel die Rede sein. Er schüttelte deshalb ungläubig mit dem Kopf und sagte:

„Hatten sie denn keine Brotfrucht, die sie essen, keine Fische, die sie fangen konnten?"

„Du verstehst mich nicht," erwiderte ruhig Toanonga. „Zu essen haben sie allerdings genug, Dank den Hotuas[27], die unsere Inseln mit Allem reichlich gesegnet haben. Frauen verlangen aber nicht bloß zu essen, sie müssen auch einen Beschützer haben, denn sie fürchten sich, allein in ihren Hütten zu wohnen. Wir haben ihnen deshalb bis jetzt ein großes Haus eingeräumt, in dem sie zusammen leben konnten, aber sie wollten sich dort nicht mit einander vertragen. Sie haben sich gezankt und Streitigkeiten unter einander angefangen, die dann von den Egis wieder geschlichtet werden mußten, und es ist kein Friede zwischen ihnen geworden."

„Segne meine Seele," knurrte Lemon, „das ist ein langer Palaver, und mir schlafen die Beine schon ein. Was sagt er, Lord Douglas?"

„Pst – warte nur noch einen Augenblick," beschwichtigte ihn der Schotte, der zu begreifen begann, was man von ihnen verlange, und ein heimliches Lachen kaum unterdrücken konnte.

„Damit das anders werde," fuhr Toanonga langsam und bedächtig fort, „haben wir e u c h ausersehen, und eurem Schutz sollen diese Frauen übergeben werden."

Mac Kringo glaubte noch immer, der Alte wollte sich einen Spaß mit ihnen machen; dazu aber sah er doch viel zu ernsthaft aus, und er fragte jetzt, immer noch seinen Ohren nicht recht trauend –

„W i r ?"

„Ja, I h r ," erwiderte Toanonga, gravitätisch mit dem Kopfe nickend. „I h r sollt sie h e i r a t h e n , dann zieht ihr Jeder wieder in ein besonderes Haus, und der ewige Scandal hört einmal auf. Es ziemt sich auch nicht, daß die Frauen die Felder bestellen, *gumala* und *ufi*[28] darin zu ziehen. Das ist des Mannes Sache, und ihr werdet das fortan übernehmen. Du weißt jetzt unseren Willen und wirst ihn deinen Freunden mittheilen. Hast du mich verstanden?"

„Gewiß," rief Mac Kringo rasch, und mußte an sich halten, daß er nicht gerade hinaus lachte, denn die Sache kam ihm doch zu komisch vor.

„Was will er?" fragte aber jetzt auch Spund, der sich vor Neugierde kaum lassen konnte.

„Nun, Messmates," redete da Mac Kringo die Kameraden an, indem er sich gegen sie wandte und so ernsthaft wie nur irgend möglich dabei auszusehen versuchte, „jetzt i s t die Bombe endlich geplatzt, und so viel kann ich euch vor der Hand sagen: gehängt werden wir n i c h t ."

„Aber was ist's? – was will das alte dicke Rothfell? – wozu haben sie uns gekauft?" fragten die Übrigen durch einander.

„Ja, es ist freilich was Erschreckliches," schmunzelte Mac Kringo, indem er die ziemlich abgerissene Schaar vor sich überblickte, „und wenn man euch hier nach einander ansieht, sollte man eigentlich kaum glauben, daß ihr recht dazu passen würdet."

„Na, zum Teufel, Lord Douglas," rief jetzt aber auch Jonas, den bei der langen Vorbereitung schon ganz unheimlich zu Muthe wurde – „so schieß einmal los! Was sollen wir denn thun?"

„Wir sollen h e i r a t h e n ," antwortete Mac Kringo mit einem so ernsthaften Gesicht, als ihm das irgend möglich war; die fünf Seelen brachen aber in ein schallendes Gelächter aus, das, merkwürdiger Weise, auch die als Zuschauer umherkauernden Indianer anstecken mußte. Was sich wenigstens an jungen Männern dort hinzugedrängt, stimmte plötzlich aus vollem Herzen in das Lachen mit ein, und die bis zu diesem Augenblicke noch so ernste Rathsversammlung schien in diesem Ausbruch unerwarteter Fröhlichkeit ihren ganzen Respect zu verlieren.

Da hob Toanonga den Arm empor, und während die Insulaner augenblicklich schwiegen, fühlten selbst die Seeleute, daß sie den alten Häuptling, in dessen Gewalt sie sich doch nun einmal befanden, nicht ärgerlich machen durften.

„Hast du deinen Freunden gesagt, was ich dir mitgetheilt?" fragte der Alte – „und weshalb lachen sie?"

„Sie freuen sich, daß du so gnädig mit ihnen verfahren willst," erwiderte Mac Kringo, rasch gefaßt. „Es gefällt ihnen hier auf der Insel, und sie wollen gern bei euch bleiben. Die Hauptsache freilich, daß du uns jetzt die Frauen zeigest, die wir nehmen sollen, damit wir unsere Wahl treffen."

„Es ist gut – das hat noch Zeit," erwiderte der Häuptling. „Vor allen Dingen möchte ich erfahren, wer ihr eigentlich selber seid."

„W i r ?" sagte Mac Kringo erstaunt – „nun, Seeleute."

„Ja – das weiß ich," erwiderte Toanonga, „denn ihr seid alle auf dem großen Canoe gekommen. Aber ich weiß auch, daß ihr auf euren Canoes verschiedene Beschäftigungen habt. Euer Capitain hat mir erzählt, daß es Unterhäuptlinge darauf gibt, dann aber auch Leute, die das Holz bearbeiten und Boote machen, solche, die große Fässer arbeiten, solche, die Eisen hämmern, solche, die mit Tauen und Segeln umzugehen wissen, und so weiter; Was seid i h r also? Was bist d u gewesen?"

„I c h ?" erwiderte Mac Kringo, der recht gut einsah, daß er sich hier in den Augen der Eingeborenen, ohne daß seine Kameraden das Geringste davon zu erfahren brauchten, einen höheren Rang und dadurch mehr Ansehen geben konnte. „I c h war ein Unterhäuptling."

„Das habe ich mir gedacht," sagte Toanonga, „und die Anderen?"

„Hm," brummte der Schotte, „das mögen sie dir lieber selber sagen," und sich dann zu den Kameraden wendend, übersetzte er ihnen rasch, daß der Alte ihren Stand am Bord zu wissen wünsche.

„Nun, ich bin Böttcher!" rief Spund.

„Allerdings," nickte Mac Kringo – „der hier, Toanonga, ist der Mann, der die großen Fässer macht."

„Gut – sehr gut!" rief der Häuptling, „er mag deren hier für uns machen, Cocosnußöl hinein zu thun – und weiter?"

„Du, Jonas, hast dem Zimmermann ja manchmal geholfen," redete diesen der Schotte an. „Soll ich dich als Zimmermann aufführen? die Rothhäute haben nachher mehr Respect.“

„Meinetwegen,“ antwortete Jonas, „viel zu zimmern werde ich hier doch nicht bekommen.“

„Und dies, Toanonga,“ sagte der Schotte, „ist der Mann, der das Holz behaut.“

„Sehr gut! Laß die Zwei bei Seite sitzen.“

„Nun, Lemon,“ wandte sich der Schotte jetzt an diesen, „soll ich dich als Schmied vorstellen?“

„Schmied,“ brummte der Matrose, „ich habe in meinem Leben keinen Hammer in der Hand gehabt.“

„Was thut das,“ lachte Mac Kringo, „du wirst auch hier weder Hammer noch Amboß finden, um dadurch in Verlegenheit zu kommen.“

„Dann meinetwegen,“ sagte Lemon, „so lange sie kein Handwerkszeug haben, will ich wohl ihr Schmied sein, wenn sie dann nur Frieden geben.“

Toanonga wurde jetzt also auch mit dieser neuen Eigenschaft bekannt gemacht, schien sich aber über eine solche Entdeckung noch mehr zu freuen, als über die anderen Handwerker. Er machte sogar Miene, von seinem Sitze aufzustehen, besann sich aber doch noch in Zeiten, daß sich das nicht recht für ihn schicken würde. Dem also entdeckten Schmiede winkte er jedoch sehr gnädig mit der Hand und befahl ihm, als besondere Auszeichnung, daß er an seine Seite käme.

Lemon wußte nicht recht, was er aus der ganzen Sache machen solle, und schnitt ein bitterböses Gesicht, folgte aber nichts desto weniger dem Befehle.

Fast alle Matrosen sind halbe Segelmacher, und Pfeife wurde deshalb von dem Schotten als solcher vorgestellt. Jetzt blieb also nur noch Legs für ein selbst zu erwählendes Metier, und da die Leute gemerkt hatten, daß ihnen das mehr Ansehen gab, wollte natürlich Keiner mehr gemeiner Matrose sein.

„Hol's der Henker," sagte Legs, „wenn ihr Alles weggenommen habt, bleibt nichts weiter für mich übrig, wie Koch. Stell mich dem alten runzeligen Rothfell deshalb als Koch vor, Lord Douglas."

Das geschah; diese Entdeckung schien aber die beabsichtigte Wirkung nicht hervorzubringen; denn Toanonga sah den kleinen Burschen mit einem halb mitleidigen, halb geringschätzigen Blicke an und wiederholte mehrmals das ihm von Mac Kringo genannte Geschäft des Mannes:

„*Tangata fe-umu, Tangata fe-umu,*" wobei er den dicken Kopf von einer Schulter auf die andere warf.

„Na? steht das dem Alten nicht an," fragte Legs, etwas bestürzt über diese augenscheinlichen Beweise des Mißfallens – „was schneidet er denn für Gesichter?"

„Laß nur gehen, Legs," beschwichtigte ihn aber der Schotte, „ob es ihm recht ist oder nicht, bleibt sich gleich. Er weiß nun alles, was er wissen will, und jetzt, denke ich, werden uns die Frauen vorgeführt werden."

„I c h weiß, wen ich nehme," schmunzelte da Legs, der an das wunderschöne Mädchen dachte, das er draußen im Wasser gefunden. „Nachher kann ich's hier schon eine Weile auf der Insel aushalten. Wenn wir nur Tabak hätten!"

„Sprich mir nur nicht von Tabak," brummte Spund, „ich

bin froh, wenn ich ihn einmal einen Augenblick vergessen habe. Wie ich das Wort nur nennen höre, läuft mir das Wasser schon im Maul zusammen."

„Hallo, da kommen die Frauen!" rief Legs, der indessen überall umher geschaut hatte, das Mädchen von gestern unter der Schaar heraus zu finden, sie aber bis dahin noch nicht entdecken konnte, „na, nu wird's losgehen."

6.

Legs hatte ganz recht gesehen. Unter den Frauen entstand in diesem Augenblicke eine auffallend lebhafte Bewegung, und während bis dahin die Männer hauptsächlich den innern Ring der Zuschauer gebildet hatten, drängte sich jetzt der weibliche Theil der Bevölkerung vor, um an der Verhandlung und ihrem weiteren Verfolge vielleicht thätigen Antheil zu nehmen.

Jedenfalls geschah dieses auf ein Zeichen, vielleicht auf einen Befehl Toanonga's, der indessen seine Augen aufmerksam im Kreise umhergehen ließ und die ihm näher drängenden Frauen zu mustern schien. War das wirklich der Fall gewesen, so kam er damit bald zu einem Resultate; denn er sah nach wenigen Minuten schon wieder still und nachdenkend vor sich nieder, nur dann und wann nach den Egis hinüberhorchend, die indessen eine desto lebhaftere Debatte führten.

Sie sprachen aber so rasch, daß Mac Kringo nur einzelne Worte davon verstehen konnte. Der alte How oder König schien jedoch mit allem, was sie sagten, einverstanden; nur einmal protestirte er, und die Sache mußte den neben ihm sitzenden Lemon betreffen, auf den er wiederholt deutete.

111

Lemon merkte ebenfalls etwas Ähnliches, und der mürrische Blick, mit dem er den Alten betrachtete, hatte etwas unendlich Komisches. Toanonga nahm aber weiter nicht die geringste Notiz von ihm, und die übrigen Egis schienen sich endlich seiner ausgesprochenen Meinung zu fügen.

„Ma Kino," sagte da plötzlich der Alte, indem er sich an den Schotten wandte, „ich und die Egis sind darüber einig geworden, wie sie euch versorgen wollen, und ich will dich kurz mit ihrem Entschluß bekannt machen, welche Frauen euch zugetheilt werden sollen."

„Zugetheilt?" fragte der Schotte rasch, „das ist in unserem Lande nicht Sitte und meine Kameraden sind völlig damit einverstanden, daß wir uns lieber die, welche uns am besten gefallen, aussuchen wollen."

„Das glaube ich euch recht gern," sagte der alte Toanonga gutmüthig, während die zunächst sitzenden Frauen unter einander kicherten und flüsterten. „Wenn aber hier überhaupt eine W a h l Statt finden sollte, so wären es unsere F r a u e n , die dazu ein Recht hätten. Von e u c h kann gar keine Rede sein. Da die Frauen aber in Geschäftssachen sehr kurzsichtig sind, und die Männer für sie denken müssen, so haben die Egis das übernommen, und du wirst jetzt hören, was wir darüber beschlossen."

„Aber meine Kameraden werden damit nicht einverstanden sein," warf Mac Kringo ein.

„Bah – ich habe dich für einen vernünftigen Papalangi gehalten," sagte kopfschüttelnd der Alte. „Was wollt ihr denn thun? – haben wir euch nicht gekauft? – Könnten wir euch nicht die Schädel einschlagen, wenn wir sonst Lust dazu hätten, und habt ihr das etwa nicht auch verdient? – Wer kümmerte sich hier um euch, wenn wir euch in ein durchlöchertes Canoe setzten und euch hinaus in die Bai ziehen ließen, dort nach Gefallen zu sinken oder zu schwimmen, he? also sprich nicht solch dummes Zeug und sei gescheidt. Wenn i h r etwas an der Sache ändern könntet, so hätten wir euch um Rath gefragt. Da das nicht der Fall war, so habt ihr für jetzt weiter nichts zu thun als zu gehorchen."

Der Alte sprach diese Worte mit seiner gewohnten, gutmüthigen Freundlichkeit, aber doch auch mit so viel Entschiedenheit im Ton, daß Mac Kringo bald merkte, wie sie mit ihm und den Eingeborenen überhaupt standen. Die Schaar der Insulaner war sich, den unbewaffneten Weißen gegenüber, ihres Übergewichts wohl bewußt, und an Widersetzlichkeit von ihrer Seite war in der That nicht zu denken. Klug genug also, die nicht für den Augenblick zu reizen, die einmal die Gewalt in Händen hatten, beschloß Mac Kringo, sich vor der Hand allem zu fügen, was sie über ihn und die Kameraden verhängen würden. Mit der Zeit kam dann auch Rath, und sie fanden vielleicht Mittel und Wege, sich einer ihnen lästig werdenden Gefangenschaft zu entziehen.

Toanonga kümmerte sich indessen wenig um das, was sein Dolmetscher etwa denken oder beabsichtigen mochte. Er hatte ihn mit dem Willen der Egis, der vor allen Dingen auch der seinige war, bekannt gemacht, und daß der durchgeführt werden mußte, verstand sich von selbst.

„Ma Kino," begann er deshalb nach kurzer Pause, denn das Wort Mac Kringo konnte er nicht gut aussprechen, indem er den vor ihm sitzenden Schotten fest und scharf ansah, „du bist, wie du sagst, auf eurem großen Canoe ein Egi gewesen, und es ist deshalb auch in der Ordnung, daß mit dir der Anfang gemacht wird. Die Anderen kommen nachher in der Reihenfolge, die ihnen gebührt. Da du nun

113

unsere Sprache verstehst, gedenke ich dich in meiner Nähe zu behalten, welcher Ehre du dich hoffentlich würdig machen wirst, und zu dem Zweck und um dich auch zugleich recht wohnlich bei uns einzurichten, habe ich dir eine passende Frau bestimmt, die du gut behandeln und für die du sorgen wirst. Hast du mich verstanden?"

Mac Kringo nickte schweigend mit dem Kopf, denn der Alte fing an, ihm in seiner Ruhe und Bestimmtheit zu imponiren. Die Veränderung fiel ihm auch auf, wie sich Toanonga jetzt und damals benahm, als ihr Capitain noch mit seiner ganzen Schiffsmannschaft hier lag. Damals war er ihnen weit mehr als Freund und guter Bursche entgegengekommen, während er jetzt, von seinem ganzen Stamme umgeben und den wenigen Weißen gegenüber, nicht ernst und würdevoll genug aussehen konnte. Doch das alles zuckte ihm nur in flüchtigen Gedanken durch das Hirn, denn der gegenwärtige Moment war für ihn selber viel zu entscheidend, um sich mit anderen Beobachtungen aufzuhalten.

Toanonga winkte nämlich einer Frau, die, nicht mehr ganz jung, aber doch noch in den besten Jahren, den Kopf gebeugt, in dem vorderen Ringe saß. Auf das Zeichen, das sie unter den gesenkten Augenlidern vor gesehen haben mußte, richtete sich aber etwas auf und sah Toanonga an. – Mac Kringo war für sie gar nicht da.

„Mefo Hupe," sagte Toanonga, die Frau anredend, „du bekommst hier einen Versorger. Ma Kino wird mit dir in deine Hütte ziehen und das Feld für dich und deine Kinder bearbeiten."

„Deine Kinder?" rief der Schotte erstaunt, während die Frau wieder, als Zeichen des Gehorsams, den Kopf senkte, „sind denn Kinder auch dabei?"

„Allerdings," erwiderte freundlich der alte How, „und um so viel besser für dich, denn du hast gleich eine Familie, in der du zu Hause bist. Mefo Hupe war die Frau eines tapferen Egi's, Luttanaki mit Namen, der in dem letzten Kampfe gegen die Hapai-Leute getödtet wurde. Er hatte vorher sieben Hapai-Krieger mit eigener Hand erschlagen; du wirst deshalb nicht verfehlen, die Frau ehrerbietig zu behandeln. Geh jetzt in deine Wohnung, Mefo Hupe, und bereite dich zu der üblichen Feierlichkeit vor."

Die Frau stand auf und verließ, ohne auch nur einen Blick auf ihren künftigen Gatten zu werfen, die Versammlung, und Mac Kringo wußte wirklich kaum, ob das hier alles nur ein Scherz sein sollte, oder ob die Insulaner wirklich Ernst machten. An dem Letzteren brauchte er aber kaum zu zweifeln, denn Toanonga sah gar nicht wie Spaßen aus. Wie er sich aber noch überlegte, ob es nicht vielleicht schicklich wäre, daß er wenigstens ein paar Worte mit seiner künftigen Frau spräche, wandte sich der Alte schon wieder an ihn, und zwar um zwischen ihm und dem jetzt an die Reihe kommenden Lemon zu dolmetschen.

Nun war dem How oder König dieser Insel nichts erwünschter, als einen Schmied unter den Papalangis gefunden zu haben; denn den großen Nutzen, den ihnen eiserne Werkzeuge gewährten, hatte er schon lange kennen gelernt. Diesen beschloß er deshalb auch unter seine ganz besondere Protection zu nehmen und für sich selber zu benutzen. Daß ein Schmied auch Werkzeug haben muß, ehe er eine Arbeit liefern kann, fiel ihm nicht ein. Der Fremde war nun einmal ein Schmied, und damit die Sache abgethan.

Für Lemon hatte er deshalb auch eine der jüngsten zu vergebenden Frauen bestimmt, und Mac Kringo mußte ihn mit dem seiner harrenden Glücke bekannt machen. Toanonga erstaunte aber nicht wenig, als der Matrose, der die ganze Sache immer noch für einen schlechten Spaß hielt und mürrischer als je war, ein Gesicht zu der Eröffnung schnitt, als ob er den Dolmetscher hätte umbringen können.

„Unsinn!" knurrte er dabei, „laß dich doch nicht von dem alten Rothfell zum Narren haben, Lord Douglas!"

„Aber er ist in vollem Ernst."

„Bah – Dummheiten – sag ihm nur, ich wollte keine Frau haben. Erstlich möcht' ich überhaupt nicht heirathen, und dann – hätte ich auch schon zwei Frauen in England."

„Zwei?" rief der Schotte überrascht.

„Na, wenn die Erste nicht in der Zeit gestorben," brummte der sauertöpfische Gesell – „ich habe mich wenigstens nie darum bekümmert, und weiß jetzt nicht einmal wo meine z w e i t e ist."

„Was sagt er," fragte Toanonga, der sich den sichtbaren Unwillen des Fremden nicht erklären konnte.

„Hm," meinte Mac Kringo – „er – er sagt, er hätte schon eine Frau, und nach unseren Gesetzen dürfen wir nicht mehr nehmen."

„Oh – weiter nichts?" lachte Toanonga gutmüthig, „da sag' ihm nur, daß er sich deshalb keine Sorgen mache, denn hier sind wir auf Monui, und ich selber habe n e u n Frauen. Doch das findet sich alles; ich erlaube ihm, daß er die Frau nimmt, die ich ihm gebe, und an das Andere hat er sich nicht zu kehren. Außerdem wird er seine Hütte auf meinem Grund und Boden haben und unter meinem ganz besonderen Schutze stehen. Sag' ihm das!"

Die zweite Frau stand auf ein Zeichen Toanonga's

ebenfalls auf und verließ den Kreis. Lemon aber, den Mac Kringo den neuen und verschärften Befehl übersetzt hatte, konnte von dem Schotten nur mit Mühe beruhigt werden, daß er sich hier nicht gleich vor der ganzen Versammlung widersetzte. Die ihm bestimmte Frau hatte er nicht einmal angesehn.

Toanonga aber nahm weiter keine Notiz von ihm, da er noch die Verlobungen der vier anderen Weißen zu beseitigen hatte. Mit diesen verfuhr er jedoch ziemlich summarisch, wenigstens nahm er Jonas, Pfeife und Spund zusammen, zeigte dabei auf drei neben ihm sitzende Frauen, von denen zwei kleine Kinder auf dem Schooß hatten, und ließ die drei Matrosen durch Mac Kringo bedeuten, daß sie dieselben zu Frauen bekommen sollten, wie sie gerade in der Reihe säßen. Als Empfehlung wahrscheinlich bemerkte er nur nebenbei, daß die eine vier, die andere drei und die dritte fünf Kinder habe.

Auf eine Antwort der betreffenden Personen wartete er ebenfalls nicht. Kam es doch hier nur darauf an, daß er eben seinen Willen kund that und die verschiedenen Partieen gewisser Maßen einander vorstellte.

Jetzt war nur noch Legs übrig, der bis dahin vergebens gesucht hatte, Mac Kringo zu bewegen, ein gut Wort für ihn in Betreff des Mädchens einzulegen, das er mit vielem Vergnügen heirathen wolle. Mac Kringo aber war bis dahin von Toanonga viel zu sehr in Anspruch genommen worden, ihm willfahren zu können und erst jetzt, da der alte Häuptling den sechsten Mann fast vergessen zu haben schien, hielt er es an der Zeit, die Aufmerksamkeit des Alten auf ihn zu lenken.

„Hier, How," sagte er dabei, „ist noch Einer, der dir gern eine Bitte vortragen möchte."

„Der?" sagte Toanonga, indem er einen fast verächtlichen Blick nach der Stelle hinüber warf, wo Legs saß, ohne diesen selbst anzusehen – „der ist gut für nichts – das ist blos der Koch[29]."

„Der soll also gar keine Frau haben?" fragte Mac Kringo, und bereuete schon, daß er sich nicht selber als Koch anstatt als Egi angegeben hatte.

„O ja," erwiderte aber Toanonga – „es waren sieben Frauen da, für euch sechs. – Der Koch bekommt die beiden letzten. Sind ein Bischen alt und nicht gerade hübsch, haben aber zusammen sieben Kinder – gut genug für den Koch. Die da drüben sind's."

Mac Kringo mußte an sich halten, daß er nicht laut auf lachte. Legs gönnte er übrigens die beiden; denn der kleine Bursche war, trotz seiner ansehnlichen Statur, immer der gewesen, der sich schon an Bord am unbändigsten gezeigt und nicht selten Streit angefangen hatte. Unendlich komisch kam es ihm dabei vor, sich den etwas krummbeinigen Kameraden als doppelten Familienvater zu denken, und daß seine Ehe interessant und keineswegs langweilig werden würde, dafür bürgten die Gesichter der beiden Frauen. Schienen sie doch selbst in diesem Augenblick schon nicht übel Lust zu haben, einander in die Haare zu gerathen.

„Nun, Lord Douglas, was sagt er?" fragte Legs, der sich schon so mit dem Gedanken vertraut gemacht hatte, ein wackerer Bürger von Monui zu werden, daß er die Zeit kaum erwarten konnte. „Soll ich den kleinen Wildfang zur Frau haben? Hol's der Teufel, wir passen auch in der Figur zusammen und müssen ein prächtiges Paar geben!"

„Legs," erwiderte aber Mac Kringo, der sich nicht

enthalten konnte, bei dieser Bemerkung einen Blick nach den gebogenen Extremitäten des Seemanns hinunter zu werfen, „es thut mir leid, daß der Alte deine Wünsche nicht berücksichtigen kann. Ob die fragliche Schöne schon versprochen ist, oder ob er vielleicht selber ein Auge auf sie geworfen hat und sie zu seiner zehnten Frau machen will, weiß ich nicht. Er wird dich aber, in Rücksicht deiner Verdienste, entschädigen, und du sollst zwei andere dafür bekommen."

„Z w e i ?" rief Legs erstaunt auffahrend.

„Ja, mein Junge; die beiden Schönheiten da drüben mit der braunen, etwas runzeligen Haut und den Unmassen Blumen und bunten Lappen um sich her gesteckt."

„Mach keinen dummen Spaß!" rief Legs ärgerlich, indem er einen halb zornigen, halb scheuen Blick nach den beiden Unholdinnen hinüberwarf.

„Na, wahrhaftig, mein Junge," sagte aber Mac Kringo gutmüthig, „es ist dem Alten da drüben grimmiger Ernst, und nach Tisch, so viel ich verstanden habe, werden wir alle zusammengespließt werden. Von uns hat Jeder schon seinen Theil angewiesen bekommen, wie du ja auch gehört hast, und die Beiden sind mit sieben dazu gehörenden Kindern für dich aufgehoben. Na, hoffentlich führt ihr eine recht glückliche Ehe zusammen."

„Verdammt will ich sein," rief aber Legs, in allem Eifer in die Höhe springend, „wenn ich mich solcher Art zum Narren halten lasse. Sollte der alte Holzkopf aber wirklich im Ernst meinen, daß ich mich dazu hergäbe, ein Alt-Weiber-Spittel und eine Klein-Kinder-Bewahr-Anstalt auf der Insel anzulegen, so kannst du ihm nur sagen, Lord Douglas, daß er sich da verwünscht in der Person geirrt hat.

Wenn er einen von uns dazu haben wolle, so konnte er Spund nehmen, mich aber soll er ungeschoren lassen, so viel weiß ich."

„Und was willst du machen?"

„Was ich machen will? dem den Schädel einschlagen, der mir irgendwie zu nahe kommt."

„Unsinn!" sagte Mac Kringo ruhig, „du siehst, daß wir Andern uns alle in das Unvermeidliche gefügt haben, und du allein kannst nicht gegen die ganze Insel anspringen. Bietet sich einmal eine günstige Gelegenheit, dann kannst du dich darauf verlassen, daß Keiner von uns säumen wird, sie zu benutzen, und je fester wir dann zusammen halten, desto besser. Bis dahin aber bleibt uns nichts Anderes übrig, als uns denen zu fügen, die für den Augenblick das Heft in Händen halten. Zeigst du dich ihnen widerspänstig, so ist gar nicht abzusehen w a s sie mit dir anfangen, und wenn sie dich selbst todtschlügen, kann sie kein Mensch daran verhindern und würde sich Niemand später darum kümmern."

„Und die beiden Vogelscheuchen sollt' ich heirathen?"

„Du kommst in eine ganz anständige Familie," lachte Mac Kringo – „aber jetzt paß auf, der Alte entläßt die Versammlung und wird noch Aufträge für mich haben. Halt' dich indessen zu Spund und den Anderen, damit ihr zusammen seid, wenn man uns verlangt."

Toanonga winkte ihm auch wirklich in diesem Augenblick, denn es galt nichts Geringeres, als die nöthigen Vorbereitungen für die Trauungs-Ceremonie der Fremden zu treffen, die auf den Inseln außerordentlich streng genommen werden. Daß diese alle heidnischer Art waren, versteht sich von selbst; den Weißen konnten sie aber nicht erlassen werden, da nur d u r c h dieselben ihre Ehen geheiligt und gesetzlich wurden.

7.

Die verschiedenen Bräute hatte man indessen schon entfernt, um sie für die Feierlichkeit anzukleiden, und Toanonga übergab jetzt die Fremden einer Anzahl seiner jungen Leute, sie etwas anständig und passend auszustatten.

Ihre Kleider waren nämlich durch ihren letzten Unglücksfall so arg mitgenommen worden, daß sie ihre Blöße kaum mehr bedeckten; besonders hingen ihnen die Hemden in Lumpen von den Schultern. Toanonga ließ deshalb Jedem ein Stück Tapa[30] reichen, und die Insulaner wiesen sie dabei auf das freundlichste an, wie sie sich mit Blumen und einigen anderen Schlingpflanzen würdig schmücken konnten. Nur Mac Kringo jedoch, der klug genug war, ihnen zu Willen zu sein, und Spund, der dem Frieden noch immer nicht traute und Alles geduldig mit sich geschehen ließ, fügten sich dem Vorschlage. Die Übrigen mit Lemon an der Spitze verweigerten jede solche Aufmerksamkeit für ihre zukünftigen Frauen.

Von den Eingeborenen hatten sie aber in der That nichts mehr zu befürchten, denn von dem Augenblick an, wo Toanonga und das Gericht der Egis ihre Aufnahme erklärt und dadurch geheiligt hatte, betrachteten die Leute sie als Freunde und als ihres Gleichen, und brachten ihnen jetzt sogar von verschiedenen Seiten Lebensmittel herbei, damit sie sich erholen und stärken konnten.

Nach der einfachen Sitte dieser Stämme hatten sie aber auch in der That weit mehr gethan, als irgend ein civilisirtes Volk, sei es noch so fromm und christlich, an ihrer Stelle gethan haben würde. Die Leute, die ihnen, trotz aller empfangenen Wohlthaten und trotz der früheren freundlichen Aufnahme, vorsätzlich Böses zugefügt und im Begriff gewesen waren, dem alten Häuptling der Insel sein liebstes Kind zu stehlen, strafte man nicht allein nicht, als man sie in Händen hatte, sondern man nahm sie sogar als gleichberechtigt mit den übrigen Bewohnern des Landes auf, gestattete ihnen den Besitz von Grund und Boden, und ließ sie unmittelbar in die Familien des Landes eintreten.

Es ist wahr, der erste Antrag einzelner Häuptlinge hatte dahin gelautet, kurzen Prozeß mit ihnen zu machen und die Gefangenen das büßen zu lassen, was der Capitain oder Häuptling derselben verbrochen, wie diese Stämme auch fast immer ihre Kriegsgefangenen tödten. Toanonga aber, neben seiner angeborenen und natürlichen Gutmüthigkeit, war klug genug gewesen, auf einen Ausweg zu sinnen, durch den er die Gefangenen und ihre Kräfte für die Insel verwerthen konnte. Was hätte er oder einer der anderen Insulaner davon gehabt, wenn man die Weißen vor den Kopf schlug oder in die See warf? – gar nichts. Die letzten Kriege hatten ihnen dagegen mehr waffenfähige Männer gekostet, als die kleine Insel entbehren konnte, und jetzt halfen sie sich mit den Fremden so gut, wie sie eben konnten und so weit diese reichten.

Mit dieser Aufnahme in ihren Staats- und Familienkreis war aber auch jeder Haß, jedes Gefühl der Rache oder Feindseligkeit gegen die Fremden aus ihrem Herzen geschwunden. Es waren eben keine Fremden mehr, denn sie gehörten von da an mit zu Monui so gut wie einer der dort Geborenen.

Ähnliches findet man fast unter allen wilden Stämmen, die sehr häufig einzelne aus ihren Kriegsgefangenen, während sie die übrigen mit durchdachter Grausamkeit zu Tode martern, zurückbehalten und mit der größten Herzlichkeit in ihre Familien als Söhne aufnehmen.

Anders betrachteten dieses allerdings die Matrosen, die sich durch solche gezwungene Heirathen auf das schlimmste mißhandelt glaubten. Legs verlangte auch von den Übrigen, als die Eingeborenen ihre Versammlung aufgehoben und die Papalangis sich selber überlassen hatten, daß sie sich gemeinschaftlich solchem Urtheilsspruch widersetzen sollten. Waffen hätten sie dabei wohl auch bekommen können, sobald sie nur in des alten Toanonga Hütte einbrachen. In der ersten Überraschung wäre ihnen das jedenfalls gelungen, und dort wurden, wie sie von früher wußten, eine Anzahl von Beilen und Keulen aufbewahrt.

Hiergegen, als ein ganz wahnsinniges Unternehmen, das jedenfalls den Untergang Aller zur Folge haben mußte, stimmte aber Mac Kringo, von Spund und Jonas unterstützt, auf das entschiedenste, und da Lemon und Pfeife ihren Zustand ebenfalls noch nicht so unerträglich fanden, um gleich zu einem so verzweifelten Mittel zu greifen, so wurde Legs vollständig überstimmt.

Die Ceremonie nahm indessen ihren Anfang und wurde, trotzdem, daß man mit den Fremden nicht eben viel Umstände nöthig glaubte, doch ziemlich feierlich betrieben.

Hier zeigte sich auch wieder die Gutmüthigkeit der Insulaner. Diese wußten natürlich, daß die Weißen als Schiffbrüchige an ihre Insel gekommen waren und gar nichts zum Leben Nöthiges gerettet hatten, und brachten ihnen jetzt eine Menge Geschenke, um sie zu ihrem neu zu errichtenden Haushalt auszustatten: Tapa zum Kleiden und starke Matten zum Schlafen, Fischer-Geräthschaften und sogar Waffen, wie Keulen und Bogen und Pfeile, um bei einem möglichen Angriff eines Feindes in die Reihen der Krieger mit eintreten zu können.

Als die Fremden nun mit allem ausgerüstet waren, was sie zu ihrem anständigen Erscheinen unter den Insulanern gebrauchten, denn um ihre Lebensbedürfnisse durften sie keine Sorgen haben, versammelten sich, wie es schien, fast alle Bewohner der Insel, um an der Festlichkeit Theil zu nehmen. Die sieben Bräute waren schon in das für die Trauung bestimmte Haus abgeholt, und Toanonga, an der Spitze seiner Egis, winkte die Fremden heran und überlieferte ihnen, mit einigen mahnenden Worten, sich gut zu betragen und ihrem neuen Vaterlande Ehre zu machen, ihre künftigen Frauen, die sich dann aber augenblicklich wieder in ihre verschiedenen Wohnungen zurückzogen. Den Fremden dagegen wurde bedeutet, zurückzubleiben, um an einem *Cava*-Fest – der Hauptsache bei der ganzen Feierlichkeit – Theil zu nehmen.

Diese *Cava*[31]-Partie schien auch erst die vorhergegangene einfache Formalität der Heirath zu bestätigen und zu kräftigen; denn dadurch, daß die Häuptlinge es der Mühe werth hielten, eine solche anzuordnen und die Fremden daran Theil nehmen zu lassen, heiligten sie den eben geschlossenen Bund, der jetzt ohne Toanonga's Bewilligung nicht wieder gelöst werden konnte.

Einen schweren Stand hatten die Seeleute aber erst noch bei dem *Cava*-Fest, denn die Bereitung dieses Trankes kannte Keiner von ihnen, nicht einmal Mac Kringo. Pfeife besonders, als er merkte, was dort vorging, wurde steinübel, und Legs wollte schon aufspringen und hinauslaufen. Der

Schotte aber, der sich leicht denken konnte, daß etwas Derartiges von den jetzt nur freundlich gesinnten Eingeborenen als die größte Beleidigung angesehen werden würde, bewog sie mit großer Mühe, sitzen zu bleiben und auch dieses noch über sich ergehen zu lassen. Später konnten sie ja solchen Einladungen schon weit eher ausweichen. Spund stimmte ihm darin auch vollkommen bei, und während die Anderen, als die Schale an sie kam, nur so thaten, als ob sie schluckten, nahm er, seinen Willen und Gehorsam zu zeigen, einen langen und herzhaften Schluck.

Das sollte er aber schwer büßen. Kaum hatte er die Mischung hinunter, als sich ihm der Magen gewaltsam umdrehte, und er mußte, unter dem Gelächter der Eingeborenen, von seinen Kameraden hinausgeschafft werden.

Damit war indessen auch jedem Anspruch, den die Egis noch an sie machen konnten, Genüge geleistet. Während die Insulaner noch bei ihrer Cava-Partie blieben, deren Freuden sie sich oft bis in später Nacht hingeben, wurden die Seeleute, jetzt jeder Aufsicht und Überwachung enthoben, von jungen Leuten in die ihnen zugewiesenen Wohnungen abgeführt und durften sich von dem Augenblick an als Bürger von Monui betrachten.

Fußnoten:

[23] Wie: Pfui – schäme dich.

[24] Tuas werden die zur niedrigsten Classe gehörigen Bewohner der Insel genannt. Überhaupt besteht auf den Tonga-Inseln – wenn man es nicht gerade Kastengeist nennen will – eine strenge Absonderung der verschiedenen Gesellschaftsschichten, die kaum schroffer in dem alten durch und durch civilisirten Europa sein kann. Mesalliancen kommen äußerst selten vor, und bei jedem Festmahl wird die Rangordnung durch besondere Ceremonienmeister unerbittlich aufrecht erhalten.

[25] Die Tonga-Inseln liegen, wie bekannt, innerhalb der Wendekreise S. Br. Die größte Zeit im Jahre haben sie also die Sonne um Mittag im N o r d e n, einen kleinen Theil des Jahres aber, etwa um März, im S ü d e n.

[26] In der Nähe der Häuptlinge gilt es nicht für schicklich, zu s t e h e n.

[27] Hotuas sind die obersten Götter.

[28] Süße Kartoffeln und Yams.

[29] Auf den Tonga-Inseln ist der Koch der verachtetste unter den verschiedenen Handwerkern.

[30] Tapa ist das aus der Rinde verschiedener Bäume ausgeschlagene Zeug, das die Frauen auf allen Südsee-Inseln selber verfertigen.

[31] Die *Cava* ist die Wurzel einer pfefferartigen Pflanze (auf den übrigen Inseln Ava genannt), aus der ein gährendes und besonders bei festlichen Gelegenheiten benutztes Getränk bereitet wird. Nur die Art der Zubereitung ist für den nicht daran Gewöhnten widerlich und abschreckend, indem die Wurzeln von den daran Theil nehmenden Eingeborenen g e k a u t und dann in eine Schüssel gelegt werden, wo man

126

sie nachher mit Wasser übergießt. Dieses Wasser, nachdem es den Saft aus den Wurzeln gezogen hat, wird als eine Delicatesse getrunken.

Der Schooner.

1.

Die Brotfrucht war zum zweiten Male gereift, und die Bäume standen mit diesem wunderbaren Geschenk beladen, das ein gütiger Himmel den glücklichen Bewohnern jener Inseln gespendet. Überall auf Monui herrschte Überfluß, und die leichtherzigen Eingeborenen hätten jeden Tag als Fest feiern können. Das rege, thätige Leben auf der Insel galt aber einem andern Zweck, und nicht zu Lust und Frieden sammelten sich die Männer in häufigen Berathungen und suchten aus allen Ecken die fast vergessenen Waffen wieder hervor.

Was hilft den Menschen ein Paradies, wenn sie darin nicht ihre Leidenschaft zähmen können! Was hilft ihnen der Überfluß an allem zum Leben Nöthigen, wenn sie sich mit dem, womit Gott sie in so reichem Maaße überschüttet, nicht begnügen können oder wollen! Die Südsee-Inseln sind uns darin ein lebendiges Beispiel. Hier bringt die Natur alles hervor, was der Mensch zum Leben braucht. Ohne Arbeit, ohne Anstrengung, von einer wundervollen Scenerie umgeben, in ihrem Familienleben glücklich, von Krankheiten wenig heimgesucht, könnten diese Menschen ein wahrhaft glückliches Dasein führen – wenn sie eben den Anderen das gönnten, was sie selber so reichlich besitzen. Selbst in diesem reizenden Lande schlummern aber die Leidenschaften nicht, und Herrschsucht, Ehrgeiz und Aberglauben lassen sie das nicht friedlich genießen, wonach sie in ihrer unmittelbaren Umgebung nur die Hand auszustrecken brauchten, um es zu erreichen.

So hatten auch die Bewohner von Monui fast zwei Jahre in Frieden mit den Nachbar-Inseln gelebt. Kaum aber waren die Wunden der letzten Kämpfe oberflächlich verharrscht, als sie des ruhigen Lebens schon wieder überdrüssig wurden.

Von Hapai aus war ihnen bis jetzt nämlich, einem alten Abkommen nach, ein jährlicher, höchst unbedeutender Tribut von Gnatu[32] und Cava-Wurzeln bezahlt worden, und das Ganze mehr eine Form gewesen, als daß sie je einen wirklichen Nutzen davon gehabt. Diesen Tribut hatten die Hapai-Insulaner in diesem Jahre nicht bezahlt, und auf eine Mahnung deshalb die Bewohner von Monui wissen lassen, sie hielten sich nicht mehr für daran gebunden. Das Ganze betraf auch in der That nur eine religiöse Ceremonie, die auf Monui schon lange abgeschafft worden. Wie das aber mit alten Verpflichtungen manchmal so geht, waren diese Geschenke noch eine Zeit lang beibehalten, bis es die Hapai-Leute selber müde wurden.

Monui allein hätte mit ihnen auch keinen Krieg anfangen können, das wußten sie recht gut; jetzt aber, da der tapfere *Tai manavachi* Toanonga's Schwiegersohn geworden war, beschlossen die Egis oder Häuptlinge, dessen Hülfe in Anspruch zu nehmen und mit Speer und Keule das einzutreiben, zu dessen Besitz sie sich berechtigt glaubten. Ihrer Meinung nach war es ihnen zur Ehrensache geworden, die paar Kleinigkeiten nicht aufzugeben; was kümmerte es sie, daß sie um ein paar Stück Gnatu und einen Korb voll Wurzeln den Frieden ihres Landes und ihr Familienglück in die Schanze schlugen!

Möglich ist dabei, daß sie durch die Verstärkung der sechs Papalangis auf ihrer Insel noch mehr in ihrem kriegerischen Entschluß bestärkt wurden. Von einem Wallfischfänger, der vor einigen Monaten bei ihnen angelegt, hatte Toanonga zugleich mit einigem Handwerkszeug auch mehrere Musketen und Munition dazu eingehandelt, und allerdings konnten ihm da die Weißen, die mit solchen Waffen ordentlich umzugehen wußten, eine wichtige Hülfe leisten. Als jenes Schiff anlegte, wußte der alte schlaue Häuptling, außer dem Schotten, alle seine Gefangenen fern davon zu halten. Er ließ auch gar kein Boot ans Ufer, sondern trieb den Tauschhandel, nur von Mac Kringo begleitet, durch seine Canoes.

So wurden denn jetzt auf Monui die Kriegsrüstungen mit möglichstem Eifer betrieben, und ein Canoe war schon an *Tai manavachi* abgeschickt worden, ihn zu einer bestimmten Zeit nach Hapai zu bestellen, auf welche Insel sie ihre Angriffe vereint machen wollten. Die sechs Europäer hatten indeß ihre Wohnungen auf Monui so zerstreut angewiesen bekommen, daß sie einander nur selten zu sehen bekamen. Mac Kringo und Lemon behielt Toanonga jedoch, wie schon früher erwähnt, in seiner Nähe. Mac Kringo lebte überhaupt dabei am unabhängigsten, da er sich wohlweislich für einen Egi seines Schiffes ausgegeben.

In der That hätte er auch mit dem neulich dort angelaufenen Wallfischfänger wieder in See gehen können; denn so bald er es verlangt, würde ihn der Capitain schwerlich ausgeliefert haben. Einesteils mochte er aber die Kameraden nicht im Stich lassen, und anderntheils war ihm das bequeme, müßige Leben am Lande noch viel zu neu, um es gleich wieder mit der harten Arbeit am Bord eines Wallfischfängers zu vertauschen. In den letzten Monaten aber, und besonders seit er erfahren, daß sie sich alle mit an einem Kriegszuge betheiligen sollten, bei dem sie nicht das mindeste Interesse hatten und ihr Leben um nichts aufs Spiel setzen mußten, fing er doch an, sich wieder hier fort zu sehnen, und bereute schon, die letztgebotene Gelegenheit nicht benutzt zu haben.

Alle Matrosen machen es so, besonders die in der Südsee kreuzenden. So lange sie an Bord sind, verwünschen sie ihr Schicksal, fühlen eine ungeheure Sehnsucht nach festem Lande und benutzen regelmäßig die erste, beste Gelegenheit, zu desertiren. So wie sie aber eine Weile auf dem festen Lande gelebt haben, auf das sie sich vorher so sehr gewünscht, wird ihnen die Sache langweilig, und sie ruhen nicht, bis sie wieder das Deck eines Fahrzeuges unter den Füßen fühlen.

Mac Kringo besonders hatte sich in der letzten Zeit viel mit allerlei Planen zu ihrer Flucht beschäftigt, die aber jetzt viel schwieriger auszuführen schienen, als je. Da die Insulaner nämlich einen Überfall auf Hapai beabsichtigten, und die Drohung, den Tribut von dort gewaltsam einzufordern, schon hinüber gesandt hatten, mußten sie auch von daher ein Gleiches fürchten, und bewachten deshalb alle Landungsplätze Tag und Nacht auf das Sorgfältigste. Wie sollte da ein Canoe unbemerkt, unverfolgt entkommen?

Der Schotte gab übrigens deshalb die Hoffnung nicht auf, und war ziemlich fest entschlossen, die erste passende Gelegenheit zu benutzen. So schlenderte er eines Tages durch die Berge der nicht sehr großen aber wunderschönen Insel, und zwar in der Absicht, den höchsten Gipfel ihrer Anhöhen zu besteigen und von dort aus zu schauen, ob er nicht in irgend einer Richtung hin eine andere Insel erkennen könne. Gelang es ihnen nur, auf eine solche zu entkommen, wo sie nicht mehr als gekaufte Gefangene betrachtet wurden, so durften sie von dort auch weit eher hoffen, entweder von einem Schiff erlöst zu werden oder vielleicht in einem Canoe Neuseeland oder Australien zu erreichen.

Der Schotte konnte seinen Weg ziemlich ungehindert verfolgen, denn Monui war noch nicht so durch die aus Brasilien nach diesen Inseln gebrachten Guiaven-Büsche überwuchert worden, wie es einige der Gesellschafts-Inseln sind. Die schlanken Palmen und andere hochstämmige Waldbäume hielten hier das kleine Holz noch ziemlich unter, und die Wälder in der Nähe des Strandes waren verhältnißmäßig licht. Erst auf den Höhen wurden die Büsche dichter, und als Mac Kringo einmal die verschiedenen Anpflanzungen von süßen Kartoffeln und Yams im Rücken hatte, mußte er sich schon sorgfältiger seinen Weg suchen.

Da hörte er plötzlich, in nicht gar weiter Entfernung von sich, die regelmäßigen Schläge eines Beils, denen er eine Weile horchte, denn er hatte keine besondere Lust, hier mit einem Eingeborenen zusammen zu treffen. Das anhaltende Arbeiten des Holzhackenden überzeugte ihn aber bald, daß das kein Indianer sei, und ziemlich erfreut, einen seiner Kameraden da zu finden, drängte er sich rasch durch das Gebüsch der Richtung zu, von der das Geräusch herüber tönte.

Er hatte sich auch nicht geirrt; denn vorsichtig aus einem kleinen Dickicht herausschauend, erkannte er bald seinen früheren Kameraden Jonas, und zwar emsig beschäftigt, einen starken, hochstämmigen Baum zu fällen.

„Hallo! Jonas!" rief er ihn endlich an, nachdem er dem Eifrigen eine kleine Weile zugeschaut, „du arbeitest ja, als wenn du die Geschichte im Accord hättest."

„Lord Douglas! so wahr ich lebe!" rief der Matrose erfreut, indem er seinen alten Kameraden erkannte. „Wo kommst du her, mein Bursche? Es ist eine halbe Ewigkeit, daß wir einander nicht gesehen haben, und es thut dem Auge ordentlich wohl, eine weiße Haut unter diesen Rothfellen zu treffen. Jetzt kann man doch wieder einmal ein vernünftiges Wort Englisch sprechen, denn die Zunge habe ich mir schon fast mit dem Radebrechen ihrer vermaledeiten Sprache abgedreht."

„Aber du siehst gut aus!" rief ihm der Schotte entgegen. „Das Leben als glücklicher Familienvater scheint dir vortrefflich zu bekommen! Wie befinden sich die jungen Jonasse?"

Der Matrose antwortete mit einem lästerlichen Fluche.

„Da kannst du auch noch lachen?" setzte er dann hinzu, „aber es ist wahrhaftig ein Scandal, einem ehrlichen Christenmenschen eine solche dunkelbraune Ehehälfte und ein Nest voll junger Heiden aufzuhängen. Verdammt will ich sein, wenn ich das diesem alten, wackeligen Toanonga nicht gedenke."

„Hast du nichts von Legs gehört?" fragte der Schotte.

Jonas lachte.

„Das ist das Einzige, was mich noch tröstet," schmunzelte er mit einem breiten Grinsen über das Gesicht: „der großmäulige kleine Bursche ist noch schlimmer angekommen als wir."

„Und wie verträgt er sich mit seinen Frauen? Er muß ja doch in deiner Nähe wohnen?"

„Ja wohl, unsere beiden Häuser stehen kaum fünfhundert Schritt aus einander," lachte Jonas, „und ich habe in der ersten Zeit immer ganz genau hören können, wenn er sich mit seiner Familie unterhielt."

„Und jetzt nicht mehr?"

„Jetzt haben sie ihn unter. Die ersten Wochen prügelte er seine Frauen abwechselnd, und, wie ich glaube, nach jeder Mahlzeit, wahrscheinlich um sich etwas Bewegung zu machen. Das bekamen sie aber bald satt, und nahmen sich Hülfstruppen ins Haus. Ein ganzer Schwarm Vettern und Basen, und was weiß ich, wer sonst noch! quartierte sich bei ihm ein und zehrte von ihm, und als er die eines schönen Morgens hinauswerfen wollte, fielen sie über ihn her und prügelten ihn, von den beiden Frauen redlich dabei unterstützt, windelweich. Ich hörte den Lärm und lief hinüber; da man sich aber nicht in fremde Familienstreitigkeiten mischen soll, störte ich sie auch nicht in ihrem Vergnügen und ging wieder zu Hause. – Was macht denn Lemon?"

„Lemon," sagte der Schotte, „kommt aus dem grimmigsten Ärger gar nicht heraus, aber nur deshalb, weil es ihm so gut geht, und er gar nicht weiß, worüber er vernünftiger Weise schimpfen k ö n n t e. Er hat mir noch heute Morgens versichert: er wollte lieber auf dem schmierigsten Wallfischfänger Tag und Nacht Thran auskochen, ehe er noch acht Tage auf der Insel bliebe."

„Und wenn wir heute wieder an Bord säßen, wäre er der Erste, der sich fortwünschte. Weißt du nichts von Pfeife?"

„Keine Silbe. Seit sechs Monaten, glaube ich, habe ich den mit keinem Auge gesehen."

„Und wo steckt Spund?"

„Spund wohnt auch eine Strecke von uns entfernt, kommt aber doch manchmal hinauf, da er für den Alten zu arbeiten hat. Er beschäftigt sich übrigens jetzt eifrig mit der Bekehrung seiner Familie, die er absolut zu Christen machen will, und behauptet: der liebe Gott hätte ihn nur zu dem Zweck auf die Insel gesetzt, den Heiden das Evangelium zu bringen. Auch mit dem alten Toanonga hat er schon ein paar Versuche gemacht, der ist aber so zäh wie Leder und läßt sich auf nichts ein. Wie das Schiff neulich da war, ruhte Spund sogar nicht eher, als bis ich ihm eine Bibel von Bord mitbrachte."

„Ein Schiff war da?" rief Jonas erstaunt, „und davon haben wir kein Wort erfahren?"

„Ja, der Alte hat sich wohl gehütet, daß Ihr's gewahr wurdet!" lachte der Schotte. „Die Boote durften nicht einmal an's Land, womit der Capitain auch vollkommen einverstanden schien; denn er fürchtete wahrscheinlich, daß ihm welche von seinen Leuten durchbrennen würden. Lemon ist übrigens mit dem Schiff der schlimmste Streich passirt, denn er hat Schmiedewerkzeug gekriegt, und soll nun arbeiten und kann nicht. Das Einzige, was er mit Mühe und Noth fertig bringt, sind Pfeilspitzen, die er gar kläglich aus Nägeln zurecht hämmert."

„Hör' einmal, Lord Douglas," sagte er da, nachdem er eine Weile stillschweigend vor sich hingesehen, „ich glaube doch beinahe, daß wir damals mit dem – mit dem Feuer, du weißt schon – einen dummen Streich gemacht!"

„Je weniger wir dann davon reden, desto besser ist's," meinte der Schotte, „denn geschehene Dinge sind nun einmal nicht zu ändern. Was hatten wir denn auf dem blutigen Blubberkasten, daß wir nicht, wenn wir's hier einmal satt bekommen, auf jedem anderen Schiffe eben so gut wiederfinden?"

„Das ist schon wahr, und wenn wir's hätten haben können, wie wir's uns im Anfang gedacht, wär' ich der Letzte, der die Veränderung bereute; aber gleich als Versorger von einer Frau und vier Kindern hingestellt zu werden, das heißt die Häuslichkeit doch ein Bißchen übertreiben. Wer steht uns außerdem dafür, daß wir nicht, wenn ihnen hier wieder ein halb Dutzend Ehemänner wegsterben, vielleicht noch Jeder ein oder zwei Frauen zugelegt bekommen, und dann sieh Legs an, wie's dem jetzt geht! – Hast du denn schon von dem neuen Kriegszug gehört?"

„Gewiß; sie rüsten schon mit aller Macht, und die Geschichte wird nächstens losgehen."

„Na, ja," sagte Jonas, „und wir sollen auch dabei sein und unsere Haut zu Markte tragen; das ist aber gegen den Contract, und ich müßte mich sehr irren, wenn ich nicht gerade in der Zeit sterbenskrank würde."

„Hallo! ein Segel!" rief da Mac Kringo plötzlich, der, während Jonas sprach, durch die Büsche hin auf das Meer hinausgesehen hatte. „Das Weiße dort drüben m u ß ein Segel sein!"

„Gewiß ist das ein Segel!" bestätigte Jonas, nachdem er eine Weile – seine Augen mit der Hand gegen die Sonne schützend – nach der angedeuteten Richtung hinausgeschaut hatte.

„Das muß aber noch weit sein, denn es kommt mir so klein vor. Kannst du ausmachen, nach welcher Richtung es steht?"

„Spitz jedenfalls, und am Ende nach uns zu, denn wenn es hier vorbeigesegelt wäre, hätten wir es schon früher sehen müssen. – Das kann auch kein Wallfischfänger sein, man kann ja den ganzen Rumpf erkennen, und doch zeigt er nicht viel Segel."

„Am Ende ist das einer der kleinen Schooner," sagte der Schotte, „die zwischen den Inseln herumkreuzen und Cocosöl und Perlmutterschalen eintauschen. Das wäre am Ende eine Gelegenheit, von hier fortzukommen."

„Aber wer weiß, wie wir es nachher finden?" meinte Jonas, „und solche kleine Fahrzeuge haben auch selten viel Platz an Bord. Ja, wenn man wüßte, daß man damit nach Australien könnte! Dort soll ein tüchtiger Arbeiter in ein paar Jahren ein reicher Mann werden."

„Auf einen Wallfischfänger gehe ich nicht wieder, so viel weiß ich," sagte der Schotte; „hol' der Teufel das Hundeleben, die Pferdearbeit, und die Capitaine, die wahrhaftig gar nicht wissen, wie sie einen armen Teufel von Matrosen nur genug quälen und schinden sollen!"

„Wahrhaftig, das Schiff hält gerade auf uns zu!" rief jetzt Jonas, der indessen keinen Blick von dem fernen Segel verwandt hatte. „Hinunter möchte ich doch jedenfalls, wenn es vielleicht ein Boot ans Land schickte."

„Hör einmal, Jonas, ich will dir was sagen," meinte der Schotte, nachdem beide eine Weile schweigend das ansegelnde Fahrzeug betrachtet hatten. „Wozu ich selber Lust habe, weiß ich in dem Augenblicke selbst noch nicht, und um zu einem Entschluß zu kommen, muß man natürlich doch erst wissen, was das für ein Fahrzeug ist und wohin es geht. Jedenfalls wollen wir aber unten in der Nähe sein, wenn es wirklich landet oder wenigstens ein Boot herüberschickt; denn in die Corallenriffe wird es sich keinesfalls hereingetrauen. Wann glaubst du, daß es heran sein kann?"

„Heute Abend kaum mehr," sagte Jonas, „der Wind ist fast ganz eingeschlafen, und es kann nur langsam vorwärtsrücken. Hat es übrigens Lust, Monui anzulaufen, so können wir uns fest darauf verlassen, daß es morgen früh mit Tagesanbruch vor den Riffen liegt."

„Gut, dann sei du morgen, gleich nach Tagesanbruch, unten bei Toanonga; eine Ausrede wirst du schon finden; bringe aber Legs mit, denn es ist am Ende besser, daß wir so viel als möglich von uns beisammen sind."

„Wenn wir nur wüßten, wo Pfeife steckt!"

„Den hat der Alte jedenfalls in die Nähe der Canoes gesetzt," sagte Mac Kringo, „das Segelwerk derselben in Ordnung zu bringen, und Spund wird dort wohl mit ihm zusammengekommen sein. Spund sehe ich aber jedenfalls heute Abend, denn Toanonga hat ihn hinbestellt, etwas mit ihm zu besprechen."

„Verstehen sie denn einander?"

„Vortrefflich! Spund, in der festen Überzeugung, daß er die Leute hier bekehren muß, hat das Unglaubliche geleistet und spricht die Sprache schon fast so gut wie ich; dem Alten wird er aber langweilig, weil er ihn nie zufrieden läßt."

„Seit wann ist denn da die Frömmigkeit bei ihm zum Durchbruch gekommen?"

„Ach, du weißt ja," lachte der Schotte, „daß er uns schon immer am Bord Predigten gehalten hat; es ist einmal seine schwache Seite. Aber ich will machen, daß ich wieder hinunter komme, denn er möchte früher dort sein, und ich finde ihn nachher nicht mehr."

„Wird aber der Alte nichts merken, wenn wir dort alle zusammentreffen?" fragte Jonas.

„Hm!" meinte der Schotte, „besser ist es freilich, wir lassen uns nicht gleich alle zusammen sehen, wenn wir nur in der Nähe sind. Legs mag deshalb auf die Landspitze hinaus gehen, wo wir damals die Woche gesessen haben, und dorthin soll Spund auch Pfeife schicken, wenn er ihn auftreiben kann. Wir Übrigen müssen dann sehen, wie wir uns am besten in der Nähe halten. Wirst du übrigens fortgeschickt, so widersprich nicht, sondern geh' in den Wald hinein, als ob du nach Hause wolltest, und sieh dann zu, daß du ebenfalls unbemerkt zu den Andern auf die Landspitze kommst."

„Und sollen wir Waffen mitbringen?"

„Wenn es h e i m l i c h geschehen kann, ja! Man weiß nie, was vorfällt; die Eingeborenen gehen ja auch jetzt alle schwer bewaffnet umher; aber je weniger ihr euch damit sehen laßt, desto besser ist es."

„Gut, das wäre also abgemacht. Auf Wiedersehen morgen! Hol's der Teufel! es ist doch endlich einmal eine Abwechselung in diesem so verzweifelt langweiligen Leben. Ob wir nun dableiben oder nicht, jedenfalls können wir doch von dem Schiff etwas Tabak bekommen, und ich kann dir versichern, ich habe einen ordentlichen Heißhunger darauf. Donnerwetter, da fällt mir ein! hast du denn neulich von dem Wallfischfänger keinen mitgebracht?"

„Ein verwünscht kleines Stückchen," sagte zögernd der Schotte. „Die Leute waren schon drei Jahre aus, und der Capitain hielt sie furchtbar knapp mit Tabak."

„Hast du welchen bei dir?" fragte Jonas gierig.

„Hm, ich weiß selber nicht einmal – einen Mund voll höchstens."

„Junge, Junge! und da läßt du mich hier die ganze Zeit mit trockenem Maule stehen! Du wirst doch wahrhaftig mit mir theilen?"

Mac Kringo suchte eine lange Weile in seinen Taschen, endlich brachte er ein kleines Stückchen heraus, daß er indessen mühsam von einem größern i n der Tasche abgedreht.

„Das ist alles, was ich noch habe, kaum ein Bissen, aber schneide dir die Hälfte herunter, daß du wenigstens einmal wieder den Geschmack davon bekommst."

„Hurrah! Tabak!" schrie Jonas, der das Stück schon vorher mit den Blicken verschlang. „Junge, wenn ich meine Familie gegen Tabak und Grog eintauschen könnte, so wollte ich mir kein besseres Leben, wie das hier auf der Insel, wünschen. Na, vielleicht bekommen wir morgen einen ordentlichen Vorrath. So viel weiß ich, ich packe meiner Frau ganze Toilette morgen ein, um wenigstens zum Tauschen irgend etwas bei der Hand zu haben. Und nun *good-bye*! mit Tagesanbruch morgen früh bin ich unten bei Toanonga's Haus."

Damit winkte er dem Freunde einen kurzen Gruß zu und verschwand bald in den Büschen. Mac Kringo verharrte noch eine Weile auf seiner Stelle, sich über die Richtung des Segels größere Gewißheit zu verschaffen. Es blieb aber bald keinem Zweifel mehr unterworfen, daß es wirklich näher kam. Mit dem Winde hätte es auch gar nicht von ihnen fortsegeln können, und darüber beruhigt, stieg er den Weg zurück ins Thal, den er vorher herauf gekommen.

2.

Mit Tagesanbruch am nächsten Morgen herrschte an der Landung von Monui ein außerordentlich reges Leben und Treiben. Schon gestern Abends hatten die Insulaner von ihrem Strand aus das nahende Segel erkannt, und Früchte und Gemüse wurden gepflückt und ausgegraben und alle möglichen anderen Gegenstände hervorgesucht, um, sobald das fremde Fahrzeug herankäme, einen lebhaften Tauschhandel mit ihm zu eröffnen. War doch schon vieles, was ihnen die weißen Männer bringen konnten, auf der sonst so einfachen Insel zum Bedürfniß geworden, während sie jetzt bei dem bevorstehenden Krieg auch noch hofften, mehr Feuerwaffen und Munition und damit den gewissen Sieg über die feindlichen Stämme zu erlangen.

Mac Kringo hatte Spund noch am vorigen Abend getroffen und ihm seinen Plan mitgetheilt. Zu seinem Erstaunen schien der würdige Bursche aber nicht die mindeste Lust zu haben, darauf einzugehen. Seit er nämlich die Bibel erhalten und fleißig darin gelesen hatte, war das, was bei ihm früher nur eine Art von stiller Neigung gewesen, zur wirklich fixen Idee geworden, daß er nämlich berufen sei, diese Heiden zu Christen zu machen.

Vergebens suchte ihm der Schotte eine solche Idee auszureden und ihm begreiflich zu machen, daß er ganz gewiß ein tüchtiger Matrose und Böttcher sei, höchst wahrscheinlich aber einen nur sehr mittelmäßigen Prediger abgeben würde. Spund ließ sich nicht irre machen; entgegnete, daß Petrus auch nur ein Fischer gewesen sei, also auch nicht einmal ein Böttcher, und Alles nur eben auf den Beruf ankomme. Dabei war er fest überzeugt, daß ihr Schiff, die „Lucy Walker," nur seinetwegen verbrannt sei, um ihn hier, an dieser für ihn bestimmten Stelle festzuhalten, und die Übrigen – Mac Kringo wie die anderen Kameraden – konnten Gott danken, daß sie mit ihm in einem Boote gewesen seien, sonst wären sie auch zu Grunde gegangen.

Über den Brand des Fahrzeuges hätte ihm nun allerdings der Schotte einen besseren Aufschluß geben können, und schien einmal nicht übel Lust dazu zu haben, überlegte sich aber doch die Sache anders und schwieg. Vergebens waren aber alle Versuche seinerseits, den Kameraden von dem einmal gefaßten Vorsatz abzubringen. Nur dazu verstand er sich, ihren Planen, wenn sie wirklich fliehen wollten, kein Hinderniß in den Weg zu legen, ja, sie eher nach besten Kräften zu fördern. Und das geschah noch in seinem eigenen Interesse; denn von dem Christenthum der Kameraden hielt er außerordentlich wenig und fürchtete eher, in seinen neuen und frommen Planen durch die Anderen gestört und verspottet zu werden. Je früher sie also die Insel verließen und ihm das Feld räumten, desto eher durfte er hoffen, ein Resultat zu erreichen.

Das Fahrzeug war indessen mit der frischen Morgenbrise rasch näher gekommen, und es ließ sich jetzt deutlich erkennen, daß es keineswegs ein großer Wallfischfänger, sondern, wie die beiden Matrosen gestern Abends richtig gesehen hatten, nur ein kleiner Schooner von vielleicht hundert oder hundertzwanzig Tonnen war. Im Anfang hatten die Insulaner auch ihre Canoes bereit gehalten, mit denen sie das fremde Fahrzeug anlaufen wollten, und Mac Kringo überlegte sich schon dabei, ob es in dem Falle nicht möglich sein würde, ein Canoe selbst mit Gewalt zu nehmen und einen offenen Fluchtversuch zu wagen. Da änderten die Indianer plötzlich ihren Plan. So wie das Fahrzeug nahe genug kam, die Stärke desselben deutlich erkennen zu können, hatte Toanonga seine Egis zu einer raschen Berathung zusammenberufen. Die Unterredung mußte auch sehr wichtig sein, denn sie besprachen sich lange und heimlich mit einander, und als sich ihnen der Schotte nähern wollte, wurde er zurückgewiesen.

Das sah nun allerdings aus, als ob die Indianer etwas im Schilde führten; aber was konnten sie beabsichtigen? einen offenen Angriff? Ihre Canoes lagen sämmtlich in einer kleinen, durch Mangrove-Büsche geschützten Bai, um aber mit ihnen hinaus in See zu kommen, mußten sie über das offene, wohl eine halbe Stunde breite Binnenwasser, das zwischen den Corallenriffen und dem Ufer lag, und nur ein einziger schmaler Weg blieb ihnen durch die Riffe und die darüber stürzende Brandung ins Freie. Das fremde Fahrzeug hätte also in einem solchen Falle entweder Zeit genug behalten, sich gegen einen solchen Angriff zu rüsten oder demselben auch, mit der jetzt frisch wehenden Brise, leicht entgehen können.

Das schien aber auch nicht in der Absicht der Eingeborenen zu liegen, denn ihre Canoes wurden nicht gerüstet. Nur ein einzelnes, ganz kleines ruderte, von zwei Insulanern bemannt, hinaus, der Einfahrt zu.

Bis jetzt hatte sich nun allerdings Mac Kringo als Dolmetscher der Insel betrachtet, und daß Toanonga diesmal seine Hülfe nicht in Anspruch nehmen wollte, machte ihn stutzig. Jedenfalls aber bekam er dadurch einen Vorwand, den alten Häuptling nach der Ursache zu fragen, und ging deshalb langsam auf ihn zu. Hatte er ein Geheimniß, so wollte er es bald aus ihm heraus bekommen.

Jonas war vor einer Viertelstunde, der gestrigen Verabredung gemäß, richtig eingetroffen, von dem Alten aber augenblicklich wieder fortgeschickt worden und befand sich jetzt mit Legs auf der Landzunge und ziemlich in der Nähe. Nur von Pfeife hatte der Schotte nichts erfahren können. Spund wußte seiner Aussage nach allerdings die Stelle, wo seine Wohnung stand, wollte ihn aber in den letzten vier Wochen mit keinem Auge gesehen haben und behauptete nur, daß er einige Mal längere Unterredungen mit Toanonga selber gehabt.

Der alte Häuptling saß wie gewöhnlich vor seiner Hütte und nickte dem Schotten, als er ihn kommen sah, freundlich und herablassend zu.

„Willst du keinen Handel mit dem Schiff treiben, Toanonga?" fragte ihn dieser, als er, neben ihm angekommen, sich bei ihm niedergelassen hatte. „Brauchst du keinen Tabak und keine Beile mehr?"

„Je nun, Ma Kino," schmunzelte der Alte, „können immer Alles gebrauchen. – Wenn Papalangis aber mit Toanonga handeln wollen, mögen sie selber herüberkommen."

„Aber ein Canoe ist doch schon zu ihnen hinübergefahren."

„Ja," sagte der Alte gleichgültig, „habe es auch gesehen; sind neugierige junge Leute, die vielleicht einmal zuschauen wollen, was die Papalangis an Bord haben."

Mac Kringo wußte recht gut, daß sich der Alte nur so stellte, als ob jenes Canoe aus freien Stücken dort hinüber gefahren sei. Ohne seine Erlaubniß durfte nämlich gar kein Fahrzeug das Binnenwasser verlassen, mit irgend einem Schiffe Handel zu treiben. Er ließ sich jedoch nichts merken und antwortete nur ruhig:

„Sie werden aber nicht verstehen, was die Papalangis zu ihnen sagen."

„Bah!" lachte der Alte, „ist auch nicht nöthig! was werden die Papalangis viel sagen? Aber weißt du, Ma Kino, was das für ein Schiff ist? doch keines, das herumfährt, Wallfische zu fangen?"

„Ich glaube kaum," sagte der Schotte, „und denke eher, daß es zu euch kommt Cocosnußöl einzutauschen."

„Hm, das habe ich mir auch gedacht! Ob sie wohl Kanonen an Bord haben?"

„Jedenfalls," meinte Mac Kringo, der dadurch alle etwaigen Gelüste des Häuptlings auf das Schiff abzuwenden suchte. „Bewaffnet sind derartige Schiffe immer gut, denn sie wissen nie, ob sie Freunde oder Feinde auf den Inseln finden."

Toanonga erwiderte nichts hierauf, sondern sah eine Weile nachdenkend vor sich nieder; endlich sagte er:

„Wär' ein vortrefflich Ding, wenn wir auch Kanonen hätten; was meinst du, Ma Kino? könnten nach Hapai hinüberfahren und die ganze Insel wegnehmen. Bum – bum! wie die Hapai-Burschen laufen würden, wenn Toanonga mit solchen großen Dingern zu ihnen käme!"

„Die Papalangis verkaufen nur nicht gern ihre Kanonen," meinte der Schotte, „sie brauchen sie immer selber und können hier keine anderen dafür wieder bekommen."

„Wär' auch gar nicht nöthig," sagte Toanonga finster, „brauchen hier nicht herzukommen und Tonga-Leute todt

144

zu schießen – Tonga-Leute gehen auch nicht zu den Papalangis und fangen dort Krieg an."

Wieder machte er eine Pause, und Mac Kringo schwieg ebenfalls, da er nicht recht wußte, was er ihm darauf erwidern sollte! Jedenfalls merkte er aber, daß der Alte etwas auf dem Herzen habe und nur nicht recht mit der Sprache herauswollte.

„Sag einmal, Ma Kino," fuhr da endlich Toanonga fort, „gefällt es dir auf Monui?"

„Mir? gewiß!" erwiderte durch die Frage etwas überrascht der Schotte, denn bis jetzt hatte sich der alte Häuptling entsetzlich wenig darum gekümmert, ob ihnen das Leben dort zusagte oder nicht.

„Und möchtest du wieder hinaus und Wallfische fangen?"

„Ich danke schön, wenn es nicht sein m u ß , gewiß nicht!" lachte der Matrose.

Toanonga schien mit der Antwort zufrieden, denn er nickte leise vor sich hin.

„Gut," sagte er dann, „und wenn wir jetzt so ein paar Kanonen und solch ein großes Schiff hätten, dann könnten wir's bald noch besser bekommen. Wenn Ma Kino mit nach Hapai geht und dort viel Beute macht, kann er sich Frauen nehmen, so viel er will, die Mädchen von Hapai sind jung und schön."

„Wo, zum Henker! will der Alte hinaus?" dachte der Schotte. „Hat er doch am Ende Absichten auf das Schiff, und sollen wir ihm die Castanien aus dem Feuer holen? darin irrst du dich aber, mein Bursche, denn was d u wegschenkst, ist auch gewöhnlich nicht werth, daß man es aufhebt."

„Pfeife ist ein guter Bursche," sprang da plötzlich Toanonga auf ein anderes Thema über, „und Spund sehr gut, nur ein Bißchen dumm, Jonas nicht viel werth, Schmied gar nicht, und Koch ganz schlechter Kerl – werde ihm noch zwei Frauen geben, wenn er mit denen nicht Frieden hält."

Mac Kringo lachte, denn er dachte in dem Augenblicke daran, was ihm Jonas gestern Abends erzählt und welche schwere Zeit der arme Legs schon jetzt mit seinen Frauen hatte. Die Gelegenheit war aber auch zu günstig, etwas von Pfeife's Aufenthalt zu erfahren, und er fragte deshalb den Alten, wo er stecke und was er treibe.

„Pfeife," sagte Toanonga, der nur die Spitznamen der Matrosen erfahren hatte und sie danach nannte, „Pfeife geht es sehr gut. Braver Papalangi, arbeitet fleißig und macht Segel für die Canoes, und Lemon hilft ihm."

„Lemon ist bei ihm?" rief Mac Kringo schnell.

Toanonga antwortete ihm nicht darauf, denn seine Aufmerksamkeit wurde in diesem Augenblicke zu sehr durch den Schooner in Anspruch genommen. Dieser kreuzte jetzt dicht vor den Riffen und hatte gerade das zu ihm ausgekommene Canoe langseit genommen. Mac Kringo lag auch nichts daran, sich jetzt noch länger hier aufzuhalten, denn er wußte Alles, was er wissen wollte, und da Toanonga das Gespräch nicht wieder aufnahm, erhob er sich und verließ langsam, als ob er in den Wald wieder hineinschlendern wollte, den Platz. Sobald er dem Alten übrigens aus Sicht war, eilte er, jeden gebahnten Weg vermeidend, so rasch er konnte, der Landspitze zu, auf der er die Kameraden wußte. Diesen mußte er seine

Vermuthungen mittheilen und gemeinschaftlich mit ihnen einen Plan berathen.

3.

Mac Kringo hatte geglaubt, seinen Weg ziemlich unbemerkt verfolgen zu können. Das, sah er bald, war nicht möglich, denn von allen Seiten kamen Insulaner und besonders Frauen herbei, und zwar die letzteren nur aus Neugierde, einen so seltenen Gegenstand, wie ein fremdes Schiff, zu betrachten. Im Anfange suchte er ihnen auszuweichen, da er aber dadurch Verdacht zu erregen fürchtete, folgte er zuletzt dem offenen Fußweg und unterhielt sich mit denen, die ihm begegneten. Allerdings wurde er einige Male gefragt, warum er nicht am Strand bliebe und wohin er wolle; er gab aber ausweichende Antworten und meinte, es würde wohl noch eine Weile dauern, bis die Weißen ans Land kämen, und er könne vielleicht indessen selber einige Yams aus einem dort in der Nähe liegenden und ihm gehörenden Felde holen, um sie nachher gegen Tabak einzutauschen.

So kam er endlich zu dem Gebüsch, das die Landspitze begränzte, und einmal dort, traf er auch Niemanden mehr, denn die da draußen stehende Hütte lag unbewohnt. Nur die Fischer übernachteten manchmal in derselben, wenn sie von dort aus mit der Morgendämmerung auf den Fang gehen wollten.

An der bezeichneten Stelle fand er übrigens die ihn schon ungeduldig erwartenden Kameraden und zu seiner Freude auch Lemon, den Jonas in der Nähe der Canoes angetroffen und dorthin bestellt hatte.

„Donnerwetter! daß ist gut, daß du kommst, Lord Douglas!" schrie ihm Legs, der eine mächtige Kriegskeule in der Hand trug, schon von Weitem entgegen. „Ich weiß hier ganz in der Nähe ein kleines Canoe, und in einer halben Stunde können wir draußen an Bord und in Sicherheit sein. Hol' der Teufel das Hundeleben auf der Insel! Ich hab's zum Sterben satt und will mein Lebtag an Monui denken."

„Unsinn!" sagte aber Jonas, „wenn wir jetzt hier mit einem Canoe abfahren, schneiden sie uns den Weg ab, ehe wir halb aus der Bai hinaus sind, und dann dürfen wir uns nur jeden Gedanken an Flucht vergehen lassen."

„Wo ist Pfeife?" fragte Mac Kringo, „den dürfen wir doch auf keinen Fall zurück lassen."

„Pfeife steckt drüben bei den Canoes," rief Lemon, „und näht Segel. Da müssen wir Spund aber auch mitnehmen, und wenn wir warten wollen, bis wir erst alle Sechse einmal zusammen haben, können wir uns auch darauf verlassen, daß wir sitzen bleiben."

„Jungens," sagte da Mac Kringo, der indessen gesucht hatte, durch die dichten Mangrove-Büsche einen Überblick nach der innern Bai zu gewinnen, „mit eurem Plane ist es nichts. Da draußen fährt eben das Schiffsboot, von dem Canoe begleitet, das heute Morgen hinausgegangen ist, durch die Riffe, und das anzurufen, dazu sind wir zu weit entfernt, und es würde auch die Insulaner augenblicklich aufmerksam machen."

„Und weshalb brauchen wir es anzurufen?" rief Legs ärgerlich, „laß die immer fahren. Wenn wir nur erst einmal an Bord sind, sollen uns die Rothfelle wahrhaftig nicht wieder herunter bringen."

„Du redest, wie du's verstehst," erwiderte ruhig der Schotte, „und glaubst du denn, Toanonga hat nicht Verstand genug, die Weißen in dem Falle als Geißel an Land zu behalten? So wie der merkte, daß wir ihm durchs Netz gingen, machte er die Klappe zu und hätte die Anderen fest, und der Capitain von dem Schooner wird uns wahrhaftig nicht mit in See nehmen und seine eigenen Leute dafür zurück lassen."

„Dann ist die ganze Geschichte wieder faul!" fluchte Legs; „das kommt aber von dem ewigen Trödeln und Berathen her! Erst hat d e r ein Bedenken und dann d e r , und dabei bleiben wir richtig jedesmal in der Falle sitzen. Das sag' ich euch, wenn sich mir irgend eine Gelegenheit zur Flucht bietet, auf euch warte ich nicht, denn mit euren überklugen und ewigen Bedenklichkeiten kommt ihr überall zu kurz."

„Renn' du nur mit dem Kopf gegen die Wand," sagte Mac Kringo ruhig, „so wirst du schon bei Zeiten finden, wo du bleibst. Übrigens sei so gut und schrei nicht so, denn wir sind keineswegs so weit vom Wege entfernt, und deine und Pfeife's Stimme hört man eine Meile durch den Wald."

„Na gut," sagte Legs, der Warnung jedoch Folge leistend und nicht so laut als vorher, „wenn du denn so genau weißt, was wir thun und lassen müssen, so erzähl' uns auch jetzt, was nun werden soll und was du im Sinne hast!"

„Ja, wenn ich überhaupt etwas im Sinne hätte!" entgegnete Mac Kringo, „darüber scheinen wir allerdings einig zu sein, daß wir hier fort wollen, um auf irgend einer andern Insel als freie Männer auftreten zu können. Ob das aber mit diesem Schiffe geschehen kann, ist noch die Frage. Wir wissen ja nicht einmal, ob der Capitain Platz für uns an Bord und überhaupt Lust hat, sich mit uns einzulassen. Manche dieser Herren sind verdammt mißtrauisch, und hüten sich, besonders in der Nähe von Australien, englische Matrosen in größerer Zahl aufzunehmen. Sie trauen nicht, ob es nicht am Ende statt verunglückter oder entlaufener Seeleute entsprungene Sträflinge aus den dortigen Colonien sind."

„Ja, wozu sind wir aber dann hier zusammengekommen?" rief Lemon. „Wenn wir nicht wenigstens einen Versuch machen, fährt das Boot wieder ab, und wir bleiben so klug wie vorher."

„Lord Douglas steckt überhaupt immer voller Plane, aus denen nie etwas wird!" rief Legs ärgerlich. „Wie klug konnte er damals sprechen, als die *Lucy Walker* noch hier lag! und wäre das Feuer nicht da zufällig ausgebrochen, so schwämmen wir jetzt wieder ganz ruhig mit dem alten Kasten im Eismeer umher und ruderten mit Fausthandschuhen hinter schmierigen Wallfischen drein."

„Ja, aber" ... wollte Jonas etwas darauf entgegnen, der Schotte unterbrach ihn jedoch und sagte:

„Wenn wir mit dem Maul hier wegzubringen wären, Legs, dann glaube ich allerdings, daß du uns allein helfen könntest. Jetzt aber sei so gut und laß uns mit deinem Unsinn zufrieden, und hört erst einmal meinen Vorschlag. Wißt ihr dann was Besseres, so soll es mich freuen, ich bin gern erbötig, euch Folge zu leisten."

„Na, da komm endlich einmal klar, und reib' nicht so lange auf dem Sand herum!" rief Lemon; „die Zeit vergeht, und wir haben wahrhaftig keine übrig."

„So hört," sagte Mac Kringo, „ich muß vor allen Dingen jetzt zum Alten, um dort zu dolmetschen, wenn die Fremden nichts von der Tonga-Sprache verstehen. Dort will ich mit dem Steuermann oder wer nun gerade an Land gekommen ist, schon Gelegenheit finden, ein paar Worte allein zu sprechen. Wollen sie uns mitnehmen, dann findet sich auch eine Gelegenheit, fortzukommen, und in dem Fall habe ich selber nichts dagegen, daß wir es zum Äußersten treiben und Gewalt brauchen, wenn wir eben auf keine andere Weise fortkommen können. Können sie uns freilich nicht mitnehmen, dann bleibt es für uns das Beste, uns so ruhig wie möglich zu verhalten. Jeder geht nachher wieder seiner Beschäftigung nach, und wir warten eine günstige Gelegenheit ab."

„Doch wie dem auch sei, von da drüben werde ich euch ein Zeichen geben, damit ihr wißt, was ihr zu thun habt. Seht ihr jene in die Bai auslaufende spitze Corallenbank, auf der ein einzelner Pfahl steckt? – D i e behaltet im Auge. Rudert das Boot dorthin, und winken sie euch von Bord aus, so gilt das als ein Zeichen, daß sie uns mitnehmen können, dann kommt so rasch ihr könnt an die Landung, bringt auch irgend eine Waffe mit, im Nothfall unseren Weg mit Gewalt zu erzwingen. Bekommt ihr aber von dem Boot k e i n Zeichen, dann heißt das so viel, daß sie uns nicht haben wollen, und dann versteht es sich von selbst, daß wir für jetzt jeden Fluchtversuch aufgeben."

„Das klingt doch endlich einmal wie Vernunft," brummte Legs. „Nun mach' aber, daß du fortkommst, denn mir brennt der Boden schon unter den Füßen. Ha, ha, ha, wie sich meine Familie freuen wird, wenn ich heute nicht zum Essen komme."

„Und was wird aus Pfeife?" fragte Jonas.

„Ihr habt ja Zeit genug, dem unsern Plan mitzutheilen," entgegnete der Schotte; „kommt ihr mit dem Canoe, so nehmt ihn ein; im andern Falle sagt ihm nur Bescheid, aber kommt mir nicht Alle in einem Klumpen, sondern vertheilt euch hübsch, daß die Insulaner nichts merken. Es muß aussehen, als ob ihr nur zufällig an den Strand kommt. Und jetzt *good-bye*! wenn das Glück gut geht, sehen wir uns vielleicht an Bord wieder!"

Toanonga hatte indessen in aller Ruhe der Ankunft eines Bootes von dem fremden Fahrzeug entgegengesehen, und an ihm bemerkte man nicht das Geringste von der Aufregung, die unter den Egis selber zu herrschen schien. Daß diese dagegen etwas Besonderes und Außergewöhnliches erwarteten, war augenscheinlich. Waffen wurden herbeigebracht und in der Nähe versteckt, und in Toanonga's Hause selber die bis dahin eingepackten Musketen hervorgesucht und geladen, ohne daß sich jedoch der alte Häuptling im Geringsten selbst darum bemüht hätte. Er ließ das alles seine Häuptlinge besorgen, und wenn man ihn so dasitzen sah, würde man kaum geglaubt haben, daß all das thätige Leben um ihn her nur einzig und allein von ihm selber ausgegangen sei.

Um die Papalangis hatte sich indessen Niemand bekümmert, und eigentlich war es Toanonga ganz recht, daß sie sich gerade jetzt nicht am Strand befanden. Spund allein kam endlich langsam dort herauf geschlendert, und ohne sich an die geheimnißvolle Geschäftigkeit der Insulaner zu kehren oder selbst besonders auf das Schiff zu achten, das ihn doch eigentlich hätte interessiren müssen, schien er ein ganz anderes Ziel im Auge zu haben.

Feierlich schritt er auf den alten Häuptling zu, mit dem er sich in seiner Sprache schon recht gut unterhalten konnte. Wenn es auch manchmal ein wenig verkehrt herauskam, verstand doch Toanonga immer, was er eigentlich sagen wollte.

„Ah Spund," redete ihn der Häuptling freundlich an, „es ist gut, daß du gerade kommst. Ma Kino steckt wer weiß wo im Busch, und wenn Papalangis ans Land kommen, muß doch Jemand da sein, der mit ihnen spricht; Papalangis schrecklich dummes Volk! müssen erst immer zu Tonga-Inseln kommen, um die Sprache zu lernen!"

Spund ließ sich ohne Weiteres neben dem alten Häuptling nieder und sagte.

„Ja, Toanonga, Papalangis mögen in Manchem dumm sein, aber sie haben doch wenigstens den rechten Glauben."

„Glauben? Glauben haben wir auch!" sagte Toanonga. „Ich glaube, daß da drüben von dem fremden Schiff gerade jetzt ein Boot abstößt und zu uns herüber kommen wird."

Spund seufzte tief auf.

„Ach," stöhnte er, „daß du nur immer an irdische Dinge denken willst, Toanonga! Weißt du denn, was uns bevorsteht, wenn wir plötzlich sterben?"

„Sterben? wer denkt an Sterben!" lachte Toanonga. „Wenn das kommt, ist es Zeit genug, und dann gehen wir hinüber nach Bolutu[33] und werden Hotuas."

„Ja, Hotuas!" ächzte Spund, „man wird euch behotuan! Sieh, Toanonga!" setzte er dann gutmüthig hinzu, „du bist sonst ein braver Mann, und ich mag dich gern leiden, und deshalb thut es mir immer leid, wenn ich dich ansehe, und weiß, in welcher entsetzlichen Gefahr du schwebst."

„Gefahr?" sagte der alte Häuptling, und sah rasch und mißtrauisch in die Augen des Seemannes, „und was weißt du von Gefahr?"

„Ich weiß, was hier in dem Buche steht," sagte Spund, auf die Bibel zeigend, die er sorgfältig unter dem linken Arme trug. „Und daß wir einmal an einen sehr bösen Platz kommen, wenn wir uns hier nicht zum rechten Glauben bekehren."

„So?" lächelte Toanonga, vollkommen beruhigt, denn die Bekehrungsversuche des Matrosen hatten ihn bisher außerordentlich gleichgültig gelassen. Er selber versuchte übrigens nie einen der Weißen zu der Annahme seines eigenen Glaubens zu bewegen, weil er sich nicht denken konnte, daß Papalangis auf Bolutu zugelassen würden. Was hätte es ihm also geholfen, seine Zeit damit zu vergeuden? Seine augenscheinliche Gleichgültigkeit gegen die Schrecken nach dem Tode reizte den Matrosen aber nur noch mehr, ihm nachdrücklich in das Gewissen zu reden, und das Buch vor sich auf die gekreuzten Beine legend, rief er aus:

„So? du sagst ganz ruhig: so? wenn wir aber sterben, werden wir nicht mehr s o sagen; dann kommen wir an einen Ort, wo da ist Heulen und Zähneklappern und ein schreckliches Feuer, in dem wir gebrannt werden von Ewigkeit zu Ewigkeit."

„Ist das euer Glaube?" fragte Toanonga, „und kommen die Papalangis wirklich an solchen Platz?"

„Allerdings!" rief Spund, der jetzt endlich des Häuptlings Aufmerksamkeit dahin gelenkt hatte, wohin er sie haben wollte. „Wenn wir nicht fromm und gottesfürchtig auf dieser Erde leben, wenn wir nicht an Gott glauben, wenn wir sündhafte, schlechte Menschen sind und uns nicht zu dem bekennen, was in diesem Buche steht, dann erleiden wir furchtbare Strafen, Strafen, wo einem jetzt schon die Haut schaudert, wenn man nur daran denkt. Und was sagst du nun, Toanonga?"

Der alte Häuptling hatte ihm aufmerksam zugehört und nickte dabei langsam mit dem Kopfe.

„Hm, hm, hm!" sagte er dann, „d a s   i s t   s e h r   s c h l i m m   f ü r   P a p a l a n g i s !"

„Für Papalangis?" rief Spund überrascht, den diese Wendung ganz außer Fassung brachte.

Toanonga deutete aber mit ausgestreckten Armen auf die Bai, auf der das Boot der Weißen jetzt, von einem Canoe begleitet, schon heranglitt, und das Gespräch war dadurch natürlich abgebrochen.

„Verdammter, dickköpfiger Heide!" murmelte aber Spund in sehr unchristlicher Entrüstung halblaut und ärgerlich vor sich hin. „Na, daß du einmal den ganzen Weg bergunter gehst, wenn du stirbst, darauf kannst du dich doch fest verlassen."

Toanonga nahm aber nicht mehr die geringste Notiz von ihm.

Einer der Egis war wieder zu ihm getreten und hatte ihm etwas ins Ohr geflüstert, und der alte Häuptling stand auf, die Fremden zu begrüßen.

Die Leute im Boot ließen sich jetzt deutlich erkennen. Am Steuer saß ein Europäer, die vier Rudernden waren aber sogenannte Kanakas, Eingeborene der Sandwichs-Inseln, die jedoch mit den Riemen ganz vortrefflich umzugehen wußten. Einige der Insulaner liefen ihnen entgegen, und halfen ihnen das Boot auf den Corallensand ziehen, während sie mit den Fremden ihre Begrüßungen wechselten. Die Sandwichs-Insulaner haben jedoch eine von den Tonga's sehr verschiedene Sprache, und die Indianer konnten sich nicht unter einander verständigen, während der Fremde die Tonga-Sprache vollkommen gut und fließend redete.

Es war eine breitschulterige, kräftige und ächte Seemanns-Gestalt, die den Engländer nicht verläugnen konnte, mit blauen, klaren Augen, wettergebräunten Zügen und festgelocktem hellbraunem Haar. Er ging auch ohne Weiteres auf Toanonga, den er bald als den How der Insel erkannt hatte, zu, schüttelte ihm die Hand und redete ihn mit dem üblichen Gruße der Insel an. Auf Spund, der mit der Bibel unter dem Arm nicht weit davon stand, warf er nur einen flüchtigen und wie überraschten Blick – denn der Bursche sah in seiner halb indianischen halb Matrosen-Tracht, mit dem dicken Buch unterm Arm und dem gar nicht recht dazu passenden breiten Gesicht, komisch genug aus. Er nickte ihm aber nur zu und achtete weiter nicht auf ihn. Hatte er doch lange genug die verschiedenen Inselgruppen besucht, um daran gewohnt zu sein, Missionare und weggelaufene Matrosen auf ihnen zu finden, wenn er auch nicht gleich wußte, zu welcher der beiden so verschiedenen Classen der Weiße hier gehören mochte.

Seine Absicht war, wie er Toanonga gleich von vorn herein erklärte, Alles von Cocosnußöl, was auf der Insel vorräthig sei, aufzukaufen und dafür Waaren, wie sie die Insulaner gerade gebrauchten, einzutauschen.

Toanonga hörte ihm aufmerksam zu und sagte ihm dann, daß er die nöthigen Befehle dazu geben werde. Damit ließ er den Fremden stehen und wandte sich seinen eigenen Leuten wieder zu, wo bald einer der jungen Bursche, der mit dem Canoe draußen an Bord des Fahrzeugs gewesen war, an seine Seite glitt.

„Nu, Tibi–ano," sagte da der Alte, als er weit genug von

dem Fremden entfernt war, um nicht von ihm gehört zu werden, „wie viel Weiße sind draußen auf dem großen Canoe?"

„Noch fünf, Toanonga;" lautete die Antwort, „außer dem hier und noch drei Kanakas. Der hier Capitain."

„Ah, vortrefflich!" nickte Toanonga, „sehr gut das! und haben sie Kanonen?"

„Zwei; nicht sehr große."

Der alte Häuptling schmunzelte vergnügt vor sich hin, und warf dabei vorsichtig den Blick umher, sich zu überzeugen, ob seine Anordnungen ausgeführt würden. Neben dem Schiffsboot standen zwei der Egis und sechs oder acht andere Insulaner, während die Kanakas, von einem der Monui-Leute geführt, zu einer kleinen Gruppe von Cocospalmen gegangen waren, dort eine Anzahl Nüsse herunter zu werfen. Der Capitain des Schooners stand neben Spund, der ihm gerade Bericht über den Untergang der *Lucy Walker* abstattete.

Eben jetzt kam Mac Kringo aus dem nächsten Pandanus-Dickicht und ging auf den Capitain zu. Zu seinem Erstaunen sah er aber, daß nicht allein eine Menge Indianer bewaffnet waren, sondern ein Theil von ihnen sogar im Dickicht versteckt blieb. Mit den Sitten der Insulaner bekannt, zweifelte er keinen Augenblick daran, daß sie irgend etwas Böses gegen die Fremden beabsichtigen, und je eher er deshalb den Bedrohten warnen konnte, desto besser.

Der Fremde war indessen mit Spund in ziemlich lebhaftem Gespräch schräg an der Corallenbank hinausgeschritten. Toanonga hatte ihm eben gewinkt, zu ihm zu kommen. Dort aber, wo der Corallensand aufhörte und der

Fruchtboden begann, stand ein kleiner Streifen von Casuarinen mit ein paar Pandanus-Bäumen und einem Unterwuchs von einzelnen niederen Büschen. Im Schatten derselben lagen etwa acht oder neun Insulaner. So wie jedoch der Capitain an ihnen vorüberschritt und hinter dem kleinen Buschstreifen vom Bord seines eigenen Schiffes aus nicht mehr gesehen werden konnte, sprangen diese plötzlich empor und warfen sich auf ihn.

Überrascht wie er war, gelang es dabei Zweien, sich seines linken Armes zu bemächtigen, aber sicher zu ihrem Schaden, denn mit dem rechten schlug er sie mit zwei rasch geführten Stößen, auch schon im nächsten Augenblick bewußtlos zu Boden. Die Überzahl war jedoch zu groß; ehe er sich gegen die Anderen wenden konnte, hingen diese überall um ihn her, und trotz seinem wüthenden Sträuben fand er sich bald gebunden und in der Gewalt der Feinde.

Spund war ein höchst überraschter Zeuge des Ganzen gewesen, und Alles so schnell gekommen, daß er wirklich gar nicht einmal daran dachte, dem Landsmann beizustehen.

Mac Kringo, der ebenfalls in der Nähe war, hatte allerdings etwas Ähnliches gefürchtet, aber er übersah auch mit einem Blick, daß sie hier mit Gewalt gegen die Übermacht der Eingeborenen nichts ausrichten konnten und verhielt sich deshalb gleichfalls ganz ruhig.

„Hallo, ihr Halunken!" schrie dabei der Engländer in der Tonga-Sprache, „ist das eure Gastfreundschaft, mit der ihr einen Fremden bewillkommt, und ihm vorher euer verrätherisches *chio do fa* entgegen ruft? und ihr da," wandte er sich gegen die Weißen, als er Mac Kringo gerade erblickte, „z w e i Engländer und lassen mich hier von den verdammten Rothfellen mißhandeln? Ihr seid schöne

Canaillen! hätte ich nur E i n e n von meinen weißen Leuten hier an Land, ein ganzes Schock dieser braunen Schufte wäre mir nicht zu nahe gekommen."

Die Kanakas hatten allerdings ihrem Capitain im Anfang zu Hülfe springen wollen, da sie aber von allen Seiten kriegerische und bewehrte Gestalten auftauchen sahen, wichen sie scheu zurück, es ihrem Führer überlassend, sich allein aus dieser Verlegenheit heraus zu arbeiten.

Vollkommen ruhig bei diesem plötzlich hereingebrochenen Kampfe war Toanonga geblieben, der nun erst, als er den Weißen gebunden und unschädlich gemacht sah, zu ihm trat.

„Ist das die Freundschaft, die du mir durch dein Canoe hast anbieten lassen, wortbrüchiger Häuptling?" rief ihm der gereizte Engländer entgegen.

„Ruhig, mein Freund!" suchte ihn indessen Toanonga zu beschwichtigen. „Du bist jetzt in unserer Gewalt, und es ist außerordentlich leichtsinnig von dir, durch nutzloses Schimpfen einen mächtigeren Feind zu reizen. Wenn wir dir hätten ein Leids zufügen wollen, so brauchten wir dir nur den Schädel einzuschlagen, und die Sache wäre abgemacht gewesen. Wenn du dich aber ruhig verhältst und das thust, was wir von dir verlangen, so hast du nicht allein für dich oder die Deinen nichts zu fürchten, sondern kannst auch nach einiger Zeit deine Reise ungehindert fortsetzen."

„Und was verlangst du von mir?" fragte der Fremde. „Wenn es etwas ist, das ich erfüllen kann, wär' es doch wohl vernünftiger gewesen, mich auf andere Weise darum zu fragen, als so über mich herzufallen!"

„Daß du es erfüllen k a n n s t, wußte ich vorher,"

erwiderte vorsichtig Toanonga, „nur darauf kam es an, ob du es erfüllen w o l l t e s t , und ich hielt es deshalb für besser, mir eben diesen guten Willen vorher zu sichern."

„Eine verdammt schöne Art!" fluchte der Capitain, „wenn du dich nur nicht darin geirrt hast!"

„Ich glaube kaum," sagte vollkommen gleichmüthig der Häuptling. „Wie heißest du?"

„Jacobs," brummte der Fremde verdrießlich.

„Und dein Schiff?"

„Bonito."

„Sehr gut. Nun sieh, wir brauchen hier auf Monui dein Schiff und deine Kanonen, um nach Hapai hinüber zu fahren, und die Häuptlinge zu züchtigen, die ihre Verbindlichkeiten gegen uns nicht erfüllt haben."

„Mein Schiff!" schrie Jacobs wild emporzuckend, „den Teufel auch! das brauche ich selber! und wenn ihr das haben wollt, so holt es Euch draußen; seid aber versichert, daß euch mein Steuermann auf eine Art empfängt, die euch nicht behagen wird."

„Das habe ich mir etwa gedacht," lachte der Alte, „und dich hier festgehalten, um uns die Mühe zu ersparen. Du bist in unserer Gewalt, wie du recht gut weißt, und meine Egis haben beschlossen, dir das Leben zu nehmen, wenn du nicht nach unserem Willen thust. Fügst du dich aber in das, was du doch nicht mehr verhindern kannst, so verspreche ich dir, daß wir dein Schiff allerdings jetzt nehmen und deine Kanonen gebrauchen werden, daß du es aber wieder bekommen sollst, wenn wir in Hapai gesiegt haben."

„Der Teufel trau' euch!" rief Jacobs, „und im allergünstigsten Falle hätte ich ein paar Monate von meiner besten Zeit verloren. Nein! Thut mit mir, was ihr wollt, aber das Schiff bekommt ihr nicht. Und darauf verlaßt euch, daß mein Bruder, der Steuermann an Bord des Bonito ist, blutige Rache nehmen wird, wenn ihr mir ein Leides thut."

„Sei vernünftig, Freund! Was kann er uns zufügen?" sagte Toanonga, „er muß froh sein, wenn er unseren Canoes entgeht. Du hast nur noch fünf weiße Männer an Bord, und der Wind draußen wird schon schwächer. Wenn wir noch ein paar Stunden warten und rudern dann hinaus, so könnt ihr nicht einmal fort, und dann ist das Schiff unser, und du bekommst nie etwas davon wieder."

Jacobs wollte heftig darauf erwidern, Mac Kringo aber, der indessen hinzugetreten war, blinzelte ihm heimlich zu und sagte dann zu dem Alten:

„Laß mich mit ihm reden, Toanonga; er wird Vernunft annehmen, wenn er einsieht, daß er doch nichts daran ändern kann."

Toanonga sah den Schotten etwas überrascht an, denn er hatte sein Kommen gar nicht bemerkt und mochte ihm auch vielleicht nicht so ganz trauen. Da er die Fremden aber ganz in seiner Gewalt wußte, schien er dem Vorschlage nach einiger Überlegung beizustimmen.

„Gut, Ma Kino," sagte er, „sprich du mit ihm."

„Und was willst du, daß er thun soll?" fragte der Schotte.

„Er soll hinausschicken und die anderen weißen Männer an Land rufen. Er mag ihnen sagen lassen, daß sie Messer und Tabak mitbringen, um dafür Cocosöl einzutauschen!"

„Daß ich ein Esel wäre!" rief Jacobs. „Ich soll mir selber die Hände binden, nicht wahr?"

„Seid ihr der Capitain des Schooners?" fragte ihn der Schotte in englischer Sprache.

„Ja wohl, der bin ich. Waret ihr mit auf der *Lucy Walker*?"

„Ja. – Wie viel Weiße habt ihr noch am Bord, auf die ihr euch fest verlassen könnt?"

„Fünf, mit dem Steuermann."

„Den Steuermann können wir nicht rechnen," sagte der Schotte, „der muß an Bord bleiben. Wissen die anderen Vier mit Gewehren umzugehen?"

„Vortrefflich. Drei sind Franzosen von Taiti, und der Vierte ist ein Deutscher. Aber glaubt ihr wirklich, daß die Rothfelle ihre Drohung ausführen würden?"

„Ich fürchte fast, ja. Sie sind sonst gutmüthig und friedlich genug, aber jetzt gerade zu einem Kriege gerüstet, und ich möchte euch nicht rathen, sie zum Äußersten zu treiben."

„Aber wenn ich das Boot ans Ufer kommen lasse, bin ich verloren, denn sobald sie ihre Canoes hinausschicken, kann mein Steuermann mit den paar Kanakas das Fahrzeug nicht allein halten.

„Habt ihr Musketen an Bord?"

„Gewiß."

Mac Kringo schwieg eine Weile und sah nachdenkend vor sich nieder. Toanonga aber, der ein paar Schritte davon entfernt mit einem Häuptling sprach, wurde schon

162

ungeduldig und drehte sich nach ihnen um.

„So wie so ist es eine verzweifelte Geschichte," sagte da der Schotte. „Gebt ihr euch ihnen nicht gutwillig, so brauchen sie Gewalt, und euer eigenes Leben ist dann in ihren Händen. Mit so schwacher Besatzung hättet ihr nicht so leicht an Land kommen sollen. Trotzdem ist es doch am Ende noch möglich, sie anzuführen, wenn ihr euch verpflichten wollt, uns Europäer von dieser Insel mit fortzunehmen."

„Wie viel seid Ihr?"

„Sechs; und so tüchtige Matrosen, wie ihr euch wünschen könnt."

„Aber hier stehen wenigstens sechszig bewaffnete Insulaner um uns her."

„Deshalb müssen wir euere vier Leute noch vom Boot zu Hülfe haben."

„Und dann sollen wir uns mit Gewalt durchschlagen?"

„Wir müssen es versuchen! Ich weiß wenigstens keine andere Möglichkeit, euch zu helfen."

„Und wer bürgt mir dafür, Freund, daß i h r es ehrlich mit mir meint?" sagte Jacobs. „Ihr habt mich hier ohne Warnung den Rothfellen in die Hände laufen lassen, und wie kann ich wissen, ob ihr nicht mit ihnen unter Einer Decke steckt!"

„Das Mißtrauen muß ich euch allerdings zu Gute halten," sagte Mac Kringo, „und wenn ihr meinem ehrlichen Gesicht nicht glaubt, habe ich keine weitere Bürgschaft für euch, als die Versicherung, daß uns allen, oder wenigstens Fünfen von uns, der Boden hier unter den Füßen brennt, und wir Gott danken wollen, wenn wir die Insel im Rücken haben. Jetzt thut was ihr wollt; wenn ihr einen anderen Rath wißt, euch zu helfen, so ist es mir lieb, wo nicht, so sagt mir euere Meinung bald, denn wie ich sehe, fängt der Alte da hinten an, die Geduld zu verlieren."

„Ihr habt Recht," sagte Jacobs nach kurzer Pause, „es ist das die einzige Rettung. Im allerschlimmsten Falle kann dann mein Bruder, der Steuermann, doch am Ende noch mit den paar Kanakas und dem Fahrzeug entkommen, sobald er merkt, daß für uns Alles verloren ist. Aber auf welche Art kann ich ihm Kunde schicken? Wenn die Insulaner wenigstens meine Leute zurückrudern ließen!"

„Ich glaube schwerlich, daß Toanonga das zugiebt," sagte der Schotte, „denn der günstige Erfolg seiner ganzen List beruht nur darauf, daß die am Bord keinen Verdacht schöpfen. Aber da kommt er selber, jetzt wollen wir gleich hören, wie er sich die Sache weiter ausgedacht hat."

Toanonga war wirklich ungeduldig geworden, denn da er sich nun einmal mit dem Gedanken vertraut gemacht hatte, das Schiff den Fremden wegzunehmen und zu seinen eigenen Zwecken zu verwenden, erschien es ihm höchst rücksichtslos von dem Papalangi, daß er ihn auch noch so lange darauf warten ließ.

„Nun mach rasch, Ma Kino," sagte er, als er zu ihm trat, „meine Leute wollen nicht länger warten, und wir haben auch keine Zeit zu verlieren, denn der Tag vergeht. Was sagt der Papalangi?"

„Er fügt sich deinem Willen," erwiderte der Schotte; „wenn ihr keinem von ihnen ein Leides thun und ihnen das Fahrzeug, sobald ihr es gebraucht habt, zurückgeben wollt."

„Nun versteht sich, versteht sich," erwiderte der Alte, ungeduldig mit dem Kopfe schüttelnd.

„Aber der Steuermann hat Antheil an dem Fahrzeug," fuhr Mac Kringo fort, „und wird es nicht gutwillig hergeben wollen."

„Nicht gutwillig hergeben wollen?" lachte Toanonga, „wenn wir die Weißen erst an Land haben, brauchen wir ihn nicht lange zu fragen."

„Aber wie willst du die an Land bekommen, Toanonga?" fragte der Schotte. „Wer soll hinüberfahren, sie zu holen? Denn eine Flagge haben wir nicht hier, ihnen ein Zeichen damit zu geben."

„Du hast Recht," sagte Toanonga, und sah sinnend vor

sich nieder. Den Papalangi selber durfte er nicht schicken, der wäre natürlich nicht wieder gekommen, und die Kanakas durfte er auch nicht hinüber lassen, da die ja Zeuge des Überfalls ihres Capitains gewesen waren.

Mac Kringo, wie einem der anderen Weißen auf der Insel traute er ebenfalls nicht, und das Einzige blieb, daß er ein paar von seinen eigenen Leuten hinüber rudern ließ. Dabei konnte er sich aber nicht verhehlen, daß die Fremden kaum einem Befehl Folge leisten würden, der ihnen von den Eingeborenen einer fremden Insel gebracht wurde. Ein paar Mal kam ihm freilich der Gedanke, ohne Weiteres mit seinem Canoe hinauszufahren und den Schooner, der doch nicht ohne seinen Capitain absegeln konnte, zu entern; aber er fürchtete die Kanonen und durfte seine kriegsfähigen, jungen Leute, gerade im Begriff, einen Kriegszug zu unternehmen, nicht also gefährden; so lange er deshalb hoffen durfte, seinen Plan mit List durchzusetzen, wollte er jede Gewaltthat gern vermeiden.

„Spricht jemand bei euch an Bord die Tonga-Sprache?" fragte da Mac Kringo, während der Alte noch mit sich zu Rathe ging, den fremden Capitain in englischer Sprache.

„Nein, kein Mensch," sagte dieser.

„Desto besser," nickte der Schotte und fuhr dann, zu Toanonga gewendet, fort: „Darf ich dir einen Vorschlag machen, die Leute an Bord das wissen zu lassen, was du willst?"

„Allerdings, sehr gern!" rief der Alte, dem damit ein großer Gefallen geschehen wäre.

„Nun gut, so schicke Spund mit zwei Tongaleuten hinüber."

166

„Spund?" fragte Toanonga, und schüttelte bedenklich mit dem Kopf.

„Spund ist eine gute, ehrliche Haut," beruhigte ihn der Schotte, „und wenn du dem drohest, du würdest ihm den Schädel einschlagen, sowie er das Geringste verriethe, warnte er seinen eigenen Vater nicht. Außerdem braucht er gar nichts zu bestellen, denn du weißt, daß die Papalangis die Kunst verstehen, auf ein weißes Stück Zeug Zeichen zu malen, die einem Anderen sagen, was er wissen soll."

„Da kann der Fremde aber darauf setzen, was er will!"

„Er mag es in der Tonga-Sprache thun, und du kannst dich dann selber überzeugen, daß er nichts sagt, als was du von ihm verlangst."

Toanonga begriff noch nicht recht, wie das Ganze gemeint sei. Auf Spund glaubte er sich übrigens am ersten verlassen zu können, und wollte jetzt wenigstens sehen, was die Fremden im Sinne hätten. Er gab auch des Gefangenen Hände frei, und dieser ging rasch auf Mac Kringo's Plan ein, nahm seine Brieftafel aus der Tasche, riß ein Blatt heraus und schrieb darauf in der Tonga-Sprache: Schicke mir augenblicklich die vier Papalangis herüber und laß sie Messer und Tabak mitbringen; darunter aber setzte er in Englisch nur die Worte: Verrath! schicke die vier Matrosen gut bewaffnet!

Toanonga hatte neben ihm gestanden und ihm aufmerksam zugesehen, war aber sehr erstaunt, daß der Fremde so rasch damit fertig wurde.

„Und da sollen sie jetzt wissen, was das bedeutet?" fragte er lachend. „Nun wartet, das wollen wir gleich erfahren. Geh' einmal weg, Ma Kino, der Fremde soll mir allein sagen,

167

was er darauf gemalt hat."

Der Schotte trat zurück, und Jacobs las Toanonga die im Tonga-Dialekt geschriebenen Worte langsam vor. Darauf ging der Häuptling mit dem Zettel zu Mac Kringo, und war aufs Äußerste erstaunt, als dieser ihm jede Silbe genau wiederholte, wobei sich dieser jedoch wohl hütete, das Englische mitzulesen. Toanonga traute aber noch immer nicht; denn die Beiden konnten sich auch über diese Worte vorher verständigt haben. Er ging also wieder zu Jacobs zurück und flüsterte ihm zu, die beiden Worte M o n u i und T o a n o n g a aufzuzeichnen. Davon konnte Mac Kringo jetzt nichts wissen, als er aber diesem das Blatt zeigte, und der die Worte ohne Schwierigkeit ablas, kannte sein Erstaunen keine Gränzen. Besonders konnte er sich gar nicht denken, daß er Monui gleich erkannt habe, da die fünf sehr auffälligen Bergspitzen der Insel gar nicht darin zu unterscheiden waren.

Er machte den Versuch auch noch mit ein paar andern Worten, und würde sich wahrscheinlich den ganzen Tag damit unterhalten haben, hätte die Zeit nicht gedrängt. Von dem also abgefaßten Briefe versprach er sich aber einen außerordentlichen Erfolg, nahm Spund zur Seite und flüsterte lange und heimlich mit ihm. Spund schien auch mit Allem einverstanden und nickte in Einem fort mit dem Kopfe. Die beiden Insulaner, die vorher mit dem Canoe an Bord gewesen waren, wurden dann in dem Boot der Weißen mit Spund abgeschickt, und dieser würdige Mann war jetzt nur in Verlegenheit, wohin er mit seinem Buche indessen sollte. An Land durfte er es nicht lassen; denn die Eingeborenen, die es sich einmal in den Kopf gesetzt, daß es Beschwörungen und Zauberformeln enthalte, hatten ihm schon eine Menge Blätter herausgerissen, wo sie deren nur habhaft werden konnten. Mac Kringo wollte er es auch nicht anvertrauen, und beschloß deshalb, es lieber mitzunehmen.

Der Schotte stand mit vorn am Bug, als sie das auf den Corallensand gezogene Boot wieder in tiefes Wasser schoben. Wie Spund aber bei ihm vorbei an Bord stieg, flüsterte er ihm zu. „Bringe Hülfe, oder wir sind verloren!"

„Ja, aber!" rief Spund ganz verblüfft, da er der erhaltenen Befehle Toanongas gedachte. Mac Kringo ließ sich jedoch auf keine weitere Erklärung ein, im nächsten Augenblick war das Boot flott, und die beiden Indianer ruderten es rasch dem Eingang der Bai entgegen.

5.

Mac Kringo war jetzt mit seinem Plan im Reinen; die Kameraden durften keinen Fluchtversuch im Canoe machen, so lange noch der Capitain des Schooners am Ufer gefangen gehalten wurde. Ihre einzige Rettung lag im Gegentheil darin, daß sie mit der Verstärkung vom Schooner, die jedenfalls Gewehre mitbrachte, ihre eigene Schaar herbeizogen, und dann den Indianern weit eher die Spitze bieten konnten. Langsam ging er deshalb auf die, seinen Schiffsgenossen schon im Voraus bezeichnete Corallenbank hinaus, blieb dort einen Augenblick stehen, und kehrte dann zum Ufer zurück. Er wußte jetzt, daß er die Kameraden bald in der Nähe hatte, und gelang es ihnen dann, sich bei dem Boote zusammen zu drängen und dieses in Besitz zu nehmen, so durften sie hoffen, ihre Flucht glücklich zu bewerkstelligen.

Allerdings waren alle in der Nähe wohnenden Indianer an der Landung versammelt, da Toanonga seine Leute zusammen halten wollte, um die vier Matrosen in Empfang zu nehmen. Gelang es ihnen jedoch, das Boot zu besetzen, so hatten sie dadurch auch wieder den Vortheil, daß die Indianer die wohl eine Viertelstunde entfernt liegenden Canoes nicht so rasch erreichen konnten und ihnen einen tüchtigen Vorsprung lassen mußten. In dem Bewußtsein freilich, daß sich jetzt der entscheidende Augenblick näherte, und daß ihnen entweder Freiheit winkte, oder im Falle des Mißlingens die größte Gefahr von den gereizten Eingeborenen drohe, schlug ihm das Herz stürmisch und ängstlich in der Brust. Die Minuten dehnten sich ihm zu Stunden aus, und in der Unruhe, in der er sich befand, schritt er den Büschen zu, vielleicht einem der Kameraden zu begegnen und ihm Vorsicht zu empfehlen.

Dort kam er an Toanonga's Haus vorbei, und wenn die Eingebornen auch eines Häuptlings Wohnung nicht betreten dürfen, besonders wenn sich die Frauen darin aufhalten, ohne von ihnen dazu aufgefordert zu sein, hatte man es mit ihm, der als ein Häuptling der Weißen und als ein Fremdling betrachtet wurde, nie so genau genommen. Im Gegentheil war er von Anfang an den Frauen stets willkommen gewesen, da er, der Sprache mächtig, ihnen viel vom Lande und von den Frauen der Papalangis erzählen konnte. So trat er auch jetzt einen Augenblick hinein, um die ihm nachschauenden Indianer glauben zu machen, er schlendre nur wie gewöhnlich absichtslos in der Nachbarschaft umher.

Hatte er sich aber wirklich dort nur ein paar Minuten aufhalten wollen, so änderte er bald seinen Plan; denn seinem scharfen in dem inneren Raum umhergeworfenen Blick entgingen nicht die in einer Ecke lehnenden sechs oder acht Musketen, die hier jedenfalls zu plötzlichem Gebrauch bereit gelegt schienen. Den Frauen kam er dabei sehr

170

erwünscht, denn diese brannten vor Neugierde, etwas Näheres über das zu hören, was außen vorging. Etwas Außergewöhnliches war jedenfalls im Werke, darüber konnten sie sich nicht täuschen, wären die Gewehre auch nicht hervorgeholt worden. Toanonga hatte ihnen jedoch nicht eine Silbe davon erzählen wollen, und Niemanden sahen sie deshalb jetzt gerade lieber als Mac Kringo.

Aber von dem Schotten bekamen sie im Anfang nur verworrene und unzusammenhängende Antworten; denn in dessen Kopfe bildete sich ein neuer Plan, ob er sich mit den Kameraden nicht vielleicht dieser Gewehre bemächtigen könnte. Nirgends aber entdeckte er die dazu gehörige Munition, und mißlang der Versuch, so waren sie alle verloren. Trotzdem gelang es ihm aber doch vielleicht, die Waffen wenigstens für die Insulaner unbrauchbar zu machen, und darüber mit sich im Reinen, begann er plötzlich eine lebendige Erzählung. Er beschrieb den Frauen, wie sie nun bald in Besitz eines großen Schiffes mit Kanonen sein würden, mit dem sie nach <u>Hapai</u> hinüberfahren und die dortigen Insulaner züchtigen könnten. Dabei schilderte er mit lebhaften Gestikulationen ihre Landung dort und ihren Angriff, und erfaßte dazu, um das anschaulicher zu machen, eines der Gewehre. Die Frauen, die den Knall dieser für sie furchtbaren Waffen kannten, wandten erschreckt die Köpfe und baten ihn, die Muskete hinzulegen. Mac Kringo that das, aber nicht ohne vorher den Stein aus dem Schlosse entfernt zu haben, den er geschickt in seine eigene Tasche schob. Immer aufs Neue kam er dabei auf den Angriff zurück, bis er von sämmtlichen Gewehren die Steine entfernt hatte. Die Frauen aber schöpften natürlich keinen Verdacht, denn sie konnten nicht wissen, daß der Papalangi in solcher Schnelligkeit und vor ihren Augen im Stande sein sollte, die Waffen vollständig unbrauchbar zu machen.

Darüber war wohl eine halbe Stunde vergangen, und der Schotte sah jetzt durch die offenen Bambusstäbe der Hütte, daß Jonas draußen angekommen und von Toanonga gesehen war. Das Boot mußte auch den dicht vor der Einfahrt kreuzenden Schooner schon erreicht haben, und es drängte ihn, zu wissen, ob die übrigen Kameraden in der Nähe und seines Rufs gewärtig seien.

Sein erster Blick, so wie er ins Freie trat, war nach dem Schiffe hinüber. Dieses hatte eben gewendet und hielt von den Riffen ab, denn der Wind war so schwach geworden, daß die Mannschaft an Bord nicht mit Unrecht fürchten mochte, auf die Corallen getrieben zu werden. Aber das Boot war schon auf dem Rückweg, und die nächste halbe Stunde brachte ihnen entweder Hülfe oder sah sie schlimmer in Gefangenschaft als je.

Toanonga schien indeß gar nicht mit der Ankunft des andern Weißen einverstanden, ging auch ohne weitere Umstände auf Jonas zu und fragte ihn, was er da schon wieder wolle.

„Was ich da will?" entgegnete dieser etwas verblüfft, „Tabak, bei Gott, wenn das Boot landet, denn ich denke, es ist lange genug, daß wir keinen gesehen haben."

„Gut, Freund," entgegnete Toanonga ruhig, „du sollst Tabak haben, jetzt aber geh hin, wo du hergekommen bist, und laß dich nicht eher wieder hier sehen, als bis ich dich rufe."

„Aber ..." sagte der Matrose, der jetzt nicht wußte, ob er dem erhaltenen Befehle folgen solle oder nicht. Der alte Häuptling ließ ihn jedoch gar nicht ausreden.

„Hast du gehört, was ich mit dir gesprochen?" fragte er,

und zwar viel ernster, als er ihn noch je gesehen. „Komm her, Ma Kino, schicke mir den Zimmermann einmal fort; ich habe gesagt, er soll weggehen, und ich will ihn hier nicht länger sehen."

Mac Kringo war, schon nichts Gutes ahnend, herangetreten. Wollten sie sich aber jetzt schon dem Befehl widersetzen, so mußte er fürchten, daß ihr ganzer Plan scheitern würde. Unter einer Viertelstunde konnte das Boot nämlich nicht heran sein, und bis dahin würden die Eingeborenen sie leicht bewältigt haben.

„Komm, Jonas," sagte er deshalb zu dem Kameraden, „geh zurück in den Busch, es hilft jetzt nichts, wir müssen ihm gehorchen – aber nicht zu weit fort. Wo sind die Anderen?"

„Nicht hundert Schritte von hier, wo da drüben die rothen Blumen stehen."

„Desto besser, in einer Viertelstunde kann das Boot da sein; so wie ihr mich aber Hülfe schreien hört, kommt herbei, so rasch euch eure Füße tragen."

Jonas ging fort. Toanonga hatte jedoch ihrem Gespräch mit unruhigem Blicke gelauscht. Es gefiel ihm nicht, daß sich die Beiden jetzt gerade in ihrer Sprache so lange unterhielten, und natürlich wäre es ihm sehr unbequem gewesen, Leute in der Nähe zu haben, die am Ende den andern Weißen hätten beistehen können. Übrigens ließ er sich gegen Mac Kringo nichts merken, nahm eine junge neben ihm am Boden liegende Cocosnuß auf und sagte zu dem Schotten. „Hast du ein Messer bei dir?"

„Ja wohl," erwiderte rasch dieser, dem daran lag, Toanonga nicht auch gegen sich mißtrauisch zu machen. „Soll ich sie dir öffnen?"

„Laß nur sein," erwiderte der Alte, „ich thue es selber."
Damit nahm er das Messer und stach ein Stück aus der
weichen Schale der Nuß heraus, trank den Saft und warf die
Schale bei Seite. Mac Kringo streckte die Hand aus, das
Messer wieder zurück zu empfangen, Toanonga aber schob
es mit vollkommener Gemüthsruhe in sein eigenes
Lendentuch und sagte:

„Warte noch ein wenig, Ma Kino, du brauchst es doch
jetzt nicht, nachher sollst du es wieder bekommen. Sieh, das
Boot ist schon beinahe am Ufer, und unsere Freunde werden
gleich da sein."

Der Schotte biß die Zähne auf einander vor Wuth, von der
alten Rothhaut auf eine solche Art um seine einzige Waffe
gebracht zu sein. Im ersten Augenblick hatte er auch nicht
übel Lust, auf ihn zu springen und es ihm mit Gewalt zu
entreißen. Gerade jetzt aber kamen vier der Egis an ihm
vorbei und gingen nach der Landung hinunter, während
sich von den übrigen Seiten die Insulaner ebenfalls
herbeizogen, die ankommenden Weißen gleich in Empfang
zu nehmen. Wenn er sich nun doch mit den Kameraden in
die Hütte warf und die dort liegenden Gewehre aufgriff – es
war das vielleicht die letzte Hülfe, und in dem ersten
panischen Schrecken der Eingeborenen durfte er hoffen, das
rasch herbeischießende Boot zu erreichen. Aber auch zu
jenen Waffen war ihm der Weg abgeschnitten, denn eine
Anzahl dunkler Krieger sammelte sich eben vor dem
Eingang der Hütte.

Da sah er, wie Toanonga langsam auf den Capitain des
Schooners zuschritt und neben ihm stehen blieb, und in der
Todesangst, seinen ganzen Plan gescheitert zu sehen, griff er
zu dem letzten verzweifelten Mittel. Er schritt auf die Beiden
zu und fragte den Engländer mit vor innerer Aufregung
bebender Stimme, ob er keine Wehr, kein Messer, kein Pistol

bei sich habe.

„Nichts," sagte dieser, „als meine Hände; ich habe keine Gefahr gefürchtet, und als ich vom Bord ging, nur mein kleines Taschen-Teleskop eingesteckt."

„Bei Gott, das thuts!" lachte Mac Kringo wild vor sich hin. „Zieht es heimlich in der Tasche aus, fasst dann den Alten, haltet es ihm vor den Kopf, und droht ihm, daß ihr ihn über den Haufen schießen wollt, so wie er sich rührt."

„Mit dem Teleskop?" fragte der Capitain überrascht.

„Was wissen die von einem Teleskop?" rief Mac Kringo, „sie sehen das blitzende Metall und halten das – aber wir versäumen die Zeit, es ist kein Augenblick mehr zu verlieren."

Toanonga hatte den Schotten, während er sprach, aufmerksam betrachtet, als ob er den Sinn der ihm fremden Worte errathen wolle. Das Boot war aber kaum noch hundert Schritte vom Ufer entfernt, und die rudernden Matrosen hatten in diesem Augenblicke ihre Riemen eingeworfen, weil sie wahrscheinlich nicht näher an die vielen Eingeborenen fahren wollten.

Toanonga wandte sich, dort hinunter zu gehen, als er plötzlich die Hand des Fremden auf seiner Schulter fühlte. Erstaunt drehte er den Kopf nach ihm um, stieß aber ein überraschtes und erschrecktes *Oiau!* aus, als er plötzlich vor seinen Augen das unbekannte drohende Instrument erblickte.

„Rühre dich, und du bist des Todes!" schrie dabei der Engländer, und „Hülfe! Hülfe!" tönte Mac Kringo's gellende Stimme über den Platz.

Die ihm nächsten Insulaner wollten herzuspringen, ihrem Häuptling beizustehen. Mit ausgebreiteten Armen warf sich ihnen aber Mac Kringo entgegen und rief. „Halt! halt! um Toanonga's willen, er bringt ihn um, so wie ihr euch ihm naht!"

„Hurrah, Jungen! Hurrah!" tönte in diesem Augenblicke Legs' Jubelruf durch den Lärm, „hier sind die Burschen! Nieder mit den Rothfellen!"

Überrascht wandten die Insulaner dorthin den Kopf, als vom Wasser her schnell hinter einander zwei Schüsse fielen und die Kugeln dicht über ihnen in die Stämme der Palmen schlugen. Jacobs stieß zugleich einen scharfen, eigenthümlichen Schrei aus, ein Zeichen für seine Leute, und während die beiden Tonga-Insulaner, die mit im Boot waren, erschreckt über Bord sprangen und dem Lande zu schwammen, griffen zwei der Leute wieder zu den Rudern, und die andern Beiden stießen Patronen in ihre abgeschossenen Gewehre nieder.

Mac Kringo war aber indessen auch nicht müßig gewesen. Mit raschem Griff hatte er sich wieder in den Besitz seines Messers gesetzt, und sein scharfer Pfiff zeigte den Gefährten die Stelle, auf der er sich befand. Panischer Schrecken schien indessen die Insulaner erfaßt zu haben, die mit dem bedrohten How vor sich und den Feinden an beiden Seiten nicht wußten, welcher Gefahr sie zuerst begegnen sollten.

„Nach dem Boot! Nach dem Boot!" rief Mac Kringo, der recht gut fühlte, daß sie diesen ersten Moment der Bestürzung benutzen mußten, und mit der Rechten Toanonga's Arm ergreifend, während er in der linken das gezückte Messer hielt, folgte Jacobs an der andern Seite seinem Beispiel. Dieser hielt aber sein Teleskop noch immer drohend vor, in dessen blitzender Nähe der erschreckte

176

Häuptling sein Leben aufs Äußerste gefährdet glaubte.

Auch die am Ufer postirten Indianer hatten bestürzt Raum gegeben, da sie nur unbewaffnete Weiße zu empfangen gedachten, keineswegs aber darauf vorbereitet waren, den auf sie gerichteten Gewehren zu begegnen. Das Boot berührte in diesem Augenblick den Strand, und Spund, der nur ein halb freiwilliger Theilnehmer des Angriffs gewesen war, sprang in demselben Moment ans Land, als Legs mit Jonas, Pfeife und Lemon durch die Schaar der am Ufer gedrängten Männer und Frauen hindurchbrach, den sicheren Bord zu erreichen. Rechts und links theilten sie dabei Keulenschläge aus, und Jonas, Pfeife und Lemon erfaßten schon den Rand des Bootes und schwangen sich hinein, als zwei der Frauen sich plötzlich und rücksichtslos auf Legs warfen und ihn schreiend zurückhielten.

„Du bist unser, du darfst nicht fort!" schrien sie dabei, und eine ergriff die kurze Kriegskeule, die er geführt, und riß sie ihm aus den Händen, während sich die andere an seinen Hals hängte und laute Wehklagen dabei ausstieß.

Mac Kringo und Jacobs hatten indeß den ihnen Schutz gebenden Häuptling bis fast zum Boote geschleppt. Jetzt aber brach auch die Wuth der Eingeborenen aus, die wahrscheinlich glauben mochten, die Papalangis wollten ihren How gefangen mit fortführen. Mit wildem Aufschrei stürmten sie herbei, und eben von Toanonga's Hause wieder kam ein kleiner Trupp von Kriegern mit den dort aufgegriffenen Musketen gesprungen.

„Hieher, Legs! hieher Spund!" schrie da Mac Kringo, indem er Toanonga los ließ und an Jacobs' Seite mit flüchtigen Sätzen zum Boot hinunter floh.

„Bestien!" knirschte auch Legs zwischen den zusammengebissenen Zähnen hindurch, und ohne die geringste Rücksicht auf das zarte Geschlecht versetzte er den beiden Frauen ein paar so wohl gezielte Schläge zwischen die Augen, daß sie mit einem Weheruf zurücktaumelten. Im nächsten Augenblicke war er frei und rannte an Toanonga vorüber dem Boote zu. Die Eingeborenen aber, die jetzt ihren Häuptling außer Gefahr sahen, sandten ihnen einen Hagel von Pfeilen nach, während die mit Musketen Bewaffneten anlegten, aber vergebens die Hähne schnappen ließen.

Diese vorbeschriebenen Scenen waren blitzesschnell auf einander gefolgt. In demselben Moment aber, in dem Legs seinen beiden Frauen entsprang, war Spund vollständig einig mit sich geworden, seine Kameraden allein flüchten zu lassen. Zu seinem Entsetzen hatte er nämlich die halbe Mißhandlung bemerkt, die Toanonga, den er sehr schätzte, erlitten, und eilte jetzt rasch auf ihn zu, ihm seine Hülfe anzubieten. Toanonga dagegen hielt gerade Spund für den ärgsten Verräther von Allen, da er, anstatt die Weißen in seine Hände zu liefern, die Leute an Bord jedenfalls gewarnt und sie bewaffnet herüber gebracht hatte. So ruhig und leidenschaftlos er sich deshalb auch sonst benahm, so zornig und empört war er jetzt. War nicht die Häuptlingswürde in ihm geschändet? hatten die Weißen nicht gewagt, Hand an ihn, den How dieser Insel, zu legen? Deshalb also dem ihm nächsten Krieger eine Keule entreißend, führte er einen so gutgemeinten und raschen Schlag nach dem Schädel des armen Teufels, daß er ihm jedenfalls verderblich geworden wäre. Zu seinem Glück schleppte Spund aber noch immer das Buch mit sich herum, daß er fast unwillkürlich mit beiden Händen empor hob, als er die Keule niedersausen sah. Allerdings brach der dicke Band die Gewalt des Schlages in etwas; derselbe war aber zu kräftig geführt worden, um sich ganz aufhalten zu lassen, und wie das getroffene Buch auf Spund's Kopf niederprallte, warf es den Böttcher hinterrücks auf die scharfen Corallen.

Toanonga sah ihn stürzen, kümmerte sich aber nicht weiter um ihn, denn wichtigere Sachen erforderten seine Aufmerksamkeit. „Nach den Canoes, nach den Canoes!" donnerte seine Stimme die Bai entlang, und während die mit den Musketen bewehrten Insulaner noch immer umsonst versuchten, die verstümmelten Waffen abzudrücken, sprang die Mehrzahl der jungen Leute flüchtigen Fußes am Wasserrand hin, die Canoes zu erreichen. Konnten sie doch dem schwer geladenen Boot der Papalangis noch immer den Weg abschneiden.

Einzelne waren jedoch noch zu Toanonga's Schutze zurückgeblieben und ein paar von diesen sprangen auf Spund zu, den also Niedergeworfenen völlig abzufertigen. Mac Kringo hatte aber im Boot die Gefahr des Kameraden gesehen, und während die Mannschaft desselben das halb auf den Strand gerathene Fahrzeug zurück in ein tiefes Wasser drückte, griff er eine der Musketen auf und feuerte sie über die Köpfe der Insulaner in die Luft. Das rettete Spund. Bei dem Schuß fuhren die Wilden unwillkürlich zurück, während derselbe auf den Matrosen gerade die entgegengesetzte Wirkung hervorbrachte. Mit einem Satze war er in die Höhe, und Buch wie Glaubenseifer hinter sich lassend, warf er sich Hals über Kopf in das Wasser hinein, den Kameraden zu folgen. Der mit so grimmer Wuth nach ihm geführte Schlag des alten Häuptlings hatte ihn, wenn auch nicht beschädigt, doch so erschreckt, daß er gar nicht daran dachte, einen zweiten derartigen Angriff abzuwarten.

6.

Die Engländer kletterten, so wie das Boot flott war, hinein und griffen die Ruder auf, während die Mannschaft des Schooners mit den Gewehren im Anschlag stehen blieb, ihren Rückzug zu decken. Das Boot ging aber durch die vermehrte Besetzung ziemlich schwer im Wasser und machte keineswegs so raschen Fortgang, wie Mac Kringo gehofft hatte.

„Teufel noch einmal!" flüsterte er Lemon, der auf der Ruderbank vor ihm saß, zu, „die Rothfelle bekommen doch am Ende Zeit, uns mit ihren Canoes den Weg abzuschneiden."

„Wenn ich ihnen den Spaß nicht verdorben hätte!" lachte aber Lemon ingrimmig vor sich hin. „In alle die Canoes, die dort lagen, habe ich ein wunderhübsches Loch hineingebohrt, und bis sie die jetzt wieder ausschöpfen und flott machen, sind wir lange draußen."

„Das war gescheidt, mein Bursche!" rief der Schotte, „hehehe, wie sie uns verwünschen werden, wenn sie den Streich merken! Das war aber auch nöthig; denn das alte runde Ding hier schleicht gerade so durchs Wasser, als wenn wir in einem Spülfaß säßen."

Ein paar Schüsse wurden in diesem Augenblicke vom Ufer ihnen nachgefeuert. Entweder hatten die Insulaner den Verlust der Steine bemerkt und ersetzt, oder noch andere Musketen gehabt. Keine der Kugeln traf jedoch das Boot; eine zischte vorüber, und die anderen fielen schon zu kurz.

Sie näherten sich jetzt dem schmalen Eingang der Riffe, als sie die ersten Canoes der Verfolger aus einer geschützten Bucht vorschießen sahen. Durch Lemon's List waren sie aber hinlänglich aufgehalten worden, um den Flüchtigen einen ziemlichen Vorsprung zu gestatten, und da Leute genug im Boot saßen, einander abzulösen, so ließen sie die Ruder aus Leibeskräften arbeiten.

Die Indianer schienen ihre Canoes auch nicht alle auf einmal flott bekommen zu haben; denn als das Boot die Riffe verließ, folgten ihnen erst zwei, und ein drittes wurde eben sichtbar; dann entzog die über die Corallen stürzende Brandung das innere Wasser der Bai ihren Blicken, und sie konnten nichts weiter von dem, was dort vorging, erkennen.

Der Schooner lag etwa eine halbe englische Meile weiter draußen. Der Steuermann hatte aber vom Masttop aus die Flucht des Bootes und die verfolgenden Canoes bemerkt, ja, sogar die Schüsse von dort herüber gehört und, trotz der Gefahr, die ihm selber von den Riffen drohte, die Segel backgebraßt, seine Leute erst wieder aufzunehmen. Noch waren diese auch eine ziemliche Strecke vom Schooner entfernt, als die ersten Canoes schon im Eingang der Bai sichtbar wurden und mit reißender Schnelle näher kamen; aber überholen konnten sie das Boot nicht mehr. Jetzt lief es langseit, und wenige Secunden später kletterten schon die Matrosen mit lautem Jubelruf an den ihnen zugeworfenen Tauen empor.

Alle wußten aber, daß sie sich trotzdem nicht eher für gerettet halten konnten, als bis sie die Insel windwärts brachten und die drohenden Riffe hinter sich ließen. Die Segel flogen deshalb herum, um auch den geringsten Luftzug zu fangen, den ihnen die schwache Brise bot, und während der Bug nach Westen abfiel, an den Riffen hinzulaufen, sprang Mac Kringo an der Want des Vordermastes empor, einen Überblick nach der Insel zu gewinnen.

Er kannte nämlich das Binnenwasser von Monui genau

und wußte, daß gerade nach Westen zu den übrigen Canoes ein anderer Paß blieb. Den mußten sie nehmen, wenn sie ihnen den Weg abschneiden wollten; und daß der Schooner nicht nach Osten entkommen konnte, war den Eingeborenen bekannt genug. In dieser Vermuthung hatte er sich denn auch nicht geirrt, denn oben kaum angelangt, erkannte er schon sieben stark bemannte Canoes, die über die glatte Bai herüberschossen und denen der Schooner gar nicht mehr vorbeilaufen konnte.

Es blieb ihnen jetzt nichts Anderes übrig, als sich zu einem Kampfe zu rüsten; denn daß die Insulaner, solcher Art um die schon sicher geglaubte Beute betrogen, ihren Angriff mit erbitterter Wuth machen würden, ließ sich denken. Jacobs erfuhr übrigens kaum die neue Gefahr, die ihm drohte, als er auch mit gutem Muth den Befehl gab, das Deck zum Kampfe klar zu machen. Die vier Kanakas hatte er allerdings an Land zurück lassen müssen – und den Sandwichs-Insulanern schien diese Gelegenheit sehr erwünscht gekommen zu sein –, dafür war aber seine Mannschaft durch sechs tüchtige Matrosen verstärkt worden, und mit den zwei kleinen Kanonen, die er am Bord führte, hoffte er sich die Wilden schon vom Leibe zu halten.

Mac Kringo that es freilich leid, daß er jetzt vielleicht genöthigt sein sollte, auf die zu schießen, die ihn doch eigentlich freundlich aufgenommen. Dabei wußte er aber recht gut, daß sie keine Gnade zu erwarten hätten, wenn sie zum zweiten Male in die Hände der Eingeborenen fielen, und der Selbsterhaltung mußte jede andere Rücksicht weichen.

Ihre einzige Hoffnung war noch, daß die Brise stärker werden sollte, wo sie den Canoes dann bald entgangen wären. Im Gegentheil schien aber der Wind fast ganz einzuschlafen, und mit der Ungewißheit, nach welcher

Richtung hin hier die Strömung ging, donnerte ihnen die Brandung schon drohend in das Ohr. Der Capitain ließ allerdings das Senkblei werfen, aber sie fanden, obgleich gar nicht mehr so weit von den Riffen entfernt, keinen Grund.

Gerade vor ihnen lief eine Corallenspitze ziemlich hoch nach Norden hinauf, und wenn sie diese umschiffen konnten, hofften sie an den dort mehr ablaufenden Riffen eher hinunter zu können. Gerade dort aber wurden jetzt die ersten Canoes sichtbar, während die drei, die ihnen gefolgt waren, ihren Angriff nur zu verzögern schienen, bis sie von ihren Freunden unterstützt werden konnten.

Der Capitain des Schooners hatte nicht gern die Feindseligkeiten eröffnen wollen, jetzt aber sah er ein, daß ihm keine weitere Wahl blieb; denn einen Erfolg konnte er sich nur, bei der großen Übermacht der Insulaner, in dem Falle versprechen, wenn es ihm gelang, sie etwas einzuschüchtern. Die vorn am Bug stehende Kanone wurde deshalb gerichtet, Jacobs ergriff selbst die Lunte, und die Kugel schlug gleich darauf so glücklich ein, daß sie das geschnitzte Hintertheil eines der Canoes wegriß und, wie es schien, den Steuernden beschädigte.

Das ließen sich die Insulaner übrigens zur Warnung dienen; denn während sie bis jetzt ihre Fahrzeuge auf einem Trupp zusammen gehalten hatten, vertheilten sie dieselben, und es schien, daß sie einen Angriff von allen Seiten und zu gleicher Zeit beabsichtigten.

„Da kommt die Brise!" rief da plötzlich der Steuermann des Schooners, der seinen Stand an der hinteren Kanone bekommen hatte, und als sich alle Blicke dorthin wandten, sahen sie, wie sich in der That die Oberfläche der See nach Osten zu dunkel färbte und kräuselte. Aber die Canoes mochten das ebenfalls bemerkt haben und wußten jetzt, daß sie ihren Angriff keinen Augenblick mehr verzögern durften. Die Ruderer strengten alle ihre Kräfte an, die verschiedenen, ihnen angewiesenen Plätze so rasch als möglich einzunehmen, und dies erreicht, glitten sie von allen Seiten zugleich heran.

Die Mannschaft des Schooners erwartete sie mit klopfenden Herzen, denn über das ganze Fahrzeug zerstreut, konnten sie kaum mehr als einen Mann jedem Canoe zur Abwehr entgegen stellen. Näher und näher kam auch der dunkle Wasserstreifen geflogen. Schon konnten sie erkennen, wie sich die kleinen Wellen tanzend hoben, und jetzt – jetzt schlugen die Segel flappend gegen den Mast und – blähten aus. Vorn unter dem Bug kräuselte und schäumte das klare Wasser, und während sie sich den vorderen Canoes rasch näherten, ließen sie die hinteren zurück.

„Alle nach vorn, Jungens!" jubelte da Jacobs' Stimme über Deck. „Das kam zur rechten Zeit! und Bill, du hältst den Schooner gerade auf das größte Canoe da vorne mitten darauf!"

Immer stärker wurde die Brise, schon begann sich das schlanke Fahrzeug ein wenig zu neigen, und die hinter ihm befindlichen Canoes durften nicht mehr hoffen zur rechten Zeit heran zu kommen. Trotzdem gaben die vorderen den Angriff nicht auf. Sie wußten wie wenig Leute ihnen die Papalangis entgegenstellen konnten, und daß die erste Kanonenkugel keinen größeren Schaden angerichtet, hatte ihren Muth noch eher erhöht. Noch ging das Fahrzeug auch nicht rasch genug durchs Wasser, daß sie nicht hätten anlaufen und entern können; aber mit immer größerer Anstrengung mußten die an der Seite Befindlichen arbeiten, um nicht zurückgelassen zu werden. Vor dem Schooner hatten sich jetzt vier Canoes gesammelt, und als er heran kam, wichen sie eben genug aus, ihn hindurch zu lassen.

Gegen den Wind, wußten sie recht gut, konnte er nicht weiter aufluven, und unter dem Wind lagen die Corallen.

Jacobs kannte seinen Schooner, der nur aber bei mittelmäßiger Brise mit vier und einem halben Strich ganz vortrefflich segelte und dem Wind ordentlich in die Zähne lief. So wie er deshalb die Absicht der Eingeborenen merkte, war auch sein Plan gefaßt.

„Gebt Feuer," rief er, so wie ihr das Weiße von ihren Augen sehen könnt!" und dann selber an sein Steuer springend, ließ er sein Fahrzeug trotz der Corallen wohl zwei Strich abfallen. Den von rechts herbeikommenden Canoes wich er dadurch aus und überraschte die beiden an der linken Seite so vollkommen, daß der Bug des Bonito das Hintertheil des einen ergriff und übersegelte. Die Mannschaft desselben hielt sich allerdings zum Theil selbst an dem vorderen Tauwerk des Schooners und suchte an Bord zu klettern. Nachdem die Matrosen aber ihre Gewehre in die nächsten Canoes abschossen und dort Verwirrung verbreitet hatten, drehten sie die Musketen um, und wo sich ein Kopf über der Schanzkleidung zeigte, traf ihn auch ein wohlgezielter Schlag.

Noch heulten und tobten die Eingeborenen in wilder Wuth um sie her, als der Bug des Schooners schon wieder scharf gegen den Wind aufluvte. Im nächsten Moment schossen sie so dicht an der Corallenspitze vorüber, daß sie mit einem Steine hätten in die Brandung werfen können, und ließen jetzt die letzten Canoes, die dieser Gefahr selber entgehen mußten, zurück. – Noch wenige Secunden, und sie waren gerettet, jede Gefahr lag hinter ihnen, und Bill, der Steuermann, sprang mit seiner Lunte an die hinterste Kanone, den Feinden noch eine Kugel zurück zu schicken. Das aber litt Jacobs nicht.

„Laß sie laufen, mein Junge," sagte er, indem er den Arm des Steuermannes zurückhielt. „Sie werden Noth genug haben, von der Ecke dort weg zukommen; vor u n s aber liegt die blaue weite See, und mit dem Bewußtsein, all jenen Gefahren so glücklich entgangen zu sein, mag ich kein Menschenleben mehr zerstören."

Fußnoten:

[32] Das aus einer Art Baumrinde bereitete und gedruckte Zeug. Das ungedruckte heißt Tapa.

[33] Bolutu ist nach dem Glauben der Tonga-Inseln der Aufenthalt der Seligen. Sie denken sich diesen Ort als eine große, wunderbar schöne Insel, mit allen Früchten reich gesegnet, die weit gegen Nord-Westen liegt – so weit in der That, daß sie dieselbe mit ihren Canoes nicht erreichen können. Dort werden ihre Seelen zu Hotuas oder göttergleichen Geistern, die auch – besonders die Seelen der Häuptlinge – im Stande sind, Einfluß auf das Leben der Sterblichen auszuüben. Sie erzählen sich, daß einmal ein Boot von den Tonga-Inseln dorthin verschlagen sei, und die Leute wären ans Land gesprungen und hätten sich von den prachtvollen Früchten pflücken wollen; sie hätten aber keine ergreifen können; denn unter ihren Händen wurden sie zu Luft. Auch durch die Bäume, die dort wuchsen, konnten sie gerade hindurchgehen. Sie standen leibhaftig vor ihnen, bildeten aber keinen festen Körper. Ein Hotua kam da zu ihnen und ermahnte sie, die Insel so rasch als möglich zu verlassen, und voll Angst schifften sie sich augenblicklich wieder ein. Der Wind blies auch so günstig und scharf, daß sie Tonga schon nach einigen Tagen erreichten; aber am Ufer angekommen, mußten sie alle sterben. Ihre Körper hatten die Luft von Bolutu nicht vertragen können. An eine Strafe nach dem Tode glauben die Tonga-Insulaner nicht.

II.

Im Ostindischen Archipel.

Der Balinese.

Östlich von Java, und von dieser Insel nur durch einen schmalen Seearm getrennt, liegt das zwar kleine, aber wunderschöne, gebirgige Eiland B a l i , , von einem kriegerischen, kräftigen, arbeitsamen Volke bewohnt und bis in seine Berge hinauf vortrefflich cultivirt und angebaut.

Trotz seiner Nähe bei dem schon längst den Holländern unterworfenen Java hatte es sich dennoch bis zur neueren Zeit seine vollkommene Unabhängigkeit zu bewahren gewußt, und erst in den letzten Jahren gelang es den Holländern, theils durch Verrath unter den Eingeborenen, theils durch ihre Truppen unter dem Commando Sr. Hoheit des Herzogs Bernhard von Weimar, die Rajahs Balis wenigstens dahin zu bringen, daß sie ihre Oberherrschaft anerkannten.

Die Balinesen sind, was die Missionäre „blinde Heiden" nennen, d. h. sie haben ihre eigenen Götter (Brachma, Schiwa und Wischnu) und ihren eigenen Glauben, den sie sich entschieden weigern abzulegen. Ihre Javanischen Nachbarn gingen ihnen darin allerdings schon seit längerer Zeit mit gutem Beispiel voran, indem sie zum Islam übertraten. Von den muhamedanischen Priestern besonders, aber auch dann und wann von christlichen Missionären sind schon verschiedene Versuche gemacht, sie das abschwören zu machen, was andere Nationen eine I r r l e h r e nennen. Bis jetzt war es jedoch vergeblich, und

188

wenn es irgend noch eines Beweises bedürfte, daß die christliche Religion keineswegs unumgänglich nothwendig dazu ist, ein wildes Volk zu civilisiren, so liefern diese Balinesen als H e i d e n , und ihre Nachbarn, die Javanen, als M u h a m e d a n e r davon den schlagendsten Beweis.

Was die Cultur Balis' betrifft, so läßt diese nichts zu wünschen übrig. Jedes Plätzchen, das Frucht liefern kann, ist benutzt, und die Balinesen bauen sogar weit mehr, als sie zu ihrem eigenen Bedarf brauchen. Manches Schiff hat dort schon für den europäischen Markt seine Ladung von Reis, Zucker, Kaffee und anderen Produkten eingenommen, während hunderte von Prauen (die inländischen Fahrzeuge) der benachbarten Inseln, ja selbst bis von China herüber, in stetem und lebendigem Verkehr mit dem kleinen Reiche stehen. Die Balinesen haben dabei ihre eigenen Rajahs oder Fürsten, und die dem Lande dienlichen Gesetze werden mit unnachsichtlicher Strenge von ihren weltlichen und geistlichen Oberhäuptern in Kraft gehalten. Auf allen schweren Vergehen, selbst auf Diebstahl, steht Todesstrafe. – Außerdem sind sie aber auch noch in vielen Künsten geschickt und erfahren. Vorzüglich ihre Stahl- und Goldarbeiten, ihre Korbflechtereien und Webereien sind berühmt in der ganzen Inselgruppe des ostindischen Archipels. Ihre Landestracht ist dabei anständig und geschmackvoll, und dem Klima vollkommen angemessen.

So viel als kurze Einleitung für den Leser, der die kleine Insel bis jetzt vielleicht kaum dem Namen nach oder doch nur nach Beschreibungen kannte, welche ihre Bewohner beinah wie eine Räuber- und Piratenbande erscheinen ließ. Jede Sache hat freilich ihre zwei Seiten.

1.

Es war im September des Jahres 184*, als in dem südlichsten Rayat von Bali, in Badong, ein junger Bergbewohner rüstig aus der fruchtbaren Hochebene nieder der Süd-West-Küste der Insel und der Bai von Balikota zu stieg. Wohl führte eine breite, gut unterhaltene und fahrbare Straße von Badong zu dem kleinen Städtchen Kota an dieser Bai hinab. Der junge Balinese hätte aber, um auf sie zu gelangen, zu weit westlich aus dem Wege gehen müssen, und da er überdies auch nicht gewohnt war, einer breiten, bequemen Straße zu folgen, so suchte er sich lieber in gerader Richtung die nähere, wenn auch nicht eben so glatte Bahn.

Diese führte ihn durch weite mit Mais und Zuckerrohr bepflanzte Flächen und an den schmalen Dämmen bewässerter Reisfelder hin, zu den Rändern steiler, dichtbewaldeter Ravinen, die das Land durchschnitten und mit ihrer wilden üppigen Vegetation in die urbar gemachten und in vollkommenster Cultur gehaltenen Felder gar wunderlich hinein griffen.

Der Thau lag noch in voller funkelnder Pracht auf den Blättern und Blüthen, und hing in schweren Tropfen an den blitzenden Halmen, das saftige Grün der Hänge mit zauberhaftem Schimmer übergießend. Hoch und kühn daraus hervor ragte die stolze Cocospalme, die Königin der Wälder, mit ihrer schwankenden, zitternden Blattkrone, die der Südost-Monsoon hier nur in leichtem Säuseln erreichen konnte, und die Arekapalme streckte aus kleinen Fruchtdickichten den schlanken, zierlichen, pfeilartigen Stamm. Tief und schattig in den reizenden Hainen lagen die Bambushütten der Eingeborenen gar still versteckt, und die dunklen Ränder derselben wurden nur hie und da durch die purpurrothe Blüthenmasse des Tjanging[34] unterbrochen, der mit seinen unregelmäßig und reich über die Landschaft gestreuten Bäumen der ganzen Scenerie eine eigene wunderbare Färbung gab.

Wo der junge Eingeborene seinen Pfad suchte, war noch wenig Leben. Hie und da arbeiteten erst einzelne Gruppen in den Feldern, meistens Frauen, die mit der Hand den reifen Reis abschnitten und auf die Ränder trugen. Der Sikup[35] strich noch einsam nach Beute über die stille Gegend. Hie und da stand auch wohl ein einsiedlerischer Tjanga mit den langen Beinen und riesigem, fast unverhältnißmäßig großem Schnabel am Rande der Reisfelder und trat dem rasch Heranschreitenden mehr, wie es schien, aus Höflichkeit, als aus besonderer Sorge für seine eigene Sicherheit ein paar Fuß aus dem Weg. Oder eine Schaar wilder Pfauen, die an dem Rand der Ravine gesessen und sich gesonnt hatte, bäumte auf und schaute mit den langen Hälsen neugierig nach dem einzelnen Wanderer nieder.

Dieser aber war viel zu sehr mit sich selber und seinen eigenen Gedanken beschäftigt, um solchen, überdies durchaus gewöhnlichen Gegenständen auch nur einen Blick zu widmen. Rasch nur suchte er durch manche sich ihm in den Weg stellende Hindernisse seine Bahn, und hielt zum ersten Male an, als er eine Art Absatz oder Terrasse des Hanges erreicht hatte, von der aus sich eine weite Aussicht nach Süden und Südwest über die Küste und das ferne Meer gewinnen ließ.

Über Gebüsch und Palmen hin, die den steilen, tiefablaufenden Hang bedeckten, konnte er den breiten Cocoshain überschauen, der das kleine Städtchen Kota mit der ganzen dortigen Küste umgürtete, während das blaue freundliche Meer an dessen anderer Seite den Strand beschäumte. Massen kleinerer Segel, meist inländische Prauen, hie und da aber auch chinesische Dschunken, kreuzten durch das stille, von einer leichten Brise kaum bewegte Wasser, und nur ein einziges europäisches Schiff lag gerade über der Corallenbank und durch die südlich auslaufende Spitze des Landes (von den Engländern Tafelhoek genannt) gegen den Südost-Monsoon geschützt, draußen vor Anker. Seine Segel waren zwar noch fest, aber es schien ziemlich schwer geladen und ging tief im Wasser, während einzelne Boote noch immer mehr Fracht hinüber brachten. Die holländische Flagge wehte von des Fremden Gaffel.

Der junge Balinese blieb hier stehen und schaute lange und sinnend in das freundliche Thal hinab, das sich seinen Blicken öffnete. Aber seine Gedanken waren nicht mehr freundlicher Art. So frisch und froh vorher sein Auge dem niederen Lande entgegengeleuchtet hatte, so zog sich jetzt seine Stirn in düstere, krause Falten, und mit untergeschlagenen Armen schaute er schweigend zu dem fremden, unwillkommenen Gast, zu der ihm verhaßten, feindlichen Flagge hinüber.

Es war eine edle, schöne, schlanke und doch so kräftige Gestalt, wie sie unter der einzelnen wehenden Palme stand. Und Hoheit und Schmerz lag in den Zügen, als ob der zürnende Gott der Berge selbst aus seines Waldes Schatten getreten sei und jetzt den Feind seines Landes, seines Volkes vor sich erblicke. Die Züge seines Gesichts konnten fast griechisch genannt werden. Die leicht gebogene Nase, die hohe Stirn, die schwellenden und doch zart geschnittenen Lippen schienen kaum einem indischen Stamme anzugehören; aber die dunkle Bronzefarbe der Haut, die dunklen feurigen Augen, das lange, rabenschwarze aber weichlockige Haar verriethen den Sohn dieser Küste, das Kind dieser Berge. Er ging ganz in die Landestracht gekleidet. Um den Kopf trug er fast turbanähnlich ein dunkelfarbiges, mit rothen und gelben Streifen durchzogenes Tuch, nur daß oben die üppige Masse seines schwarzen, langen Haares herausquoll. Um seine Hüften, bis fast zu den Knieen niederreichend, schlang sich ein gleiches von ähnlicher Farbe, der sogenannte Kammen, und der Sappot, eine Art schottischer Plaid, aber auch aus inländischem Zeug gewebt, hing ihm in leichtem, malerischem Wurfe über die Schulter, mit dem einen langen Zipfel die rechte Brust bedeckend.

In dem Kammen stak vorn, wie bei allen Balinesen, die Kompec oder Sirihtasche (zum Betelkauen) aus feingeflochtenem und buntgefärbtem Bambus verfertigt, und hinten, wie bei den Südamerikanern, der lange Dolch oder Khris (im Balinesischen Radotan) in hölzerner, wunderlich geformter und mit Goldplättchen zierlich ausgelegter Scheide, während der Griff aus einem dunklen fein gravirten Metall bestand und ebenfalls mit Gold eingelegt war. An den Füßen trug er zierlich genähte Ledersandalen mit einem schmalen, goldgestickten Band quer über den Spann herüber. Sonst waren Arme und Beine nackt, aber voll und kräftig geformt, und nur um das Gelenk der linken Hand schlang sich ihm ein fast weibischer Schmuck, ein schmales Armband aus den purpurrothen, steinharten und herzförmigen Beeren einer Akazienart aufgereiht und zum schmalen Bande zusammengeflochten.

Als einzige Waffe hielt die Hand dabei ein langes dünnes Blasrohr, aus hartem schwerem Holz gebohrt, von etwa fünf Fuß Länge, an das oben mit Streifen Rattan (spanischem Rohr) eine eiserne Lanzenspitze so an der Seite befestigt war, daß sie dem Schuß des Pfeils oder Bolzens nicht hinderlich sein konnte. Der Köcher, der die kleinen aus Bambus gefertigten, mit einer Pflanzenmark-Mundspitze versehenen und mit Gift bestrichenen Pfeile trug, stak ebenfalls in Kammen, an der linken Seite.

Die Waffe stemmte er jetzt auf einen Stein, und mit dem linken Arm sich daran stützend, daß sein Haupt sich sinnend an die Lanzenspitze legte, murmelte er mit leiser, halbunterdrückter Stimme vor sich hin:

„Wieder so ein Schiff mit seiner stolzen dreifarbigen Fahne, wieder und wieder eins, in Handel und Freundschaft scheinbar, und u n s zum Nutzen, wie sie sagen, heimlich aber nur sich und ihr räuberisches Ziel im Auge. Halb s i n d wir ja schon besiegt," setzte er mit finsterem Grimm hinzu, die Worte durch die zusammengepreßten Zähne zischend, „und wenn nicht noch der wackere Dewa Argo dem Treiben fest entgegenstünde und mit aller ihm zu Gebote stehenden Macht an unsern Sitten und Gesetzen hielte, den Fremden keinen Fuß breit Boden weiter gönnend, wie säh's um Bali aus! Hielt er die Hand nicht über unser Land gestreckt, wie bald würden die Fremden, die Brachma verdammen möge, das Land überschwemmen und den ganzen Fluch ihres Geschlechts über uns bringen. In den Thälern wüthet schon die furchtbare Radjadja[36], und die Leichen ihrer Opfer verpesten die Luft."

„Die alten Prophezeihungen werden wahr," fuhr der Einsame in seinem Selbstgespräch inzwischen fort. „Der weiße Jakal hat den schwarzen überlistet und wüthet in seinem Jagdgrund, während unsere Götter ihr Haupt abwenden, um die Schmach ihrer muthlosen Kinder nicht zu schauen. „Der weiße Tiger wird kommen und uns verschlingen, wenn wir ihm nicht gehorchen," sagt der Orakelspruch jenes weisen Rajah, der tausende von Armen schon entnervt und die Herzen mit Angst und Muthlosigkeit gefüllt hat. Ei, er möchte kommen und es versuchen, und unsere Lanzen und Pfeilspitzen würden sein Herz finden, daß sein Blut den Boden düngte. Aber nur zusammen müßten wir stehen, in innigem Bündniß, nicht jeder Rajah für sich selber aus kleinlicher, erbärmlicher Furcht das Bündniß des Feindes suchen, um von sich selber dessen Rache abzuwenden, für sich selber die Regierung zu erhalten. Das Wohl der Völker, lügen sie dabei, hätten sie im Auge, und nur ihr eigener Ehrgeiz macht sie blind gegen Ehre und Pflicht, und treibt sie, die Völker, die ihrem Schutz durch Brachma anvertraut, nichtswürdig zu verrathen."

„Wie stehen wir jetzt dem Feinde gegenüber? – Unsere Prauen liegen müssig am Strande, unsere Arme werden durch gefährliche Unterhandlungen gefesselt gehalten, und die Flagge jener Fremden weht stolz unseren Tempeln entgegen, und schändet uns und unsere Götter. Fluch über solche Unthätigkeit, über das Zaudern und Zögern und Wählen und Fürchten. Wenn das so fort geht, wird der Name Balinese bald gleichbedeutend werden mit Sklave und Feigling. O mein schönes, armes Vaterland!"

Er stand noch lange da, seinen finsteren, schmerzlichen Gedanken sich überlassend, als sein Auge plötzlich auf das Armband fiel, das er am linken Handgelenke trug, und ein freundlicherer Ausdruck seine schönen und edlen Züge belebte.

„Kassiar," murmelte er leise, indem ein flüchtiges Lächeln über sein Antlitz glitt, „Kassiar, du Blume des Thales, dich wenigstens will ich dem giftigen Einfluß jener Fremden entreißen und mit mir in meine Berge führen. Dort bieten wir dem fremden Einfluß Trotz, und kommt einmal die Zeit, in der mein Vaterland den Fluch erkennt, den es sich selber muthwillig aufzuladen scheint, dann brechen wir hervor, und unser Schlachtschrei soll die Feinde zurück auf ihre Schiffe schrecken. – Kassiar!"

Und mit dem Namen der Geliebten auf den Lippen, griff er die Lanze auf, und sprang mit leichtem Schritt den Hang hinab, der Richtung Kota's zu. Hier mußte er freilich noch ein breites mit Zuckerrohr bepflanztes Feld durchschneiden, das nördlich von dem kleinen in die Tanjong-Bai ausmündenden Kali oder Flusse lag. Eine Brücke gab es über den Strom nicht, aber eine Cocospalme, die dicht am Uferrand gestanden, war von dem angeschwellten Wasser unterwühlt hinübergestürzt, daß ihr Wipfel eben das jenseitige Ufer berührte. Auf dieser lief er hinüber, drängte sich durch den morastigen, mit niedrigen Büschen bedeckten Uferstrich, der die nördliche Seite der von Tuban nach Kota führenden Straße und den Palmenwald begrenzte, und fand sich bald im Schatten der wundervollen Punjannjo's, der Cocospalmen, wo er auf glattem, ebenem Wege rüstig dahin schritt.

2.

Wie das über ihm rauschte und zitterte, in einsamer, wundervoller Waldespracht! – Wie das flüsterte und raschelte, und mit den langen, herrlichen Blättern wehte und ineinandergriff! – Hier war nichts Fremdes, nichts Verhaßtes mehr; das war sein eigenes, schönes Vaterland, die Cocospalme seines Stammes Bild, und wie das Herz ihm wieder aufging in Stolz und Lust und die Sehnsucht nach der Geliebten es rascher schlagen machte, wurde sein Schritt auch leichter und elastischer, und freundlich nickte er den Leuten zu, die er am Wege traf, und die Reis und andere Feldfrüchte, oder Matten und Körbe in die Stadt zu Markte trugen.

Schon hatte er hier die Gärten erreicht, die theils mit der rothblühenden Butju (*rosa sinensis*), theils mit der Buntaja (einer sehr giftigen Rankenpflanze, welche durch bloße Berührung schon Entzündungen und Anschwellungen bewirkt) eingezäunt waren, und hie und da schaute aus dem dunklen Laub einzelner Kaffee- und Muskatnußbüsche, oder zwischen den hochgezogenen Sirih-Ranken die stille, lauschige Bambushütte der Eingeborenen hervor, während die Cocospalmen in einem dichten Hain ihre Kronen in einander legten und kühlen Schatten auf den zwischen ihnen durchführenden Weg warfen.

Jetzt hatte er die ersten Wohnungen der Stadt erreicht; rechts am Wege leuchtete ihm schon das helle Dach des Gustis – des Dorfoberhauptes – entgegen, und von dort hinauf, der Cocosnußölmühle zu, die von den Weißen angelegt worden, gleich über dem breiten Platz, der sich dort ausdehnte – wie rasch das Herz ihm an zu pochen fing – dort wohnte Kassiar, und mit fast kindischer, jubelnder Lust malte er sich schon im Geiste die Überraschung der Geliebten aus, die keine Ahnung von seiner Nähe hatte.

Mehrere junge Mädchen waren ihm begegnet; manche aufgeputzt, wie zu einem ihrer Feste, andere in das einfach gewebte Zeug des Landes gekleidet. Aber er achtete ihrer nicht; sein Auge suchte zwischen den an ihm vorbeigleitenden Dächern hin, die wohlbekannte Gruppe schlanker Arekapalmen, die das Haus der Geliebten umstanden, und jetzt – schon wollte er um des Gustis Garten in die Straße einbiegen, denn dort ragten die schlanken Wipfel grüßend und freundlich nickend schon hervor, – da schritt ein junges Mädchen die Straße herab, und sein Fuß haftete wie angewurzelt an dem Boden fest.

Das war Kassiar – und wieder war sie's nicht. Die lieben dunklen Augen gehörten freilich ihr – der schlanke Wuchs, der leichte elastische Gang, dem Kiedang ihrer Wälder gleich – und dennoch schien sie ihm vollkommen fremd, denn Tracht und Sitte, wie er's bis jetzt an ihr gewohnt gewesen, glich sich gar nicht mehr. Das dunkle volle Haar war mit

Blumen, rothen Beeren und kleinen farbigen Muscheln geschmückt, wie den Putz ähnlich auch andere eingeborene Mädchen trugen, aber in den Ohren hingen ihr goldene Zierrathen, wie sie die verhaßten Weißen mit herüber gebracht, den weichen runden Arm umschloß ein goldenes, steinbesetztes Band, und um die Schultern lag ihr ein himmelblau und roth gestreiftes seidenes Tuch und hing mit dem einen Zipfel vorn über die linke Brust herab. Leichten Schrittes kam sie den Weg herab, der nach dem Strande nieder führte, und wenn ihr Blick auch auf den jungen Krieger über die Straße herüber fiel, war sie doch zu sehr mit ihren eigenen Gedanken beschäftigt, um viel auf ihn zu achten. So wollte sie eben an ihm vorüber eilen, als sein Ruf sie aufhielt und rasch nach ihm herüber sehen machte.

„Kassiar!" – Der eine Blick genügte – zitternd und erschreckt, die Hände vorgestreckt, ihre Farbe, die selbst unter der zarten aber dunklen Haut sichtbar wurde, kommend und schwindend, die Arme halb nach dem geliebten Manne ausgestreckt, halb ihn damit abwehrend, stand das junge Mädchen einer schönen Statue gleich da.

„Glentek!" hauchte sie dabei, „wo kommst du her, oder liegt dein Körper oben in den Bergen, von scharfer Waffe oder Tigerzahn zerrissen, und nur dein Geist hat mich hier aufgesucht?"

Glentek barg einen Augenblick die Stirne in der Hand und strich sich die langen Haare dann zurück, indem er seinen Blick dabei scheu und erstaunt auf die Jungfrau heftete.

„Und das ist Kassiar?" sagte er endlich halblaut und schüchtern, indem er langsam über die Straße hinüber schritt und vor dem zitternden Mädchen stehen blieb; „ist das das Weib, das ich mir in die Berge holen wollte, um sie der Gefahr hier zu entziehen, die ihr von Fremden und fremdem Glanz und Luxus droht? – Es ist zu spät, wie ich sehe, und Kassiar hat nicht allein Glentek vergessen, sondern auch ihr Vaterland. Wie sie sich da aufgeputzt, mag sie wohl einem der fremden Männer für kurze Zeit gefallen; werden aber die jungen Leute von Bali ihr wieder ihre Heldenlieder singen?"

„Glentek!" bat das Mädchen, ihm die Hand entgegen streckend mit herzlichem, flehendem Ton, „ist d a s dein Gruß, mit dem du mich nach so langer Zeit der Trennung empfängst, und hast du in den Bergen oben deine Kassiar so ganz vergessen – so ganz vergessen und verlernt sie zu lieben?"

Glentek erwiderte nichts darauf, aber sein Blick hing noch immer fest und vorwurfsvoll an dem bunten, fremdländischen Staat, der die Geliebte schmückte, an den goldenen Ringen im Ohr und um den Arm, an dem seidenen Tuch, das ihre Schultern umschloß. Endlich sagte er langsam und traurig:

„Dich vergessen, Kassiar? – Mächtiger Brachma, mein Herz vergäße ebenso leicht zu schlagen, mein Ohr den Ruf des Vaterlandes zu hören! Dich vergessen, Kassiar? – Und bin ich deinetwegen nicht drei Tage gewandert und die letzte Nacht, um nur recht bald dein liebes Antlitz wieder zu schauen, deine Hand in der meinen zu fühlen, dem Flüstern deiner Worte zu lauschen? Die Sterne haben mir von dir gesprochen, wenn sie vom dunklen Himmel niederfunkelten, der Wasserfall rauschte mir deinen Namen Tage lang, Nächte lang, und meiner Palmen Wipfel kannten keinen andern Laut. – Dich vergessen, Kassiar? – Jeder Vogel zwitscherte mir das liebe Wort, in jedem Tropfen perlenden Thaues sah ich dein Bild, und nur die Sehnsucht nach dir hielt Schritt mit der wachsenden Liebe – und jetzt –"

„Und jetzt, Glentek?" sagte das Mädchen und streckte ihm freundlich die Hand entgegen, „war das nun der ganze Gruß, den du deiner Kassiar bieten konntest?"

„Ich weiß nicht," entgegnete der junge Krieger leise und mit tief bewegter Stimme, „ich weiß ja gar nicht, ob es noch m e i n e Kassiar ist. Die Augen lachen mich noch so freundlich an, wie vordem, wenn auch nicht so offen, so treuherzig mehr. Die süße Stimme ist es immer noch, aber der äußere Tand, der sie umschlossen hält, der Schmuck des Fremden, der ihre schlanken Glieder entstellt, anstatt sie zu zieren – der ist mir fremd, der verhüllt mir Kassiar, daß mein Auge das alte Herz nicht mehr darunter finden kann. Und ich weiß nicht, w e m es jetzt entgegenschlägt."

„Du böser Glentek," lächelte die Maid, seine Hand ergreifend und ihr Haupt an seine Schulter lehnend, „d u weißt nicht, wem es schlägt?"

„Von wem ist denn der Putz – von wem das Tuch?" sagte der junge Balinese noch immer nicht beruhigt.

„Wenn es dich ärgert, nehm ich's ab und trag's im Leben nicht wieder," rief schnell Kassiar, das Tuch von ihren Schultern ziehend.

„Und wer gab es dir?" fragte Glentek finster. „Kassiar ist nicht so reich, daß sie der Fremden kostbarste Stoffe mit Reis und Kaffee kaufen könnte."

„Du brauchst mich deshalb nicht so finster anzusehen, Glentek," sagte, mit einem halbscheuen Blick zu ihm empor, das junge Mädchen. „Du weißt, daß – daß die Fremden jetzt alles thun, der Balinesen guten Willen zu erkaufen und sie zu Freunden sich zu machen – und da –"

„Und da?" wiederholte Glentek finster, aber seine Frage

wurde überhört.

Rasches, donnerndes Pferdegestampf schallte die Straße nieder, die von Tuban herüber führte, und als sich die beiden jungen Leute darnach umsahen, kam ein kleiner Trupp Europäer, mit einer Dame an der Spitze, an deren Seite ein paar eingeborene Rajahs und auch der Gusti von Kota dahin sprengten. Sie wollten quer über den mit Waringhis bewachsenen Platz hinüber nach eines Holländers Wohnung, die dort lag. Die Dame warf auch nur im Vorbeisprengen einen flüchtigen Blick auf das junge Paar, als sie plötzlich ihrem Pferd rasch in die Zügel griff, daß es aufbäumte und schäumend in sein Gebiß knirschte und zurücklenkte, wo jene Beiden standen.

„Mein Tuch!" rief sie dabei; „beim Himmel, die Dirne dort hält mein gestohlenes Tuch!"

„Aber, liebes Kind!" rief ihr Gatte, der Capitain des auf der Rhede liegenden holländischen Schiffes, „mach' hier keine Scene. Reite hinüber zum Haus, ich werde das Tuch reclamiren und sehen, wie es sich damit verhält."

Die Dame aber, taub gegen die Vorstellungen, rief gereizt:

„Daß mir die Diebin in die Hecken schlüpft und sich nicht wieder an der Küste sehen läßt, nicht wahr. Mich hat ein glücklicher Zufall hierher geführt, und den will ich benutzen."

„Was ist – was gibt's?" rief der Gusti, der ebenfalls sein Pferd rasch parirt hatte und gerade an ihre Seite sprengte, als sie vor dem trotzig zu ihnen aufschauenden Glentek und dem Mädchen hielten.

„Das Tuch ist, glaub' ich, gestohlen und Madame hat es wieder erkannt," dolmetschte ein anderer Europäer dem eingeborenen Richter in balinesischer Sprache.

„Gestohlen?" schrie Glentek, der die Worte gehört hatte, wild emporfahrend, und seine Hand zuckte wie unwillkürlich nach dem Radotan.

„Ruhig, mein Bursche!" rief aber finster der Gusti; „die Sache wird sich finden. – Her das Tuch, Kassiar – zögerst du, Dirne?"

Kassiar hatte erbleichend die Beschuldigung gehört, und ihr Auge haftete eine Weile in Angst und Schrecken auf dem einen Fremden, dem Capitain des Schiffs, als ob sie von ihm Schutz und Entschuldigung erwarten dürfe. Der Gusti hatte ihr indeß das Tuch aus der Hand genommen und der weißen Frau hingereicht, damit sich diese überzeugen könne, ob es wirklich das ihre sei.

„Gewiß – gewiß!" rief aber diese, als sie es auf dem Pferd mit der einen Hand in die Höhe hob und einen forschenden Blick darauf geworfen. „Das ist mein Tuch, das ich seit Jahren nicht mehr getragen und in meines Mannes Sekretär liegen hatte. Als ich aber neulich zufällig einmal darnach fragte und es zu sehen verlangte, war es verschwunden. Niemand konnte sich erklären wie, und jetzt trägt es die Dirne in der Hand."

„Und hast du keine Vertheidigung für dich, Kassiar?" rief mit unterdrückter Stimme, aber in Todesangst der junge Bergbewohner. „Läßt du die Fremden dich eine D i e b i n nennen, und wirfst ihnen die Lüge nicht zurück in ihr Gesicht?"

„Woher hast du das Tuch?" fragte jetzt der Gusti das zitternde und mit niedergeschlagenen Augen vor ihm stehende Mädchen. „Nun, wirst du deinem Richter antworten, Dirne?"

Wieder hob sich der Blick Kassiars scheu und flüchtig zu dem Fremden empor, aber nur einen Moment weilte er dort. Erbleichend wandte sie ihr Haupt ab, dem Geliebten zu, und barg ihr Antlitz dann, wie ihre Schuld bekennend, in den Händen.

„Man wird dich reden machen," sagte indessen ruhig der Gusti. „Cheh Lascie, Maras, führt sie in mein Haus und haltet sie dort bewacht, bis ich selbst hinüber komme."

Und seinem Pferd die Sporen gebend, winkte er der übrigen Gesellschaft freundlich, ihren Weg fortzusetzen. Die kleine Cavalcade sprengte auch gleich darauf wieder dem Hause des Holländers zu, wo sie zahlreiche Diener empfingen, ihnen die Pferde abnahmen und sie in die Halle geleiteten. Sie waren alle dort zu Tische geladen, ebenso der Gusti von Kota, und es wurde neun Uhr Abends, ehe dieser wieder in seine Wohnung hinüber ging, um der Verhafteten für die Nacht in einem der Gefängnisse einen Platz anzuweisen. Das Hauptverhör sollte am nächsten Morgen sein.

3.

Der nächste Morgen kam, und Maderai, der Gusti von Kota, hatte seinen Platz zwischen den übrigen Richtern eingenommen, während das Volk in neugierigem, dichtem Schwarm den weiten Raum der großen Bambushütte füllte. Jedes Schmuckes baar, die Haare glatt und schlicht herabgekämmt, die Schultern mit einem dunklen selbstgewebten Zeug bedeckt, ohne Goldringe in den Ohren oder um die Arme, stand das wunderschöne Mädchen seitwärts in einer kleinen Einfriedigung von Bambusstäben und harrte der Klägerin, die vorgefordert war, gegen das des Diebstahls beschuldigte Mädchen aufzutreten. Das verhängnißvolle Tuch hing an einem Stab neben des Gusti Sitz. Immer aber noch erschien die Klägerin nicht, und draußen das Schiff in der Bai, das seine Segel heute Morgen schon gelöst, seine Flagge aufgehißt und seine Boote an Bord genommen hatte, war augenscheinlich im Begriff, ihre Küste zu verlassen. Ließen die Weißen also die Klage gegen das Mädchen fallen, so war sie frei. Von den Eingeborenen konnte ihr Niemand die Schuld beweisen.

Da senkte sich wieder eins der Boote zum Wasser nieder, deutlich konnte man, selbst von hier aus, erkennen, wie der Capitain mit seiner Frau hineinstieg, die hellen Kleider der Europäerin, die noch einmal an Land kam, um eins der eingeborenen Mädchen verurtheilen zu lassen, schimmerten bis hier herüber, und langsam und regelmäßig fielen die Ruder ein, das scharfgebaute Boot zum Ufer treibend, das bald seinen scharfen Bug an dem Corallensand des Strandes scheuerte.

Capitain Van Soeken kam aber nicht freiwillig heute Morgen zum Gericht. Das Schiff lag zur Abfahrt bereit mit Fracht und Wasser an Bord, Wind und Strömung waren günstig, seine Papiere in Ordnung und selbst den Anker hatte er schon früh am Morgen heben lassen, um jeden Augenblick die Segel loswerfen und in See gehen zu können.

„Was liegt denn an dem Tuch?" sagte er beschwichtigend, als seine Frau am frühen Morgen darauf drang, hinüber zu rudern an Land und es beim Gusti, mit Hinterlegung ihrer Klage, abzuholen. „Du mochtest es so nicht mehr tragen, und kommen wir nach Amsterdam zurück, so sollst du dir eins dafür aussuchen, wie es dein Herz verlangt."

„Mir liegt nichts an dem Tuch," entgegnete aber, den Blick fest und mißtrauisch auf den Gatten geheftet, die Frau. „Mir ist's der Sache selber wegen, die Diebin zu bestrafen. Drei- oder viermal hab' ich sie schon hier an Bord gesehen; was hatte sie anders hier zu thun, wenn nicht – Gelegenheit auszuspüren?"

„Sie kam mit den andern Mädchen," sagte kopfschüttelnd der Capitain, „lieber Gott, bei dem Volke muß man der Neugierde auch etwas zu gut halten."

„Und wie kam sie in die Kajüte hinunter und in den Sekretär?" rief Madame, die Worte scharf betonend. „Van Soeken, hier liegt, wie ich fast fürchte, ein Geheimniß zu Grunde, das die Schuld der Dirne um ein gewaltiges vergrößert – und v e r r i n g e r t . Ich gebe dir mein Wort –"

„Aber liebes, gutes Kind," bat sie der Capitain, „sei doch vernünftig, und setze dir nicht eine Menge thörichter Sachen muthwillig in den Kopf. Wenn wir hinüber könnten zum Verhör, würde ich dir rasch beweisen, wie das Ganze ein einfacher Diebstahl ist, wegen dem ich dich aber r e c h t h e r z l i c h bitte, kein großes Aufheben zu machen und die Sache lieber fallen zu lassen. Du weißt, wie furchtbar streng die Eingeborenen jeden Diebstahl unter sich strafen, wie die Frauen schwere jahrelange Gefängnißstrafe in niederen Bambuskäfigen und Verbannung, die Männer den Tod zu gewärtigen haben. Die Eingeborenen sind dabei so unendlich freundlich und gastfrei gegen uns gewesen; laß uns nicht mit einer solchen Erinnerung, einer solchen Kleinigkeit wegen, von ihnen scheiden."

„Wenn wir hinüber k ö n n t e n , sagst du?" rief die Frau. „So willst du n i c h t gehen?"

„Aber siehst du denn nicht, daß unser Fahrzeug segelfertig liegt und ich wahrhaftig vor meinen Leuten nicht verantworten kann, die schöne Zeit zu versäumen?"

„Das Schiff ist dein – ist unser Eigenthum, wir können damit thun, was wir wollen. – Aber ich sehe schon, wie es ist. – Rücksicht auf die Leute willst du nehmen – auf dein Weib nicht. Und soll ich dir sagen, weshalb du dich fürchtest, das Land wieder und jenen Gerichtshof zu betreten?"

„Fürchten? – Aber, bestes Kind –"

„S o l l ich's dir sagen, oder glaubst du gar, ich sei blind und hätte den Blick nicht gesehen, den das Mädchen gestern auf dich warf, als ich sie des Diebstahls beschuldigte?"

„Auf mich?"

„Auf d i c h , hab' ich gesagt, und wagtest du heute, der Dirne mit einer K l a g e gegenüber zu treten, würfe sie dir entgegen, daß d u ihr das Tuch g e s c h e n k t ."

„Aber liebe, beste Marie!"

„Das Tuch g e s c h e n k t , sag' ich!" rief die Frau, mehr und mehr in eifersüchtigen Zorn gerathend, da die augenscheinliche Verlegenheit des Mannes ihren Verdacht nur mehr und mehr bestätigte. „Und wenn du mir das Gegentheil jetzt nicht b e w e i s e s t , so schwör' ich dir, so wahr ich Marie heiße und das Unglück habe, dein Weib zu sein, das Schiff hier zu verlassen und am Lande Schutz zu suchen."

„Aber Marie, so nimm doch nur Vernunft an!" bat der Capitain.

„Und weigerst du dich, auch m i c h an Land zu setzen, dann, bei dem ewigen Gott, spring ich über Bord und mache diesem Leben, das doch von da an nur Qual und Elend für mich haben müßte, ein rasches Ende. – Verrathen und betrogen – lieber nicht leben, als mit d e r Gewißheit dem Grabe langsamer aber ebenso sicher entgegen sehen."

„Aber so sprich doch nur vernünftig!" rief Van Soeken, so gewissermaßen zur Verzweiflung getrieben. „Wenn dir das Schiff selber so wenig am Herzen liegt, einer solchen Bagatelle, einer wahnsinnigen Idee wegen Wind und Strömung zu versäumen, gut, so sag' mir wenigstens, was du verlangst und eile damit."

„Was ich verlange?" rief rasch triumphirend die Frau, „augenblicklich mit dir an Land zu fahren und Zeuge der Gerichtsverhandlung zu sein."

„D u mit mir? weshalb? – Einer genügt vollkommen, und

wenn du es verlangst und wenn es dich beruhigt, will ich hinüberfahren, die Klage einlegen und dir das Tuch, an dem dein Herz so hängt, zurückbringen.“

„Du allein? – Das glaub' ich dir!“ lächelte die Frau den Gatten hämisch an. „Wenn du mich hier an Bord wüßtest, wär' das Geschäft da drüben wohl bald und glücklich abgemacht. Fort mit dir! E u c h   a l l e n ist nicht zu trauen, und wo der Eine den Andern unterstützen kann, thut er's mit Freuden, gilt es ja doch nur, das arme, verrathene Weib zu täuschen.“

„So komm denn, meinetwegen,“ sprach der Capitain, der keinen Ausweg weiter sah, der peinlichen Geschichte zu entgehen, „du bist auch im Stande, eher den L ü g e n der Dirne zu glauben, wenn sie sich irgend eine Ausflucht suchen sollte, als deinem Mann. Aber komm, du sollst wenigstens sehen, daß i c h deine wahnsinnige Anklage nicht fürchte und mit gutem Gewissen dem Verhör entgegen gehe. Ist mein Boot noch unten, Steuermann?“ rief er dann mit lauter Stimme dem vorn am Anker stehenden Officier hinüber.

„Ja, Mynheer,“ lautete die Antwort zurück; „soll gleich aufgeholt werden. Alles fertig.“

„Halt! – wir fahren noch einmal an Land.“

„Noch einmal an Land?“ brummte der Steuermann nicht wenig erstaunt, „na, da bitt' ich zu grüßen, Ebbe und Brise, wie sie im Buche stehen, alles klar, und noch einmal an Land? Wo so eine Schürze an Bord ist, hört doch der ordentliche Dienst gleich auf. Hol's der Teufel, möchte nur wissen, was jetzt wieder im Wind ist.“

Das Brummen half ihm aber nichts. Die Jölle wurde

langseits gehalten, der Kajütsjunge hing die Treppe wieder aus, und wenige Minuten später schnitten die Ruder in die klare Fluth und trieben das schlanke Boot pfeilschnell dem Lande zu.

4.

Lautes Murmeln durchlief die Versammlung der Eingeborenen, zu denen sich auch jetzt der auf Bali wohnende Europäer eingefunden hatte, um Zeuge der Verhandlung zu sein.

„Dort kommt der Fremde mit der weißen Frau – arme Kassiar – wie viel lange Jahre wird sie in dem Käfig sitzen müssen, des bunten Lappens wegen – und wie bleich sie aussieht und geknickt! – Wie rachsüchtig die Fremden sind und wie habgierig – arme Kassiar!"

Zwischen den Eingeborenen lehnte ein junger Mann an einer der hölzernen Stützen des Hauses. Er ging in die Tracht der Bergbewohner gekleidet, mit dem Radotan im Gürtel, und sein Blasrohr mit der Lanzenspitze im Arm. Aber er sprach mit Niemand; kein Laut kam über seine Lippen, kein Ton des Mitleidens mit dem Opfer, oder des Hasses gegen die Kläger. Es war Glentek, und als Kassiars Blick ihn dort erspäht, wo er stand, hatte ihr Auge den Boden gesucht und sich noch nicht wieder von dort gehoben.

Jetzt traten die Fremden in den Saal. Der Holländer war ihnen entgegen gegangen, die Dame zu dem für sie bestimmten Sitz zu führen. Der Gusti nickte ihnen freundlich zu, und als das Geräusch verstummt war, das ihr Betreten des Raumes verursacht hatte, erhob sich der Gusti

209

von seinem Sitz, überflog mit flüchtigem, aber strengem Blick die Versammlung, und begann dann mit seiner lauten, klangvollen Stimme die Anrede.

„Männer von Bali! wir sind versammelt, die Anklage einer weißen Frau zu hören gegen eine unseres Stammes, die des Diebstahls bezüchtigt wird. Ihr wißt, wie streng unsere Gesetze sind, wie sie den Diebstahl beim Mann mit dem Tode, bei der Frau mit schwerem Kerker strafen, und ihr werdet Zeugen sein, daß den Fremden Gerechtigkeit werde in unserm Lande."

Nach dieser Einleitung forderte er den der Bali-Sprache vollkommen mächtigen Europäer, der sich erboten hatte, für die Dame zu dollmetschen, auf, seine Klage vorzubringen und hier, öffentlich vor Gericht, zu bestätigen, daß das Tuch der Europäerin und von Bord des Schiffes entwendet sei. Sie habe dabei anzugeben, ob es dort offen gelegen, oder aus einem verschlossenen Raum genommen wurde, was die Strafe für das Vergehen noch verschärfen würde.

Die Klage lautete jetzt, von dem Dollmetscher in balinesischer Sprache vorgetragen, auf allerdings erschwerende Umstände, da das Tuch von Bord, und zwar aus einem verschlossenen Kasten gestohlen sei. Hiergegen trat aber der Capitain selber auf, indem er erklärte, er habe mehrere jener Stücke Zeug vor einiger Zeit aus seinem Kasten genommen und draußen liegen lassen. Das Tuch könne darunter gewesen sein.

Kassiar wurde jetzt gefragt, wie sie zu dem Tuch gekommen sei, ob sie es wirklich heimlich von Bord genommen, oder irgend etwas vorzubringen habe, was zu ihrer Entschuldigung in der Sache reden könne. Zitternd stand das Mädchen von ihrem Sitze auf. Mehrere Minuten gebrauchte sie, sich so weit zu sammeln, daß sie den Blick zu ihrer Klägerin erheben konnte. Neben dieser stand der Capitain, und ihr Auge schweifte kurze Zeit von Van Soeken zu dessen Gattin und zurück, bis es sich endlich auf den Seemann heftete. Dieser aber konnte dem Blick, so viel Mühe er sich auch gab, nicht begegnen. Langsam erhob sich dabei ihr Arm, bis er auf den Kläger deutete, und eine Weile stand sie so, einer wunderschönen Statue gleich, kein Glied des Körpers regend, nicht mit den Wimpern zuckend, dem Manne gegenüber. Auch die Frau des Capitains war <u>aufgesprungen</u>, der nächste Moment sollte vielleicht schon ihren längst gefaßten Verdacht bestätigen, und ihr Auge flog wild, in fast peinlicher Spannung, von den Lippen des Mädchens zu den unverkennbar bleichen Zügen des Gatten.

„Ihr wollt wissen, woher das Tuch in meine Hand gekommen?" sagte da endlich Kassiar mit leiser, wunderbar ruhiger Stimme, ohne ihre Stellung auch nur mit dem Zucken einer Muskel zu verändern, – „und jene Frau dort klagt Kassiar des Diebstahls an – so hört denn – ich habe jenes Tuch –"

Dicht hinter dem Holländer hob sich in diesem Augenblick die schlanke Gestalt Glenteks still und ruhig empor, und auch sein Blick hing in athemloser Spannung an den Lippen der Angeschuldigten. Da traf ihn Kassiars Auge, und plötzlich in sich zusammenbrechend, ihr Antlitz in den Händen bergend, rief sie mit markdurchschneidender Stimme aus:

„G e s t o h l e n !" und sank bewußtlos auf den Boden nieder.

„Armes Kind – arme Kassiar!" klang es von den Lippen der Eingeborenen, und einige der Frauen drängten sich durch die Wachen, die Ohnmächtige zu unterstützen und ins Leben zurückzurufen.

„Das Geständniß genügt," sagte da der Gusti ernst, der sich ebenfalls von seinem Sitze erhoben hatte, indem er das neben ihm hängende Tuch von dem Stabe herunter nahm und einem seiner Diener übergab, damit er es der Europäerin, als ihr Eigenthum, zurückbringe. – „Das unglückliche, junge Mädchen mag indeß der Sorgfalt der Frauen überlassen bleiben, bis es sich erholt hat, dann aber der Obhut der Gefängnißwärter übergeben werden. In dem Krankeng büße sie fünf Jahre lang."

„Halt!" rief da eine ernste, klangvolle Stimme in den Tumult von Tönen hinein, der diesem Urtheilsspruch folgte, „halt, hört erst mich. – Das Mädchen ist unschuldig!"

Wunderbar war die Wirkung, die diese wenigen Worte auf die Versammelten ausübten, und selbst die Ohnmächtige schienen sie ins Leben zurückgerufen zu haben. Zu gleicher Zeit sprang Glentek, der junge Krieger aus den Bergen, die Ballustrade, die ihn von dem innern Raume trennte, mit einem Satz überspringend, in diesen hinein und ging mit leichtem Schritt dem Gusti zu, vor dem er, auf seine kurze Lanze gestützt und das Haupt vor ihm beugend, ehrerbietig, doch fest entschlossen stehen blieb.

„Wer bist du?" fragte dieser freundlich den ihm fremden Krieger, indem sein Auge mit Wohlgefallen auf den schlanken, kräftigen Gliedern, wie den offenen Zügen des Jünglings hafteten. „Was weißt du von der Schuld des Mädchens hier, das ihr Vergehen schon offen eingestanden?"

„Ich selber bin der Dieb," sagte der Eingeborene, und wenn auch seine Lippen bei der Lüge zitterten und seine Wangen sich entfärbten, begegnete er fest und unerschüttert dabei dem Blick des erstaunt zu ihm niederschauenden Richters.

„Du wärst der Dieb?" sagte da der alte Gusti nach langer, peinlicher Pause, indeß er sorgfältiger als vorher noch die edle Gestalt des jungen Eingebornen gemustert hatte und ernst und zweifelnd dabei mit dem Kopfe schüttelte; „wer bist du und woher stammst du?"

„Ich heiße Glentek und meines Vaters Haus liegt in dem Hochland von Benoi."

„Bist du mit dem Rajah Glentek dort verwandt?" rief rasch und erschreckt der Gusti.

„Er ist mein Vater," erwiderte mit kaum hörbarer Stimme der junge Balinese.

„Unglücklicher!" rief der Gusti da, die Hand abwehrend vor sich ausstreckend, „wozu bekennst du dich? Und weißt du, welche Strafe d i r bevorstände?"

„D e r T o d!" sagte Glentek ruhig und unerschüttert – „ich weiß es, Gusti; aber ein Glentek kann nicht dulden, daß ein Weib s e i n e t w e g e n unschuldig leide."

Ein wildes Gemurmel durchlief wieder die Schaar der Eingeborenen, und der Holländer war zu seinen Freunden hinüber getreten, diesen die Wendung mitzutheilen, welche die Sache zu nehmen schien.

„Wie kann der Bursche dort der Dieb sein?" rief da Mevrouw Van Soeken rasch und zürnend, „ich habe ihn noch nie an Bord gesehen. Er hat, so viel ich weiß, das Schiff in seinem Leben nicht betreten."

„Das ist eine Liebesgeschichte," sagte der Holländer kopfschüttelnd, „ich glaube selbst nicht, daß der junge Bursche mit der ganzen Geschichte etwas zu thun gehabt, und will dem Gusti wenigstens meine Meinung darüber sagen."

„Du siehst nun, liebes Kind," flüsterte der Capitain, dem sich bei dieser Wendung eine große Last von der Seele wälzte, der Gattin zu, „daß dein Verdacht vollkommen grundlos war. Der Bursche dort ist sehr wahrscheinlich der Bräutigam, vielleicht der Mann der Dirne, der jetzt bekennt, das Tuch entwandt zu haben, um der Geliebten ein seiner Meinung nach kostbares Geschenk damit zu machen."

„Wir wollen sehen, wir wollen sehen!" murmelte Madame in fast fieberhafter Aufregung. „Aber – sie können ihn doch nicht deshalb ermorden?"

„Der Balinesen Strafe auf Diebstahl ist der Tod," sagte der Capitain gleichgültig. „Ich glaube nicht, daß sie mit ihm eine Ausnahme machen werden. Doch will ich sehen, was sich bei dem Gusti für ihn thun läßt. Lieber Gott, wenn wir jetzt nur nicht Wind und Strömung damit versäumten!"

Der Gusti hörte aufmerksam an, was ihm der Weiße als Aussage der Klägerin mittheilte, und wandte sich dann langsam und ernst an den Jüngling.

„Hast du das Schiff dort draußen je betreten, Glentek?" fragte er ihn, und sein Auge haftete dabei fest und prüfend auf den Zügen des jungen Mannes.

„Könnt' ich das Tuch sonst entwendet haben?" entgegnete dieser finster.

„Zu welcher Zeit war das?"

„Bei Nacht."

„Bei Nacht, und die Wachen entdeckten dich nicht?"

„Die stumpfsinnigen Europäer sind nicht so schlau, daß

sie ein Balinese nicht betrügen könnte," rief aber der Krieger zornig, „Glenteks Fuß berührt den Boden, wie des Nachtvogels Flügel die Luft. Nicht der Tiger hört ihn, wenn er im Teing Dickicht ihn beschleicht, nicht der scheue Hirsch im Alang Alang."

„Glentek!" rief da Kassiars Stimme mit herzzerreißendem Ton ihn an. „O glaubt ihm nicht, m e i n e t wegen will er dem ehrlosen Tode trotzen. So edel jeder Tropfen Blutes in ihm, er l ü g t , wenn er sich meinetwegen schuldig nennt."

„Hörst du das Mädchen?" sagte der Gusti auf die Jungfrau zeigend, die sich in angstvoller Hast jetzt vom Boden hob und, die Haare aus der Stirn streichend, auf den Jüngling zustürzte, vor ihm zu Boden sank, seine Knie umfaßte und bittend ausrief:

„O Glentek, Glentek, kannst du deiner Kassiar verzeihen?"

Starr und regungslos blieb der Krieger stehen, und nur ein eigener Ausdruck von Schmerz und Liebe durchzuckte seine Züge. Doch auch diese Schwäche, wenn es je etwas derartiges gewesen, schwand im Augenblick. Eisern wie vorher blieb das Antlitz der edlen, dunklen Gestalt, und er sagte finster:

„Hat das Wort einer Dirne hier Gewicht gegen die Aussage Glenteks von Benoi? – Ihr seid Männer, und euch gegenüber erkläre ich, daß ich jenes Tuch vom Bord des Schiffes heimlich entwendet habe. Wie und weshalb, darauf weigere ich die Antwort. Jetzt thut mit mir nach dem Gesetz."

„Darnach bleibt nichts mehr zu erfüllen als der Richterspruch," sprach feierlich und ernst der Gusti.

„Glentek von Benoi, bereite dich zum Tode, denn du hast keine Viertelstunde mehr zu leben."

„Ich bin bereit," erwiderte ruhig und mit fester Stimme der junge Balinese.

„Halt – das geht nicht – das kann nicht sein!" rief aber hier der Capitain, der ebenfalls hinzugetreten war, und genug vom Balinesischen verstand, den Sinn des eben hier Verhandelten zu begreifen.

„Weiß der Europäer etwas, das die Schuld von den Händen des Verurtheilten nimmt?" sagte der Gusti rasch.

„Nein, das nicht," versetzte halb scheu und doch auch wieder entschlossen der Capitain; „aber – giebt es nichts in euren Gesetzen, das im Stande ist, den Urtheilsspruch zu mildern? – Kann das Verbrechen nicht durch irgend eine Buße – durch Geld vielleicht – gesühnt werden? Ich mag die Küste hier nicht verlassen und das Blut eines ihrer Kinder, die mich alle so freundlich hier empfangen haben, mit hinaus nehmen auf das blaue Wasser." –

Aus der Schaar der Eingeborenen war indessen auf des Gusti Wink ein Einzelner, der sich sonst in nichts von den Übrigen unterschied, heraus und vor den Verurtheilten getreten. Hier zog er langsam sein Messer, den balinesischen Radotan, aus dem Gürtel und wartete der weiteren Befehle seines Oberen.

„Unsere Gesetze," sagte der Gusti ernst, „verlangen für solchen Diebstahl den T o d des Missethäters. Aber das Verbrechen ist an einem Fremden verübt, und wenn er selbst auf Milderung besteht, g i e b t es einen Ausweg."

„Gott sei Dank!" rief der Capitain, als er die Worte vernahm. „Nennt mir die Summe. Ich will lieber einen großen Verlust leiden, als Blut – dies Blut auf meiner Seele wissen."

„Die Summe ist nicht so groß," erwiderte der Gusti, „und ebenfalls durch unsere Gesetze vorgeschrieben. Wenn der Fremde zwei Säcke Kupfer (der Sack etwa dreißig Gulden) zahlt und sich verbindlich macht, den Verurtheilten, der von da an sein Sklave ist, mit fortzuführen und nie wieder an diese Küste zurück zu bringen, von der er verbannt ist für immerdar, so ist sein Leben gerettet."

„Verbannt – i c h von Bali, von meinem Vaterland?" rief da Glentek, wild emporfahrend und die Waffe, die er in seinen Händen trug, fester fassend – „nie, nie im Leben! Ihr mögt mich tödten – ich habe den Tod verdient und mag nicht länger leben, aber v e r b a n n e n könnt und d ü r f t ihr mich nicht. Ein Sklavenleben für Glentek, fern von der Heimath, fern von meiner Palmen Wehen? – Nie – nie und nimmer!"

„Ich zahle die zwei Säcke Kupfer!" rief aber rasch der Capitain. – „Gebt mir einen eurer Leute mit an Bord, Gusti, der mag sie zurückbringen, und mein Freund dort bürgt euch indessen dafür. – Laßt den Verklagten hier und seiner Wege gehen. Er hat Strafe genug durch die Angst ausgestanden."

„Sein Urtheilsspruch ist gefällt," entgegnete finster der Gusti. „Ließen wir um geringe Geldstrafe den Diebstahl frei, ihr Weißen selber wäret die Ersten, die Klage auf Klage häuften und uns am Ende zwängen, unsere Gesetze zu ändern. Aber nicht allein das Verbrechen," setzte er mit einem ernsten Blick auf den jungen Mann hinzu, „nein auch der W i l l e der Menschen mag seine Geltung finden. Er, dessen Adern noch junges, rasches Blut durchströmt, w o l l t e den Tod, und seines Vaters wegen freut es mich, daß ich die Strafe in Verbannung mildern darf. Wer sich aber einmal eines solchen Verbrechens selbst geziehen, kann nicht in unserer Gemeinschaft lebend bleiben. Er hat sich selbst gerichtet."

„G u s t i !" rief der Gefangene, sich stolz, ja selbst drohend gegen den Richter wendend.

Der alte Mann aber, ohne die Bewegung weiter zu beachten, schüttelte nur langsam mit dem Kopf und sagte wieder finster:

„Sendet das Geld an Land und nehmt dafür den Gefangenen hier mit in See. Vielleicht macht ihr noch einmal einen tüchtigen Matrosen aus ihm. – Kein Wort weiter," setzte er rasch und fast ängstlich hinzu, als sich der Verurtheilte noch einmal an ihn wenden wollte; – „ich habe den Urtheilsspruch gefällt; an meinen Leuten hier liegt es jetzt, ihn ausgeführt zu sehen."

Und mit den Worten verließ er rasch das Haus.

Gegen den Spruch des Gusti gab es keine Appellation. Wenn aber ein Wesen in dem weiten dichtgedrängten Raum in steigendem Interesse, in erwachender Hoffnung und endlich in jubelnder Lust der Wendung gefolgt war, die das Todesurtheil nahm, so war das Kassiar, die Angeklagte. Nur so lange des Gusti Gegenwart ihr Herz mit Scheu und Angst erfüllte, wagte sie nicht zu sprechen, wagte sie nicht, ihren Gefühlen Worte zu geben. Jetzt aber, als er den Rücken gewandt und in der zusammendrängenden Masse der Übrigen verschwunden war, hob sie sich vom Boden auf, flog auf Glentek zu und bedeckte seine Hände und Knie mit Küssen. Aber Glenteks Geist war weit von da, in seinen Bergen, die er von nun an nie wieder betreten sollte. – Sein Auge blickte stier in die Leere und krampfhaft hielt indeß die

Rechte das treue Rohr, die Linke seinen Radotan gefaßt.

„Glentek, Glentek," bat da Kassiar, noch immer zu seinen Füßen hingeschmiegt, – „o sage, daß du mir nicht zürnst, sage, daß du mich nicht hassest und ich dir folgen darf, wohin dein Schritt sich wendet – weit über das Meer, an ferne, wüste Küsten, in nebelbedeckte Länder, in öde Steppen, wohin es ist, wenn nur dein Blick mir dort wieder freundlich lächelt, wenn nur dein Liebeslaut wie früher zu meinem Herzen dringt."

Glentek hörte sie nicht. – Still und regungslos stand er da und vor seinen Augen wehten die Farnpalmen seiner Berge, vor seinen Ohren rauschten die wilden plätschernden Quellen und tönte der schrille Ruf des wilden Huhns, der gellende Schrei des Tigers.

Da berührte eine Hand leicht seine Schulter, und als ob ihn ein elektrischer Schlag getroffen hätte, zuckte er empor und sah wild um sich her.

„Es wird Zeit, Glentek," sagte da die freundliche Stimme des Holländers, der gut genug mit den Sitten der Eingeborenen bekannt war, um zu wissen, daß den Meisten Verbannung viel fürchterlicher ist als der Tod, und der Mitleid mit dem jungen Burschen fühlte. – „Der Capitain will segeln, und du weißt, daß dir die Gesetze deines eigenen Landes nicht gestatten, länger – lebendig – auf diesem Boden zu weilen."

„Es ist gut," entgegnete Glentek, der sich rasch sammelte und jetzt wohl fühlte, daß er sich dem Unvermeidlichen auch wie ein Mann fügen müsse. „Es ist gut – ich bin bereit."

„Und darf ich mit dir gehen, mein Glentek – darf ich dir

219

folgen, wohin dein Fuß sich wendet?" bat das Mädchen, noch immer an seine Knie geschmiegt.

Der junge Bursche schüttelte langsam mit dem Kopf.

„Fahre wohl, Kassiar," sagte er ernst aber ohne Bitterkeit im Ton, indem er leise mit seiner Hand ihr Haupt berührte. „Unsere Wege trennen sich hier. Ich träumte einst von einem Glück an deiner Seite – das ist vorbei."

„Glentek!" klagte in herzzerreißendem Tone das arme Kind.

„Lebewohl!" sprach der Jüngling und schob leise die Hand, die sein Gewand noch immer fest gefaßt hielt, zurück. Kassiar gehorchte der Bewegung und ließ ihn los, während sie flehend die Arme zu ihm ausstreckte, aber er wandte sich langsam von ihr ab und schritt, dem Winken des Europäers folgend, ohne auch nur noch einmal den Blick zurückzuwerfen, dem Strande zu.

5.

Fünf Jahre waren nach den im vorigen Kapitel beschriebenen Vorgängen verflossen, und manches hatte sich indessen auf Bali verändert. Den Holländern war der kriegerische Geist des Nachbarvolkes, der auch oft in übermüthigen, seeräuberischen Thaten ausbrach, schon lange lästig geworden, und sie hatten gesucht die Rajahs von Bali für sich zu gewinnen, daß sie wenigstens ihre Oberherrschaft a n e r k a n n t e n , wenn sie auch jetzt keine anderen Schritte weiter thaten. Dem entgegen stand aber stets der einflußreichste Mann von Bali, der alte Dewa Argo, der Oberpriester der Insel. Dieser trat mit allen Kräften für die Unabhängigkeit der Insel in die Schranken, wollte von keinen Verträgen mit den Fremden wissen und behauptete, daß sie selbst noch so viel Gewalt wie Fähigkeit hätten, ihre Insel zu regieren und in Ordnung zu halten. Allen versuchten Bestechungen blieb er ebenfalls unzugänglich, bis ihn ein plötzlicher Tod jählings hinwegraffte. Die allgemeine Stimmung sagte, er sei durch Gift gestorben.

Schon vorher hatten die Holländer versucht, sich die Insel durch die Gewalt der Waffen zu unterwerfen. In offener Schlacht und im niedern Küstenland waren die Insulaner, obgleich sie sich mit wilder Tapferkeit den überlegenen Waffen der Feinde entgegenwarfen, auch besiegt worden, in ihren Bergen hätten sie sich aber noch lange und für immer halten können. Die Holländer sahen das auch recht gut ein. Um das Leben ihrer eigenen Leute zu schonen, die bei einem fortgesetzten Kampf mit den zähen Bergvölkern den Gefahren des Klimas nicht allein, sondern auch den furchtbaren Strapazen und Entbehrungen ausgesetzt bleiben mußten, begannen sie nach des Dewa Argo Tode friedliche Verhandlungen mit den Rajahs, die ihnen jetzt nicht mehr so feindlich entgegen standen. Diese wußten sie größtentheils für sich zu gewinnen, brachen dadurch die Einigkeit derselben und rückten ihrem Ziele, das sie mit ihren Geschützen und Bajonetten vielleicht im Leben nicht, oder doch nur mit furchtbaren und unverhältnißmäßigen Opfern erreicht hätten, durch Geduld und Schlauheit näher und näher.

Der Gusti von Kota, einer der den Holländern am meisten geneigten Balinesen und der intime Freund des jetzt dort installirten holländischen Consuls, saß in dieser Zeit Morgens nach dem Frühstück, und eben aus einer langen europäischen Pfeife rauchend, in seinem Hause, als ein Eingeborener in schmutzigen, zerrissenen Kammen, den

Oberleib nothdürftig durch den ebenfalls zerfetzten Sappot bedeckt, selbst ohne Kopftuch, die wilden langen Haare nur durch Bast auf seinem Scheitel zusammengebunden, die Veranda betrat, und ohne sich vorher bei dem Richter anmelden zu lassen, ja ohne, wie es die Sitte gebot, auf der Erde knieend seinen Befehl zu erwarten, rasch an den Wachen vorüber in das Zimmer schritt, in dem der Gusti sonst die kleineren Verhöre abzuhalten und Bittende zu empfangen pflegte.

Der junge Eingeborene glich aber keinem Bittenden. Den Radotan ausgenommen, der im Kammen stak, war er allerdings völlig unbewaffnet, doch seine ganze Haltung war trotz der zerrissenen Kleidung so kühn und edel, daß selbst die Gerichtsdiener, die das Haus umlagerten und den Hofstaat des Gustis bildeten, nicht wagten, ihn zurück zu halten. Nur an die Thür drängten sie sich, um dem leisesten Ruf ihres Gebieters rasche Folge leisten zu können, wenn der Fremde, den Niemand von ihnen kannte, etwa gar Unehrerbietiges oder Böses im Schilde führen sollte. Daß er ein Recht hatte, aufgerichtet zu ihrem Gusti hineinzutreten, konnten sie nicht bezweifeln, er hätte es sonst nicht gewagt, da ihm die Strafe gleich auf dem Fuße folgen müßte.

Der Gusti lehnte auf seinem mit weichen Kissen der Dapatwolle belegten Bambussopha und hob sich allerdings überrascht empor, als er die wilde Gestalt so kühn und trotzig zu sich eintreten sah.

„Ist das Landessitte?" sagte er strafend, indem er den Fremden dabei mit forschendem Blick musterte, „in solcher Art den Gusti aufzusuchen? – Waren keine Diener an der Thür, die dich melden konnten? Bist du hier zu Hause, auf deiner eigenen Schwelle, daß du die schuldige Ehrfurcht vergissest, die dem Obern gebührt?"

„Verzeih den raschen Eintritt, Gusti!" rief mit tiefbewegter aber unterdrückter Stimme, vielleicht um nicht von den außenstehenden Dienern gehört zu werden, der Fremde. „Aber der Zweck, um den ich komme, mag mich entschuldigen, mein Name dir bürgen, daß ich als Gleicher dir nahen darf. Kennst du mich noch?"

Der Gusti musterte die edlen, aber wild verstörten Züge des Fremden, die fahlen Wangen und eingefallenen Augen, dann sagte er kopfschüttelnd:

„Nein. Zu viele Gestalten ziehen an meinem Blick vorüber. Dein Antlitz ist mir bekannt, und doch weiß ich nicht, wo ich zum letzten Mal dich sah. Dein Name?"

„Glentek von Benoi."

„Glentek?" rief der Richter, erschreckt von seinem Sitz emporspringend. „Unglücklicher, was treibt dich wieder her zu uns? – Weißt du nicht, daß dein Leben in dem Augenblick verfallen ist, wo du des Landes Küste wieder betrittst, das dich verbannte und von sich stieß?"

„Ich weiß es," sagte Glentek ruhig, „mein Leben aber wäre von geringem Werth für das, was jetzt mich herführt."

„Kassiar?" rief der Richter, und ein Zug des Mitleidens zuckte über das sonst so starre strenge Antlitz des Mannes. „Sie ist todt, Glentek. Der Gram um dich vielleicht, vielleicht die Reue hat sie das erste Jahr hinweggerafft. Die kühle Erde deckt ihr gebrochenes Herz."

„Arme Kassiar!" seufzte Glentek leise. – „Doch ihr ist wohl – wohler als mir, der ich fünf Jahre der Verzweiflung fern von meinem Vaterland gelebt. Nein, Gusti, nicht die Liebe zu dem Mädchen führt mich an diesen Strand zurück, – seit jenem Tag schon war sie für mich begraben, und was ich seitdem erlebt, hat mir bewiesen, daß Kassiar Glenteks von Benoi doch nicht würdig war. Sie ruhe sanft; ich habe ihr verziehen."

„Und was trieb sonst dich her?" fragte erstaunt der Gusti.

„Mein Vaterland!" rief der Balinese mit vor innerer Bewegung fast erstickter Stimme. „Ich habe ertragen," fuhr er nach einer kleinen Pause, in der er sich gewaltsam sammelte, ruhiger aber immer noch in großer Aufregung fort, – „ertragen die langen Jahre hindurch, was nur ein Mensch ertragen kann. Die Feinde – denn unsere F e i n d e sind jene Männer, deren Flaggen jetzt von vielen Schiffen im Hafen draußen wehen, wenn sie auch freundlich und mit gleißnerischer Zunge zu uns kommen – die Feinde halten uns nun einmal für eine untergeordnete Raçe bestimmt zu gehorchen und ihnen Schätze anzusammeln, die sie weit überm Meere drüben dann verprassen. Ich bin dort gewesen, ich habe ihre Macht und Größe gesehen, ihre zahlreichen Schiffe, ihre zahllosen Mannschaften, ihre künstlichen mörderischen Waffen, die Wagen, die mit Blitzesschnelle das Land durchfliegen, ihre Häuser, in denen sie tausende von Menschen zu e i n e m Zweck beschäftigen. – Aber ich habe auch ihre Waarenplätze gesehen, in denen sie die Produkte einer W e l t aufhäufen, und dort begriffen, wie ein Volk, das erst so weit gegangen, das solche Bedürfnisse für sein L e b e n hat, nicht stehen bleiben kann und wird, mehr und mehr zu gewinnen, mehr und mehr an sich zu reißen. Die Holländer haben das Geld und die Macht in Händen, und F r e u n d s c h a f t zwischen einem solchen Staat und uns ist nicht mehr denkbar. Der Schwache wird und muß des Stärkeren Beute werden."

„Aber was hat das alles mit d i r zu thun?" sprach der Gusti, erstaunt den Beredten anschauend. „Ich weiß das alles," fügte er mit Stolz hinzu, „es ist ein mächtiges Volk und unser Freund, – und um mir das zu sagen, brauchtest du dein Leben nicht zu wagen."

„Mein L e b e n !" rief der Balinese wieder, verächtlich mit dem Fuße den Boden stampfend. „Was gilt mein Leben hier, wo Balis Heil das Losungswort sein muß? Höre mich weiter. – Ich wanderte, lebte fünf lange Jahre zwischen ihnen und lernte ihre Sprache, lernte lesen und schreiben mit i h r e n Zeichen und Worten und eine neue Welt eröffnete sich mir. Nicht mehr auf Andere brauchte ich mich zu verlassen, um Nachricht aus der Heimath zu vernehmen. – Mit eigenen Augen konnte ich in all den Blättern, die täglich dort im Volk verbreitet werden, selber lesen, wie sich mein Volk hier wacker allen Eingriffen in seine Rechte, die jene Fremden wagten, widersetzt. O wie mir das Herz pochte, als ich die Kunde mit eigenen Augen sah, daß meine Landsleute mit Lanze, Bogen und Blasrohr herab ins flache Land gestiegen waren, dem Feind die nackte Brust entgegenzuwerfen und ihn zurück ins Meer zu treiben! O wie das da im Herzen stach und brannte, daß ich nicht Theil nehmen durfte an ihren Kämpfen, an ihren Siegen, daß ich v e r b a n n t von Bali war, ein Ausgestoßener von meiner Mutter Erde, und doch für sie die heiße, brennende Liebe im Innern tragend! So war mir zu Muth, als ich von Balis Siegen las. Wie aber, als ich von unserer Niederlage hörte, von Vortheilen, die die Holländer über uns gewonnen, von Bedingungen, die uns vorgelegt wären, ihren Frieden anzunehmen und ihre Oberherrschaft anzuerkennen!"

„Mich litt es nicht mehr in Europa. – Längst schon hatt' ich die Summe, die jener Weiße für mich gezahlt, abverdient – mehr noch vielleicht, als er mir dankte. Ich rettete sein Weib bei einer Landung mit dem Boot in einer Stadt im brittischen Indien, und wenn ich das Verhältniß recht begreife, in dem die beiden Gatten mit einander leben, so glaub' ich, hab' ich mich für vergangenes Leid gerächt. So, frei von ihm, schiffte ich mich auf einem andern Fahrzeug ein, das mich nach Soerabaja an der Javanischen Küste brachte, und hier – Brachma versenge mich, wenn mich die Nachricht nicht wie ein Todesstoß im Herzen traf – hörte ich, daß das einzige Herz von Bali, das voll Kraft und Vaterlandsliebe im Stande war, die feindlichen und eifersüchtigen Rajahs mit starker Hand zusammenzuhalten, daß das einzige Herz in Bali, das, von reiner Liebe für die Heimath beseelt, auch die Gefahr begriff, in der wir schwebten, daß der Dewa Argo von feiger, verrätherischer Hand vergiftet und der Fremde im Begriff sei, mit vorgeschützter Freundschaft mein Vaterland zu unterwerfen. Wohl hörte ich von tapferen Schaaren, die aus den Bergen mit Radotan und Speer hernieder stiegen, dem Feinde zu begegnen. Aber die S e e l e fehlt, die jetzt die Massen im Zügel halten könnte. Mein Vater selber ist alt; viele der anderen Rajahs standen schon früher im Verdacht, mit fremdem Gelde, wenn nicht gekauft, doch arg geblendet zu sein. Dumpfe Gerüchte gingen dabei umher, daß Bali Priester nach Indien abgesandt habe, die Lehre des Islam zu prüfen und zu bestimmen, ob wir selber den alten Göttern treulos werden sollten. Da litt es mich nicht mehr in Feindes Land; die Gefahr, die meinem Leben drohte, durfte mich nicht schrecken. Mein Leben gehört ja Bali, mein Arm, mein Herz. – Für das ersparte Geld erhandelte ich mir ein kleines Boot, setzte meine Segel und steuerte, selig in dem Gedanken, welchem Ziel ich entgegenflog, der vaterländischen Küste wieder zu. In Tabannar wollt' ich landen und von dort meine Heimat erreichen, als mich der Sturm erfaßte, der vor wenigen Tagen diese Küste peitschte, und mich herunter in die Bai warf. Mein Kahn füllte sich und sank unfern von Sersek, und mit Schwimmen rettete ich mich wieder an die Küste, die mich vor so viel Jahren einst als Verbrecher von sich stieß."

„Und was suchst du hier, Verblendeter?" fragte der Gusti, der der leidenschaftlichen Erzählung des Flüchtlings ernst und kopfschüttelnd gelauscht hatte.

„Was ich suche?" rief aber Glentek staunend aus. „Ein Heer, dem Feind zu begegnen! – Die Schaaren der Unseren suche ich, die sich um die wehenden Lanzen ihrer Rajahs gesammelt haben, die Pässe unserer Berge zu besetzen und Tod und Verderben in die Reihen der Feinde zu schleudern, wenn sie es wagen sollten, uns da anzugreifen. – Dich hab' ich aufgesucht vor allen anderen, weil ich wohl wußte, Gusti, du würdest den Sohn deines Freundes, wenn du ihn einst auch zum Tode verurtheilen mußtest, nicht v e r r a t h e n , und dich bitte ich jetzt, mir die Pässe zu nennen, in denen die Unseren stehen, daß ich im Stande bin, mich ihnen anzuschließen. Gram und Leid haben mir so tiefe Furchen in die Haut gegraben, daß ich nicht fürchte, dort erkannt zu werden, – nur meinen Vater will ich sehen, und dann ja gern das Leben, das doch dem Vaterland gehört, für dieses opfern."

„Du träumst, Glentek," entgegnete ihm da ruhig der Gusti. – „Was sprichst du von gerüsteten Schaaren, von Feinden und Gefahren, die dem Lande drohen? Bali hat sich seit langer Zeit keines so ungetrübten Friedens erfreut als gerade jetzt. Nicht geschlagen, wenn auch in kleinen Gefechten besiegt, haben unsere Rajahs doch eingesehen, daß es für das Volk besser sei, sich die Freundschaft des mächtigen Nachbars zu erhalten. Dessen Truppen sind jetzt nach Java zurückgezogen, die wenigen ausgenommen, die er zum Schutz seines Handels hier zurückgelassen. Kein Blut wird mehr auf Bali vergossen werden, eingebildeter, thörichter Rechte oder Vorurtheile wegen."

„Kein Blut auf Bali vergossen?" rief Glentek, einen Schritt entsetzt zurücktretend, „und ist der Mord des Dewa Argo denn gerächt?"

„Der M o r d des Dewa Argo? Wer sagt dir, daß ein Mord geschehen sei? Der Dewa Argo starb natürlichen Tod."

„Und Bali ist nicht in Aufruhr?" rief Glentek, kaum seinen Sinnen trauend; „die Krieger ziehen nicht in Schaaren, um endlich den letzten Feind von unserem Boden zu vertreiben?"

„Du träumst, sag' ich dir!" sprach kopfschüttelnd der Gusti. „Bali ist ruhig, und wenn du hier herüber kamst, die Hoffnung auf blutige Kämpfe im Herzen tragend, so hast du dich zu unserem Heil getäuscht. Es wäre dir besser gewesen, du hättest Bali nie wieder gesehen."

„Friede und Freundschaft mit den Mördern des Hohenpriesters!" schrie da Glentek, sich mit blitzenden Augen emporrichtend. „Ha, Gusti, da kennst du nicht die Stimme der Gebirge und ihren Geist! Hier im flachen Lande, unter Malayen und Chinesen magst du, an sklavische Sitten gewöhnt, dich auch dem Willen fremder Eroberer haben fügen lernen, aber besser kenne ich dort m e i n Volk. Mein Ruf soll durch die Berge schallen, mein wohlbekanntes Flammenzeichen die Brüder zusammenrufen und wenn sie in jubelnden Schwärmen aus den Klüften und Schluchten unserer bergigen Heimath niederbrechen –"

„Wahnsinniger, halt ein!" rief der Gusti, von seinem Lager emporspringend und den Arm in Zorn und Abscheu gegen ihn ausstreckend. „Krieg und Verderben willst du aufs Neue in diese Thäler bringen, in denen der Schlachtenschrei kaum erstorben, das Blut kaum ausgetrocknet und verdampft ist? Das Messer des Richters hängt über dir, und du wagst es, uns mit Meuterei zu drohen! – Weißt du, daß ein Wort von mir dich den draußen nur darauf harrenden Dienern in die

Hände wirft?"

„Glaubst du, den Glentek fingen sie lebendig?" lachte da der junge Balinese wild auf, „wenn er sich nicht geben will? Denkst du, dieser Radotan wäre nicht im Stande, sich die Bahn zu brechen? Und zehn Fuß Vorsprung dann, mit all deinem Schwarm von Dienern auf den Fersen, brächte mich nicht in wenigen Minuten in die Dickichte dieser Wälder und unerreichbar frei von euren Sclaven? Hältst du es mit den, dann schlimm für dich, wenn wir als rächendes Gericht wieder von den Bergen und über dich hereinbrechen! Kein Erbarmen hast du dann von uns zu hoffen. Und nun thue dein Schlimmstes, denn in wenigen Minuten bin ich frei."

„Verblendeter!" sagte aber der Gusti, ohne seine Stellung auch nur um eines Zolles Breite zu verändern. „Zum Glück für Bali kommt dein wilder Schlachtenschrei zu spät. Schon vor zwei Monaten ist der Handels- und <u>Schutz-</u> und Trutz-Vertrag mit Holland abgeschlossen, und während wir die Oberherrschaft der Fremden, die uns nun doch einmal in den Waffen und an Macht überlegen sind, anerkennen mußten, haben wir uns heilig verpflichtet, die Waffen nicht mehr gegen sie zu ergreifen."

„Die Oberherrschaft der Fremden anerkannt? – verpflichtet die Waffen nicht mehr aufzugreifen gegen den Feind des Vaterlands?" rief Glentek entsetzt und seinen Ohren kaum trauend – „das ist L a n d e s v e r r a t h !"

„Ein Friedensbündniß ist geschlossen;" erwiderte der Gusti, „und wer eine Waffe hebt, das zu brechen, den trifft nach unserem Gesetze der Tod."

„D e r   T o d !" wiederholte Glentek in hohlem geisterhaftem Ton, und sein Schultertuch um das Haupt ziehend, blieb er viele Minuten lang zerknirscht, vernichtet stehen. Alles war verloren, worauf er noch seine Hoffnung gesetzt – ihre Schwerter in die Scheiden zurückgestoßen, ihre Hände selber durch das Friedensbündniß gekettet.

Der Gusti fühlte Mitleid mit dem Jüngling, und das eigene Mißtrauen vielleicht, ob jenes Bündniß für Bali so segensreich wirken könne, wie er es einst gehofft, mochte ihn mit antreiben, die junge Kraft dem Vaterlande zu erhalten, sie nicht muthwillig zu zerstören.

„Du warst im Irrthum, Glentek," sagte er, aufstehend und freundlich seine Schulter berührend, „als du das Land in Waffen wähntest. Es ist tiefer Friede, und wir können und wollen uns nicht länger mit dem mächtigen Gegner messen, dessen Geschütze unsere jungen Leute zu Hunderten niedermähten. Die alten Gesetze dieses Landes sind aber noch in Kraft geblieben und denen wärst du verfallen, entdeckte außer mir auch noch ein anderer deinen Namen – deine Schuld. Tritt hier hinein und erfrische deinen Körper erst mit den Speisen, die hier stehen, und dann geh' hinunter zum Strand. – Gerade dem Wrack gegenüber, das an der Küste liegt, findest du ein kleines grün gemaltes Boot. Es ist mein Eigenthum. Nimm es und kehre damit nach Java zurück."

Glentek schwieg, und ohne seine Stellung zu verändern, barg er noch immer das Antlitz in dem Sappot. Als er die Arme endlich sinken ließ, war sein Gesicht fahl und todtenähnlich geworden, und er sagte mit leiser, aber fest entschlossener Stimme: „Ich bleibe hier!"

„Unglücklicher!" schrie aber der Gusti, „willst du denn muthwillig in dein Verderben rennen? Täusche dich nicht, ich selber, wenn ich es wollte, könnte dich nicht schützen."

„Das sollst du auch nicht, Gusti!" sagte da der Jüngling

plötzlich, und ein eigenes wildes Feuer glühte aus den rastlos umherblitzenden Augen. „Ich sehe, wie es ist; mein Vaterland ist verrathen und verkauft, unsere Tempel werden zerstört, unsere Priester und Rajahs vertrieben, unser freier Boden selbst wird unter das Joch gedrückt, und ehe ein Jahrzehnt vergeht, weht von diesen Bergen die verhaßte dreifarbige Fahne. Stirb Glentek, stirb, du nicht allein bist Sclave, dein ganzes Volk hat sich verkauft – verrathen!"

„Wahnsinniger!" rief der Gusti, seinen Arm ergreifend. „Du wirst dich selbst den Häschern überliefern, die deinen Namen draußen vor der Thür gehört."

„Zurück von mir!" schrie aber Glentek, aus dessen Augen ein rothes wildes Feuer zu glühen schien. – „Zurück! – Den Häschern überliefern? – Hahaha, sie sollen's wagen, den Tiger zu halten, wenn er im Ansprung ist! U h i !" schrie er da plötzlich mit wildgellendem Ton, indem er mit der Rechten den Radotan aus der Scheide riß, während die Linke den Bast aus seinem Haar warf, daß die langen rabenschwarzen Locken ihm wild die Schultern und Stirn umflatterten. – „U h i ! Glentek ist frei, aus den Bergen stürzt sich der Strom ins flache Land, von Stein zu Stein den Abgrund niederspringend, aus dem Dickicht schnellt sich der Tiger seiner Beute zu. Die Anaconda liegt im Palmenwipfel und schießt, dem Pfeil gleich, von der Höhe nieder auf ihren Raub, und so bricht Glentek jetzt hinaus in's Freie – u h i ! Dewa Argo, wo sind deine Mörder, wo die feigen Schurken, die dich verrathen haben? – Ich komme, ich komme dich zu rächen!"

Entsetzt war der Gusti zurückgesprungen und hatte die eigene Waffe von der Seite gerissen, um sich zu vertheidigen. Aber ihm galt der Angriff nicht, und mitten hinein zwischen die Häscher, die jetzt die Thür aufgerissen, den Rasenden zu fassen, sprang Glentek, den geflammten

Radotan in der Faust. – „Da und da!" schrie er, nach links und rechts hinüberstoßend, „habt ihr Stahl – theilt euch drein, u h i ! " Und wie die beiden zum Tod getroffen zusammenbrachen, flog der Rasende mit einem Satz über sie fort dem Ausgang zu und auf die Straße hinaus.

Wunderbarer Weise kommt dieser Zustand, der in seinem ganzen Wesen die vollkommenste Ähnlichkeit mit der beschriebenen Berserkerwuth unserer Vorfahren hat und im Norden jetzt ganz verschwunden scheint, sehr häufig auf den Inseln des indischen Archipels vor. Das Volk schreit dann Amok, Amok (ein Wahnsinniger), und alles, was nicht bewaffnet ist, flieht scheu zur Seite, während die Bewaffneten den Wüthenden so rasch wie möglich zu tödten suchen – wie man bei uns einen tollen Hund unschädlich machen würde. Dieser Zustand von Raserei endet jedesmal mit dem Tode des Unglücklichen, den er erfaßt hat.

„Amok, Amok!" schrie das Volk draußen und stob auseinander. Die Fruchtverkäufer ließen ihre Körbe fallen und flohen in die Seitenstraßen hinein, die Reisträger ließen ihre zusammengedrehten Bündel im Stich, die Frauen rafften ihre Kinder auf und flohen in die nächsten Häuser, deren Thüren zugeschlossen wurden; einzelne junge Burschen flüchteten sogar vor der furchtbaren, den Weg niederrasenden Gestalt in Areka- und Cocospalmen hinauf, um dem unmittelbaren Anprall zu entgehen.

Vom Hause des Gusti sprang der Unglückliche aber, unbekümmert um das ihm folgende Geschrei, quer über den Marktplatz fort, mitten zwischen die Chinesen hinein, die hier feil hielten und Tische und Stände überstürzend zur Seite stoben. Fünf oder sechs von ihnen verwundete oder tödtete der Rasende, wild und rücksichtslos nur nach allem stoßend, was ihm in den Weg kam, gerade wie ein toller Hund schnappt und um sich beißt, und übersprang jetzt, ohne Achtung auf Weg und Steg, einzelne der Butju und giftigen Buntajahecken, deren stachliche Zweige ihn blutig rissen.

Der Schrei Amok zuckte indessen wie ein Blitz durch die Stadt, auch den Entferntesten Warnung gebend, und von allen Seiten stürmten Bewaffnete herbei, den Rasenden unschädlich zu machen und sich selbst, wie Frauen und Kinder von der Gefahr zu befreien.

Glentek hatte unter der Zeit die einzelnen Hecken übersprungen. – Er fühlte es nicht, daß ihm die Glieder brannten von dem Gift, und mit gezücktem Messer floh er jetzt gerade über den nächsten offenen Zaun, in dem sich die Netzlegereien und Webereien befanden. „Amok, Amok!" tönte der Schrei hinter ihm her, und die Weber und Netzstricker flohen entsetzt zur Seite. Nur ein junger Bursche, ein Knabe von kaum mehr als zehn oder zwölf Jahren, faßte keck und rasch ein quer über den Platz liegendes Seil von Cocosbast, das an der andern Seite an einem Pflock befestigt war, und hob es in die Höhe. Der Rasende stürmte heran, die Haare hingen ihm wild über das Gesicht nieder, und mit der blanken Waffe stieß er blind in die Luft. Da blieb sein Fuß in dem ausgespannten Seile hängen, und während er der Länge nach zu Boden schlug, entfiel seiner Hand die Waffe. Zwar raffte er sich im Augenblick wieder empor, aber ehe er den Radotan wieder ergreifen konnte, fielen die Weber und Netzstricker mit ihren Bäumen und eigenen Messern über ihn her. – „Amok, Amok!" schrie die Schaar. Glentek griff des einen Arm, brach ihn mit Gewalt ab im Gelenk und warf sich dann auf einen andern, um ihn mit den Zähnen zu fassen und zu zerfleischen. Aber ein furchtbarer Schlag, der ihn über die Stirn traf, warf ihn bewußtlos zurück und zu Boden, und im nächsten Augenblick suchten die Waffen Aller seinen

Körper – wühlten in seiner Leiche.

Unten am Strand, zwischen diesem, dem Fahrweg, der von Kota nach dem Banksal führt, und den beiden malayischen Begräbnißplätzen, steht eine einzelne, vom Wetter zerrissene, von unzähligen Orchideen überwachsene und von Pandanus und wilden Strandgewächsen dicht umgebene Cocospalme. Unter der ruht der Körper Glenteks von Benoi. Sein Land ist allerdings in Frieden mit den Fremden, die Waffen sind begraben und Friedenstraktate unterzeichnet worden. Aber die Macht und der Einfluß der Holländer wachsen dort von Tag zu Tag, ihre Flagge weht schon am Strand, und nicht lange wird es dauern, so flattert sie auch von den Bergen des einst freien Volkes.

Fußnoten:

[34] Tjanging, der westindische Corallenbaum, der in der letzten Hälfte des Jahres in Bali in Blüthe steht, und dann gar keine Blätter trägt, so daß ihn nur die langen, purpurrothen und büschelartig zusammenstehenden Kelche seiner Blumen vollkommen bedecken.

[35] Eine rothe Falkenart mit weißer Brust, welche die Balinesen wahrscheinlich Sikup, den Soldaten, nennen, weil ihre Krieger ein ähnliches Schild vorn tragen.

[36] Die Radjadja ist nämlich die Blatternkrankheit, die von den Europäern nach Bali gebracht wurde. Die Seuche forderte dort ungeheure Opfer und trat mit seltener Bösartigkeit auf. Einem eigenthümlichen Aberglauben nach beerdigen die Balinesen die an dieser Krankheit Gestorbenen nicht wie ihre anderen Todten, sondern bedecken nur die Körper leicht mit Erde und lassen Kopf und Füße frei. Es ist leicht begreiflich, wie in dem heißen Klima Bali's die Verwesung so vieler menschlicher Körper die Ansteckung der Seuche nur vermehren und die Luft im wahren Sinne des Wortes verpesten mußte.

Der Menschentiger.

1.

In den Preanger Regentschaften auf Java in Tji-dasang,

235

einem kleinen Dorf oder Kampong, hatte sich schon seit einiger Zeit, und mit Bewilligung der holländischen Behörden, ein chinesischer Kaufmann niedergelassen, der mit den Eingeborenen in seiner Nachbarschaft nicht allein einen einträglichen Tauschhandel trieb, sondern auch ein ziemlich großes, dort in der Nähe gelegenes Gut gepachtet hatte, und Kaffee, Reis und andere Landesprodukte selber darauf zog.

Im Handel mit den Eingeborenen nahm er alles an, was ihm diese bringen konnten: eingekochten Arenzucker und geflochtene Matten, Hüte, ge„badek"te[37] Tücher und Sarongs, gewebte Zeuge, Hühner, Wild, Cocosöl, kurz alles Mögliche. Er selber brachte ihnen dabei eine Masse Dinge von Batavia mit, die sie oft noch nicht einmal dem Namen nach kannten, lehrte sie Spiegel und Schmuck, bunte Kattune und andere Sachen kennen und that, als Vertreter der Civilisation in dieser Berggegend, sein Möglichstes, die einfachen Menschen mit so viel neuen Bedürfnissen bekannt zu machen, als irgend anging.

Die Chinesen sind im Ganzen, wie sonst auch nur zu häufig ihre Moralität beschaffen sein mag, ein ungemein fleißiges und unternehmendes Volk, und so geschah es denn auch hier, daß Schang-hai, wie er nach seinem Geburtsort hieß, obgleich er nur ein sehr kleines Kapital und einen geringen Waarenvorrath mit in die Berge gebracht hatte, bald sein Vermögen verzehn-, ja verhundertfachte und für einen der Reichsten in der dortigen Gegend, jedenfalls unter den Eingeborenen galt.

Die Javanen sind ziemlich abergläubischer Natur und haben, wenn sie sich auch meist zum Islam bekennen, doch noch manches von ihren alten heidnischen Überlieferungen beibehalten, an denen sie mit außerordentlicher Hartnäckigkeit hängen. Es kommt dazu, daß dergleichen

Aberglauben meistens von der wilden, sie umgebenden Natur nicht nur begünstigt, sondern oft auch durch sie begründet wird. So schrieben sie auch Schang-hai, dessen rasch wachsenden Reichthum sie natürlich nicht allein von seinem Unternehmungsgeist und seiner Schlauheit abhängig glaubten, ebenfalls bald geheime Kräfte und Künste zu. Daß er sich gern im Wald aufhielt und oft Tage lang ausblieb – wobei er in Wirklichkeit nur kleine geheimgehaltene Geschäftsreisen machte – konnte sie nur noch mehr darin bestärken. Ebenso schien er nicht die mindeste Furcht vor den in jener Gegend noch in ziemlicher Anzahl sich aufhaltenden Tigern zu haben, und das war ihnen besonders verdächtig.

Der Tiger, wie die Gefahr, der sie von diesen wilden Bestien stets ausgesetzt waren, spielte überhaupt in ihrem ganzen Leben eine sehr bedeutende Rolle, und wunderliche Sagen über das geheimnißvolle Treiben dieser Thiere, das sie nur aus seinen furchtbaren Angriffen und blutdürstigen Verheerungen, wie aus seiner rücksichtslosen Grausamkeit kannten, waren dort überall im Umlauf.

Eine der bekannteren ist die vom M e n s c h e n t i g e r, die in mancher Hinsicht unserer deutschen Sage vom W e h r w o l f entspricht.

Es soll nämlich im Wald, nur von wenigen Auserwählten gekannt, ein Kraut wachsen, daß die wunderbarsten Kräfte besitzt. Der Genuß der Wurzel besonders verwandelt den Menschen in einen Tiger, und zwar in der wörtlichen Bedeutung des Wortes, in all seiner zähnefletschenden gestreiften Furchtbarkeit, und nur der Genuß einer anderen heilwirkenden Wurzel ist im Stande, ihm seine menschliche Gestalt zurückzugeben. Diese Menschentiger sind dann die gierigsten, grausamsten Bestien in der ganzen Thierwelt, und besonders dem Menschen gefährlich. Dabei haben sie ihren Menschenverstand bewahrt und wissen jeder ihnen drohenden Gefahr auch auf das Schlaueste und Geschickteste zu entgehen.

Auch in der Nähe von Tji-dasang hatten die Tiger, trotz der vom Staat ausgesetzten Prämien von fünfzehn Gulden, sehr überhand genommen, und besonders in einzelnen Kampongs große Verwüstungen unter den Heerden angerichtet, ja gar nicht selten sogar die mit dem Auskochen von Arenzucker beschäftigten Arbeiter überfallen und zu Holz geschleppt. Wohl waren die Eingeborenen außerordentlich thätig gewesen, durch Fallen und Gruben einen Theil dieser gefährlichen Raubthiere in ihre Gewalt zu bekommen und unschädlich zu machen; aber dies gelang ihnen bei nur sehr wenigen, und Jäger sind die Malayen und Javanen überhaupt nicht. Sie wissen zum Beispiel gar nicht mit Schießgewehren umzugehen, und wenn sie auch dann und wann einmal in Begleitung der Holländer eine solche Waffe führen, gefährden sie sich selbst und ihre Nachbarn weit mehr damit, als das Wild. Selbst Bogen und Pfeile führen sie nur zum Spiel, und ihre eigentlichen Waffen sind die Lanze, eine auf einen Bambus befestigte damascirte Stahlspitze, und der stets an der Seite getragene Klewang, eine Art kurzes Schwert, das ihnen hauptsächlich dazu dient, sich in den Dickichten Bahn zu hauen. Dazu ist es freilich auch dadurch vortrefflich geeignet, daß es vorn an der Spitze am schwersten ist und daher zum Hiebe die nöthige Wucht erhält. Den Khris oder Dolch haben sie fast alle im Gürtel stecken; die Lanze tragen sie dagegen nur ausnahmsweise, auf der Jagd und bei besonders festlichen Gelegenheiten.

Die Chinesen auf Java sind indessen noch viel weniger Jäger, und führen selbst nicht einmal eine Waffe – es müßte denn hie und da einmal heimlich geschehen, wozu sich aber

238

wieder die leichte Nationalkleidung nicht eignet, die sie nach einem Gesetz der Holländer auf Java tragen m ü s s e n .

Schang-hai war unverheirathet. Wie sich indessen seine Vermögensverhältnisse von Tag zu Tag besserten, fühlte er auch das Bedürfniß, eine Lebensgefährtin zu wählen und sich damit endlich einmal eine „häusliche Bequemlichkeit" zu schaffen. Es fing an ihm ungenehm zu werden, in seinem Hause allein zu sitzen, und als er alle seine übrigen Geschäfte besorgt hatte, glaubte er sich auch diesen „Luxus" – wie er es bis dahin genannt – gestatten zu dürfen.

Das wäre nun allerdings vortrefflich gewesen, wenn er daran schon vor einer längeren Reihe von Jahren gedacht und es ausgeführt hätte. Leider hatte aber der Chinese seine besten Lebensjahre damit verschwendet, Reichthümer aufzuhäufen, und da er nie, selbst nicht in seiner Jugend, auf Körperschönheit Anspruch machen durfte, so konnte ihm das Alter in dieser Hinsicht noch weniger günstig sein. Schang-hai war mit einem Wort ein kleiner, dicker, häßlicher, unansehnlicher Chinese, dessen Zopf sich schon grau zu färben begann, und die kleinen, etwas feuchten, brennend schwarzen Augen bekamen durch einen schielenden Blick selbst einen widerwärtigen, abstoßenden Ausdruck. Nichts desto weniger wußte er, was ihm auch der Spiegel über seine eigene Persönlichkeit sagte, doch recht gut, daß in der Welt mit Geld vieles, wenn nicht alles zu erreichen ist, und vielleicht war dies auch die Ursache, daß er seine beste Lebenszeit ebenso sorglos und unbekümmert hatte verstreichen lassen.

Da er dabei vernünftig genug war, bei einer Heirath nicht an die Vergrößerung seines Reichthums zu denken, sondern sich bereits entschlossen hatte, ein armes, aber hübsches junges Mädchen zu seiner Gattin zu erheben, so brauchte er, zumal da ihn die etwas wunderlichen gesellschaftlichen

239

Verhältnisse des Landes, in dem er sich befand, darin begünstigten, an einem Erfolg nicht einen Augenblick zu zweifeln. Die Eltern, die eine unbeschränkte Gewalt über ihre Kinder, besonders über ihre Töchter besitzen, verkaufen dieselben meist an gute „Partieen", denn eine H e i r a t h kann man ein solches Ehebündniß kaum nennen. Der Mißbrauch geht darin so weit, daß die Europäer auf Java sich oft Mädchen auf eine bestimmte Reihe von Jahren für eine zwischen beiden Theilen bestimmte Summe ins Haus kaufen und dabei nicht einmal eine Ceremonie für nöthich halten.

Das war übrigens Schang-hai's Absicht nicht. Er wollte sich wirklich eine Frau nehmen, die ihm dann nicht bei der ersten passenden oder unpassenden Gelegenheit wieder davonlaufen und der Unbequemlichkeit der Wahl aufs Neue aussetzen konnte. Sein Auge fiel dabei auf die Tochter eines armen Javanen, den er sich in der letzten Zeit besonders verpflichtet und ihn so in Händen hatte, daß er überhaupt gar nicht seine Einwilligung hätte verweigern können – wenn ihm das überhaupt in den Sinn gekommen. Kelah, wie der Eingeborene hieß, dachte aber auch nicht einmal an etwas derartiges, und wenn er den kleinen dicken Chinesen mit dem „falschen Blick" auch sicherlich mehr fürchtete als liebte, fühlte er sich doch durch den eines Tages ganz unerwartet gestellten Antrag viel zu sehr geehrt, als daß er mit seiner Einwilligung als Vater auch nur einen Augenblick hätte zögern können. Was Laykas, die Tochter, anbetraf, so war es eine Sache, die sich ganz von selbst verstand, daß sie weiter nichts zu thun hatte, als den ihr vom Vater gegebenen Befehlen zu folgen. Hätte das Mädchen denn auch ein größeres Glück, eine größere Ehre träumen können? Daß Laykas den Chinesen l i e b e n sollte, verlangte kein Mensch von ihr – nicht einmal ihr Bräutigam selber, und daß sie diesen jetzt, wie alle Kinder und Mädchen des Kampongs, f ü r c h t e t e, und ebenso gern einem Tiger als ihm in den Weg gelaufen wäre, wenn er einmal die Straße herab kam, war eine Sache, die sich jedenfalls – wenn sie nur erst einmal seine Frau war – von selber gab. Ihr Schicksal sollte ihr aber nicht lange verborgen, ja nicht einmal Raum zum Überlegen bleiben.

Schang-hai hatte nämlich schon seit einer Woche, ohne irgend Jemand zu sagen weshalb, die Vorbereitungen zu der Festlichkeit herrichten lassen, die er auf das Glänzendste auszustatten gedachte. Der reiche Chinese wollte den Eingeborenen einmal zeigen, was er im Stande sei an Glanz und Pracht in diesen Bergen zu leisten. Das Anhalten um die Braut selber verschob er natürlich als eine Sache, die in wenigen Minuten abgemacht werden konnte, bis zum letzten Augenblick. Bedurfte es ja doch unter solchen Umständen auch nur eigentlich des Befehls, sie in sein Haus zu führen.

2.

Eines hatte er dabei übersehen oder, wenn es ihm je eingefallen, so gering angeschlagen, daß es eine weitere Beachtung nicht verdiente, – daß nämlich seine von ihm ausersehene Braut schon eine andere frühere Zuneigung haben könne. Das Herz eines jungen Mädchens fragt ja auch nicht immer erst die Eltern, ehe es sich zu einem andern Herzen hingezogen fühlt. Darauf kam hier aber gar nichts an; das Herz verlangte Schang-hai überhaupt nicht weiter, als es eben zu seiner bequemen Häuslichkeit unumgänglich nöthig war; er wollte die Hand des Mädchens, und die gehörte bis jetzt noch Niemand.

Laykas war eine wunderliebliche Maid, und der alte

Chinese hatte keinen schlechten Geschmack in ihrer Wahl bewiesen. Schlank und voll von Körper, mit Reizen, die von der dunklen Bronzefarbe der Haut eher noch erhöht als vermindert wurden, mit einem Antlitz von fast griechischer Schönheit, wie man es da oben in den Bergen auch gar nicht so selten findet, die dunklen Wangen von so sanfter Frische, daß das steigende und schwindende Blut deutlich auf ihnen sichtbar ward, mit feurigen offenen Augen und Händen und Füßen, um die sie manche stolze Weiße beneidet haben würde, war sie die Zierde ihres Stammes, der Stolz ihrer Eltern, und selig wäre der Mann unter ihren Landsleute gewesen, den sie einst mit ihrer Liebe beglückt hätte.

Leichten und frohen Herzens hatte sie sich dabei willig und gern jeder noch so schweren Arbeit in ihrer Eltern Hause unterzogen. Nie kam eine Klage über ihre Lippen, und ein freundliches Wort, einen freundlichen Blick hatte sie für alle – konnte sie den Sturm ahnen, der sich über ihrem Haupte zusammenzog?

So kam sie auch heute, singend und mit den Kindern lachend, die neben ihr herliefen, den Berg herauf, denn sie hatte unten im Thale, in den breiten, hohen Bambusstöcken[38] Wasser heraufgeholt. Nur einen Sarong[39] von blau und rothem, selbstge„badek"tem Stoff, der ihr bis zur halben Wade niederhing und die zarten feingeformten Knöchel zeigte, trug sie um die schlanke Hüfte festgesteckt; der Oberkörper, wie das in den Preanger Regentschaften meist Sitte ist, war vollkommen nackt, und die schwere Wucht des rabenschwarzen Haares hielt sie mit einer großen Schildplattnadel befestigt. Die beiden mit Wasser gefüllten Bambusstöcke, die wohl bei drei Fuß Länge, fünf Zoll und mehr im Durchmesser haben mochten, trug sie an einem Querstock, an dem sie vorn und hinten herunterhingen, auf der Schulter, und trotz der gar nicht unbedeutenden Last war doch der Schritt des jungen, frischen, kräftigen Mädchens leicht und elastisch.

In der Thür der Hütte begegnete ihr aber schon der Vater, der eben, noch freudestrahlend, von Tji-dasang zurückgekehrt war und den Augenblick nicht erwarten zu können schien, wo er der Tochter die Freudenbotschaft mittheilen sollte.

„Was hast du, Vater?" rief das Mädchen, dem die fröhliche Bewegung in dem sonst ziemlich mürrischen, einsilbigen Alten nicht entgangen war, und mitten im Gang hielt sie, die Hände zur Stütze auf die Hüften stemmend, an, daß die beiden Bambusröhren langsam herüber und hinüber schwankten. „Was hast du, Vater? Es ist doch nicht –" und das Blut schoß ihr in diesem Augenblick vor freudigem Schreck in Wangen und Schläfe, als sie daran dachte, daß vielleicht Maono, der brave arme Bursch, hier bei ihrem Vater gewesen wäre und – sie konnte keinen Gedanken ausdenken, so wirr und toll schwirrten ihr die Vermuthungen durch den Kopf. Und so treu und rein war dabei der Jungfrau Seele, daß kein schlimmer Verdacht, keine Furcht den Spiegel ihres Herzens trüben machte. Lachte doch ihr Vater, und das konnte ja nur Gutes für die Tochter deuten.

„Freu' dich mit mir, Laykas!" rief ihr dieser, als er sie halten sah, entgegen, „freu' dich mit deinen Eltern, denn dein und ihr Glück ist gemacht."

„Maono?" war alles, was Laykas herausbringen konnte, und sie fühlte dabei, wie roth sie wurde.

„Maono?" meinte der Alte, verächtlich mit den Schultern zuckend, während sich doch ein verschmitztes Lächeln über seine Züge stahl, „wer ist Maono? So viel für den! Hat er doch nicht Reis genug für den morgenden Tag und steckt nicht umsonst da mitten im Walde, um von Früchten und Waldfleisch sein Leben zu fristen! Laykas ist für etwas Besseres aufbewahrt."

„Für B e s s e r e s, Vater?" sagte das Mädchen leise, und die mit Wasser gefüllten Bambus wurden ihr in dem Augenblick so schwer, als ob sie sich in Blei verwandelt hätten. Kaum konnte sie mit ihnen den letzten Gang bis zur Hütte ersteigen. „Für was Besseres, Vater?" wiederholte sie hier noch einmal. „Ich verlange nichts Besseres von Allah – möge er es mir gewähren."

„Nichts Besseres?" lachte aber der Alte und konnte sich gar nicht wieder zufrieden geben. „Wenn die Kinder nicht wissen, was ihnen gut ist, müssen's die Alten soviel besser verstehen. Aber hör', Laykas was ich dir sagen will, und fasse dich, denn solche Freude und Ehre wirst du nicht erwartet haben."

„Freude? – Ehre?" rief das arme Mädchen erstaunt und eingeschüchtert, denn bei all den Vorbereitungen begann ihr nichts Gutes zu ahnen.

„Nun, ich will dich nicht länger zappeln lassen," schmunzelte der Alte; „so höre denn, S c h a n g - h a i hat dich von mir zum Weib begehrt."

„Schang-hai?" rief Laykas, und der Stab glitt von ihrer Schulter nieder, daß die beiden Bambus umfielen und das Wasser in sprudelndem Quell wieder den Berg hinunterschickten.

„Ja – der reiche Schang-hai," erwiderte mit selbstzufriedenem Lächeln der Javane, den Schreck der

Tochter natürlich der Freude und Überraschung zuschreibend. „Aber läßt du nicht das ganze Wasser wieder den Berg hinunterlaufen, Laykas? Nun laß nur sein, von jetzt an wirst du Diener haben, die das für dich thun. Allah segne mich! Hätte ich doch nie geglaubt, die Freude an meinem Kind – und nur eine Tochter – zu erleben! Aber morgen mit dem Frühsten gehst du zum Bach hinab und badest dich, bindest dann deinen besten Sarong um, und wenn die Sonne über die Palmen steigt, werde ich dich zu deinem Bräutigam führen!“

„Bräutigam?“ stöhnte Laykas, ihr Antlitz in den Händen bergend und dann mit stierem, entsetztem Blick zu dem Vater aufschauend; „Schang-hai – der furchtbare, entsetzliche Mensch, mein – mein B r ä u t i g a m ?“

„Nun ja, h ü b s c h ist er gerade nicht,“ lachte der Alte gutmüthig, „darauf kommt auch nicht viel an. Aber r e i c h ist er – steinreich, und dein Vater braucht jetzt nicht Haus und Feld aufzugeben und wieder in den Wald hineinzuziehen, wie ich es thun müßte, wenn Schang-hai nur daran dächte, seine Forderung einzutreiben. – Du bist ein braves Kind, mein Herz, und machst deinen Eltern viele, viele Freude.“

Laykas erwiderte kein Wort; wo sie stand, kauerte sie sich auf den Boden nieder und legte den Kopf auf ihren Arm. Sie wußte, ihr Schicksal war besiegelt, ihres Vaters Wille Gesetz, und kannte den Alten zu gut, um auch nur einen Augenblick daran zu zweifeln, daß er Ernst, bittern Ernst aus seiner Drohung machen würde. Sie war das Weib des gefürchteten Schang-hai, dessen Nähe allein sie schon mit Entsetzen erfüllte, und wenn die morgende Sonne über die Wipfel ihrer Bäume schien, – ein Schauder überrieselte sie – führte sie ihr Vater in die Arme des Schrecklichen, der von da an Macht und Gewalt über sie haben sollte ihr Leben lang.

Kelah betrachtete die ineinandergeknickte Gestalt der Tochter wenige Minuten schweigend. Er mochte wohl ahnen, was in ihr vorging, kannte er doch den Abscheu, den alle Kinder – ja fast alle Erwachsene in den Bergen vor dem alten Chinesen hatten, und fürchtete er ihn doch selbst weit mehr als er ihn liebte. Die Sache war aber einmal abgemacht und nichts weiter daran zu thun, und die Tochter mochte jetzt, ehe er weiter mit ihr darüber sprach, mit dem Gedanken ein wenig vertraut werden. Daß sie sich seinem Willen nicht widersetzte, verstand sich von selbst. Er ging deshalb in sein Haus zurück, um für sich selber auf den morgenden Tag seinen besten Staat, Kopftuch und Sarong, die rothe Kattunjacke und seinen schönsten Khris hervorzusuchen. Es war ja auch eigentlich bei der ganzen Sache nichts weiter zu besprechen und alles Nöthige so gut wie abgemacht.

Staunend sahen indeß Laykas' Geschwister die Trauer der Schwester, über deren Ursache sie sich nicht Rechenschaft zu geben wußten. Was es bedeute, des Schang-hai Frau zu sein, wußten sie noch nicht, und darum brauchte Laykas doch nicht das mühsam heraufgetragene Wasser wieder den Berg hinunterlaufen und den Kopf hängen zu lassen. Nur ein unbestimmtes Gefühl sagte ihnen, daß mit der geliebten Schwester doch eigentlich Alles wohl nicht so sei, wie es sein solle, und wie der Vater nur erst einmal ins Haus gegangen war, drängten sie sich ängstlich schüchtern um sie her, zupften sie am Sarong und baten sie leise und schmeichelnd aufzustehen und sie wieder anzusehen wie vorher.

Das Zureden der Kinder aber weckte den bis dahin gewaltsam zurückgedrängten Schmerz der Jungfrau. Alles, was sie bis dahin lieb gehabt, an dem ihr Herz gehangen,

246

sollte sie jetzt verlassen und dafür das Furchtbarste eintauschen, was ihrer Seele nur in Schrecken und Entsetzen vorschwebte – das Weib des Mannes zu werden, von dem sie jetzt nicht einmal wußte, ob sie ihn mehr fürchtete oder mehr verabscheute. Ihre Thränen flossen unaufhaltsam, und der ganze zarte Körper zitterte in der furchtbaren, kaum mehr gebändigten Bewegung.

Die Sonne sank, und sie saß noch immer auf der Stelle – die Kinder waren zum Haus hinaufgelaufen, dem Vater zu sagen, daß Laykas krank wäre und weinte. Dieser bedeutete sie aber, die Schwester zufrieden zu lassen, sie würde schon wieder von selber froh und heiter werden.

Als es dunkelte, ging endlich die Mutter zu ihr hinaus.

„Laykas," sagte sie freundlich, die Hand auf ihre Schulter legend, „komm herein ins Haus – der Vater wird sonst böse, und der Thau fällt auch schon stark."

„Mutter," stöhnte das arme Kind und faßte die Hand der Frau; „ich kann nicht – ich k a n n nicht das Weib Schang-hai's werden."

„Der Vater hat's gesagt," seufzte die Frau leise und mitleidig, das zu ihr gewendete, von Thränen überströmte Gesicht des Mädchens streichelnd. „Du weißt, was der sagt, müssen wir thun. Mir wär's auch lieber, ein armer Javane hätte sein Jawort erhalten, als der alte reiche Sünder, aber – was geschehen, ist nun einmal nicht zu ändern. So komm, Laykas, komm mit ins Haus und fasse Muth. Es wird vielleicht noch Alles besser gehen, als wir jetzt denken."

„Und Maono?" seufzte das Mädchen mit angstgepreßter, zitternder Stimme.

„Wer kann's ändern?" meinte die Mutter, mit den Achseln

zuckend. „Unser Geschlecht ist dazu bestimmt, Leiden zu ertragen, und wir dürfen nicht murren. Es ist Allahs Wille. Der arme Bursch thut mir auch leid," setzte sie leise hinzu, „aber was kann er gegen den reichen Chinesen in die Wagschale werfen?"

„Und opfert er jetzt nicht sein Leben, die Nachbarschaft von den gefährlichen Tigern zu befreien?" rief Laykas. „Haust er jetzt nicht allein und abgeschieden mitten im Wald in steter Gefahr, von den Bestien selber erfaßt zu werden, nur um eine kleine Summe zu erschwingen, daß wir zusammen den Hausstand beginnen könnten, gegen den selbst der Vater bis jetzt nichts einzuwenden gehabt?"

„Das ist alles wahr, mein Kind," sagte die Mutter, das aufgeregte Mädchen freundlich begütigend, „aber damals hatte Schang-hai noch nicht um dich gefreit, und du weißt selber, welche große Hülfe der für uns ist. Das einzige Reisfeld, von dem wir unsere Nahrung ziehen, ist in den Händen deines künftigen Mannes, selbst die Arenpalmen um unsere Hütte her gehörten nicht mehr unser, wenn es Schang-hai gefiele, sie zu fordern. Die Büffel, die unser Feld bearbeiten, haben wir von ihm geborgt, er kann sie jeden Augenblick zurückfordern. Die Weide selbst, auf die wir sie treiben, gehört dem Chinesen, und schon lange habe ich mir gedacht, daß er nicht umsonst so nachsichtig und gütig mit uns gewesen und seinen Lohn wohl eines Tages einfordern würde. – Und doch hab' ich ihm unrecht damit gethan, denn er hat dich zum W e i b e begehrt, und damit uns armen, niederen Leuten, wie auch dir, die größte Ehre erwiesen, die ein so hochstehender Mann Jemand nur erweisen kann."

„Ehre – Ehre!" jammerte das arme Mädchen, „mir bringt diese Ehre den Tod – und Maono, armer Maono!"

248

Sie stand langsam auf, schüttelte die Thränen von ihren Wimpern und folgte der Mutter langsam in das Haus, wo sie den Vater schon behaglich auf seiner Matte ausgestreckt und seine Pfeife rauchend fanden.

3.

Laykas ging ruhig in die Ecke, in der ihr Lager auf einem niederen Bambusgestell bereitet war, und wenn sich der Alte auch ein paarmal nach ihr umdrehte und sie augenscheinlich anzureden wünschte, unterließ er es doch jedesmal wieder. Sie mochte sich die Sache die Nacht über durchdenken, wenn sie nur morgen dann ein fröhliches Gesicht zeigte – nur bis die Feierlichkeit überstanden war. Nachher mochte Schang-hai allein sehen, wie er mit ihr fertig wurde.

Nach und nach wurde es still in dem kleinen dunklen Raum; draußen rauschten die Palmen ihr flüsterndes Nachtlied durch den Wald und der unten vorbeispringende Bergstrom sandte das Geräusch des fallenden Wassers in leisem, dumpfem Murmeln bis hierher. Dann und wann vielleicht unterbrach der gellende Schrei eines Nachtvogels die heilige Stille, und einmal tönte dumpf und hohl das gierige Gebrüll eines Tigers vom Wald herüber. Dann war alles wieder still. Laykas konnte ihr Herz schlagen hören, wie es mit ängstlichem Klopfen ihr den Schlaf von den Lidern trieb.

Und morgen? – Der Kopf brannte ihr im Fieber, wenn sie an den morgenden Tag dachte! So mußte dem unglücklichen Verbrecher zu Muthe sein, der mit der nächsten Sonne zum Richtplatz geführt werden sollte und jetzt, an Ketten, im festen, verschlossenen Raum, des Henkers harrte, der ihn hinaus zum Galgen führen sollte. – Und w a r sie denn eingeschlossen und gefesselt? – Als ob ein scharfer Khris ihr Herz getroffen, so fuhr sie bei dem Gedanken empor. – Flucht – Flucht vor der Gefahr war noch möglich – aber wohin? –

Wohin? – Gleichviel, und wenn in den Tod! Lieber die Glieder im tiefen Strom gebettet, als in das Haus jenes furchtbaren Menschen! Lieber von den Tatzen des gierigen Tigers zerrissen, als von den Armen des Gefürchteten umschlungen! Und hatte sie denn nicht des Vaters Spruch dem Tode schon geweiht? War denn das L e b e n , wenn sie Tage, vielleicht gar Wochen, Jahre in jenem furchtbaren Elend vergehen – sterben mußte?

In immer rascheren Schlägen pochte ihr Herz, das die fest darauf gepreßte Hand nicht mehr zu bändigen vermochte, und der Athem stockte ihr, als sie sich leise und geräuschlos auf ihrem Lager aufrichtete, um auf den Schlaf der Ihrigen zu lauschen. – Sie athmeten tief und ruhig – ihr Vater träumte wohl gar von dem „Glück und Heil", das er mit der Tochter Opfer über seine Hütte gebracht, und sah im Geist sich schon geachtet und geehrt – ja warum nicht auch g e f ü r c h t e t von den Nachbarn. – Fort! – Das war der einzige Gedanke, der sie jetzt trieb. – Fort aus der Heimath – aus der Eltern Haus, von dem Herzen der Mutter fort, an der sie mit inniger Liebe hing, von den Geschwistern, für die sie ihr Leben gern geopfert hätte – denn das war mehr als Tod, was man von ihr verlangte!

In der Hütte war es vollkommen dunkel; nur durch einen Spalt der geflochtenen Bambuswand schaute hell und blinkend ein Stern herein. Geräuschlos glitt sie von ihrem Lager nieder und über den Boden hin. Hätten sie selbst gewacht, sie würden die Flucht des Mädchens nicht vernommen haben. Wie sie die Thüre erreichte, richtete sie sich auf und blieb an der Schwelle stehen. Ohne Abschied sollte sie fort, von allen, die ihrem Herzen theuer waren – ohne ein freundliches Wort von der Mutter, ohne eine Umarmung von den Geschwistern? – Aber sie durfte nicht zögern – der Vater regte sich auf seinem Lager. Wenn sie jetzt entdeckt wurde, ehe sie das Freie erreicht hatte, war sie verloren.

Sie öffnete den hölzernen Drücker der Thür so leise als möglich, und stand im nächsten Augenblick auf der Schwelle. Rasch fiel die Thür wieder hinter ihr ins Schloß, und während sie im Haus drin Stimmen zu hören glaubte, glitt sie über den kleinen freien Platz, der ihre Wohnung umgab, hinweg und in den Schatten eines dichten Mangustengebüsches hinein, das, mit anderen Fruchtbäumen wechselnd, bis zum Rand der Reisfelder lief. In dunkler Nacht brauchte sie hier keine Verfolgung mehr zu fürchten – sie war gerettet.

Gerettet? – Guter Gott – wie hatten noch gestern Abend diese Bäume, unter denen sie jetzt stand und die ihrer Eltern Haus umgaben, diese Palmen und Pisang so traulich, so heimlich gerauscht, wie lieb war jedes Blatt ihr da gewesen, und jetzt! – Stand sie nicht so wenige Stunden später wie eine Fremde in dem trauten Hain, und lag die Welt, nur wenige Schritte von dem Vaterhaus entfernt, nicht plötzlich so kalt und öde um sie her, als ob sie, inmitten all des Glückes und Segens, das Gottes Hand darüber hingestreut, doch weiter nichts als eine Ausgestoßene wäre?

Wohin jetzt? – Wie sie zuerst den Gedanken an Flucht erfaßte, war es der Tod, den sie suchen wollte, um sich von aller Noth, von allem Elend zu befreien. Jetzt aber, wo der Himmel wieder hell und klar mit all seinen tausend und tausend Sternen über ihr blitzte, wie sie wieder das Flüstern der Bäume, das Murmeln des Baches hörte, da klammerte das jugendliche Leben sich auch wieder fest und innig an die Welt, und unwillkürlich fast, ehe sie sich nur selber eines bestimmten Ziels bewußt war, floh ihr Fuß jetzt von der Richtung fort, in der der reißende und tiefe Bergstrom lag. In der Flucht aber, mit der freien Bewegung ihrer Glieder den Körper von der frischen Nachtluft gekühlt, mit dem Bewußtsein, jetzt zum erstenmal in ihrem Leben selbstständig, unabhängig, ja sogar der Willkür ihres Vaters entgegen zu handeln, kräftigte sich auch der Muth des armen flüchtigen Kindes. Ihr Auge blitzte kühner und entschlossener, ihre kleine Hand ballte sich fast krampfhaft und die fest zusammengepreßten Zähne, die keck und trotzig aufgeworfenen Lippen verriethen das zu seinem Selbstbewußtsein erwachte Weib.

Unschlüssig hatte sie allerdings noch einen Augenblick gestanden, als sie das nächste Thal erreichte. Aber nicht mehr über das Ziel, dem sie zufliehen wollte, war sie in Ungewißheit – d a s sollte Batavia sein, so fern dasselbe auch lag, denn dort zwischen den Fremden, von denen sie schon soviel erzählen gehört, durfte sie am leichtesten hoffen, unentdeckt zu bleiben. Arbeiten wollte sie ja, was ihre Kräfte nur vermochten, und von früh bis spät; war sie das schwerste Mühen doch von Kindesbeinen auf gewohnt! – Dorthin reichte auch nicht der Arm Schang-hai's, und einmal nur aus dem Distrikt hinaus, indem der Schreckliche zu herrschen schien, glaubte sie nichts mehr von ihm fürchten zu dürfen.

Aber sollte sie ihre Berge verlassen, ohne ein Wort des Abschieds von dem Geliebten? – Sollte er denn nicht einmal wissen, wohin sie den Fuß gewandt? – Schreiben, wie es die Weißen und Chinesen thaten, konnte sie nicht, und wie hätte ihn je eine mündliche Botschaft erreicht, die nicht zugleich ihren neuen Aufenthalt zu verrathen drohte? Dort drüben, wo der dunkle Waldesschatten, vom Mond nur schwach beschienen, lag, oben am Hügelhang, mitten im wilden Dickicht, hauste er, und durfte sie dorthin, allein, bei Nacht den Fuß zu setzen wagen? – Jene Gegend war ihrer Tiger wegen gefürchtet, und grade deshalb hatte sich Maono dort niedergelassen, um desto eifriger den Fang betreiben zu können und sein höchstes Ziel, den Besitz seines treuen Mädchens, zu erreichen. Wohl getraute sie sich den Pfad zu finden, der zu der einsamen Hütte führte – denn mit der Mutter war sie vor noch gar nicht so langer Zeit einmal am Tage dort gewesen, um Arekanüsse zu holen. Wie aber durfte sie der Gefahr trotzen, von den lauernden Bestien überrascht zu werden? Nachts und im Dunkel, ob der Mond am Himmel steht oder nicht, kommt der Tiger aus seinen Dickichten, in denen er den Tag über versteckt gelegen, hervor und schleicht ins Freie hinaus, seine Beute zu erlegen. Ein Rind, das er trifft, ein Pferd, ein Stück Wild, es ist ihm alles willkommen, und gleich gierig stürzt er über alles her. Die Bestien aber, welche schon einmal in früherer Zeit Menschenfleisch gekostet, und denen dasselbe wohl geschmeckt haben mochte, ziehen von da an diese Beute jeder andern vor. Das sind dann die gefährlichsten Raubthiere, und dem Menschen mit ihrer furchtbaren Kraft, ihrer List und Blutgier vor allen anderen furchtbar. Der Javane nennt diese denn auch in ganz besonderer Auszeichnung „die Menschenfresser."

Laykas zögerte, aber es war nur ein Augenblick. Wie klein schien ihr diese Gefahr gegen die andere, der sie sich erst gewaltsam durch die Flucht entzogen! Stieg nicht der Mond gerade in all seiner Pracht und Klarheit, fast gefüllt, am östlichen Himmel empor? Der leuchtete ihrem Pfad – er und die Liebe sollten sie führen! Und hatte sie Maono von ihrem Plan in Kenntniß gesetzt, wußte e r , und nur er allein, wohin sie sich gewandt, und weshalb sie den verzweifelten

Schritt gethan, dann konnte sie auch mit fröhlichem Muth, mit leichtem Herzen ihren weiten, mühseligen Marsch durch fremde unbekannte Distrikte, zu fremden Menschen, in eine ihr fremde Welt antreten, und das arme hülflose Mädchen sah, trotz der Gefahren, die überall ihre Bahn umlauerten, mit froher, ruhiger Zuversicht der ungewissen Zukunft entgegen.

Wie sie freilich in dem fernen Batavia, wenn sie es erst glücklich erreicht, ihr Leben fristen sollte, war ihr jetzt selber noch nicht klar. Nur das fühlte sie, daß sie arbeiten konnte und wollte, und aus ihrer Gegend selbst waren ja schon in früherer Zeit Einzelne dorthin ausgewandert, und mit Geld und guten kostbaren Kleidern zurückgekehrt – warum sollte es i h r dort fehlen?

Rüstig schritt sie, nur dann und wann einen scheuen Blick zurückwerfend, ob sie nicht verfolgt würde, ihrem schmalen Pfade entlang, der sie, sobald sie das Fruchtdickicht ihrer eigenen Heimat verlassen, am Hügelhang hin, und zwischen einer Anzahl von Reisfeldern hindurchführte. Es war ein beschwerlicher Weg, bei dem unsicheren Licht des kaum aufgegangenen Mondes die schmalen schlüpfrigen Raine zwischen den unter Wasser gesetzten Reisfeldern einzuhalten, aber sie kannte hier jeden Fuß breit Boden und wußte, daß sie rascher vorwärts eilen konnte, sobald sie nur einmal die steinigen Hügelhänge, in denen ihr jetziges Ziel lag, erreicht hatte.

Hier begann freilich auch das Gebüsch, wilder Pisang, prachtvolle Farn- und einzelne Arekapalmen, mit einem dichten Unterholz anderer Laubbäume – hier begann für sie die Gefahr in den Hinterhalt eines der furchtbaren Raubthiere, und der blutgierigen Bestie in den Rachen zu laufen, und als sie den düsteren Waldesschatten erreichte, in den der Mond jetzt seine wunderlichen Lichter warf, blickte

sie im Anfang scheu und rasch umher und hielt auch wohl
den flüchtigen Schritt plötzlich an, um irgend einem
fremdartigen Geräusch, einem Rascheln im Busch besser zu
lauschen, das ihr Herz schneller klopfen machte. Das aber
waren immer nur Momente; ihre Flucht hielt es nicht auf,
und eine Ravine kreuzend, erreichte sie jetzt wieder, kaum
noch tausend Schritt von der Hütte entfernt, in der Maono
seine Wohnung aufgeschlagen, einen offenen Strich Landes,
durch den die breite, gut in Stand gehaltene Straße am Rand
der Ravine hin lief. Diese Straße führte von Tji-dasang aus
zuerst nach dem großen Gut eines Chinesen, und stand
weiter unten mit der Javanischen Hauptpoststraße, die
durch die ganze Insel läuft, in Verbindung. Diese Straße
mußte sie ebenfalls kreuzen, der Pfad aber, den sie kannte,
und der durch die ihr gegenüberliegende Dickung führte,
lag etwas weiter oben, gerade an der Stelle, wo eine wohl
dreißig Fuß hohe Farnpalme ihren federnartigen Wipfel über
dem Fuhrweg schaukelte. Gerade durch den Wald zu
brechen wäre ihr, selbst am hellen Tag nicht möglich
gewesen, so dicht in einander flocht diese gewaltige
Vegetation ihre Zweige und Lianen, und rasch der Straße
aufwärts folgend, sah sie schon von weitem den Schatten
der Palme über die weiße Straße hinüber hängen, als sie,
dicht neben sich im Weg sich etwas regen sah.

Mit einem halben, kaum unterdrückten Aufschrei flog sie
zurück, und wie gelähmt erstarrten ihr in dem Moment, vor
dem entsetzlichen, jede Willenskraft vernichtenden Schreck
die Glieder, denn vor ihr stand, halb scheu unter seinen
großen Hut zurückgedrückt, und doch auch wieder fast
eben so überrascht, wie sie selber, auf sie schauend, der
furchtbare Schang-hai. Die kleine, breite, wie zum Sprung
ineinandergepreßte Gestalt war nicht zu verkennen, und
seine Augen schienen wie glühende Lichter nach ihr
herüber zu funkeln.

„Allah schütze mich!" stöhnte die Jungfrau. Als ob aber mit den herausgestoßenen Worten der Zauber gebrochen wäre, der sie bis dahin gefangen gehalten, so floh sie jetzt, einem aufgescheuchten Reh gleich, mit Blitzesschnelle der Farnpalme zu, und dort mit einem Sprung den weiten Graben überfliegend, in den Wald hinein. Scheu drehte sie den Kopf zurück – sie hörte Schritte hinter sich – das Laub raschelte, und kaum ihrer Sinne noch mächtig, verfolgte sie ihre Flucht in wilder Hast immer den Pfad entlang, bis sie sich endlich an der wohlbekannten Gruppe von Arekapalmen fand. Wieder glaubte sie ein dumpfes Geräusch hinter sich zu hören, aber durch die Palmen hin kannte sie einen näheren Pfad zur Hütte, und glitt wie eine Schlange in den dunklen Schatten des dichten Unterwuchses von Pisang- und Cacaobüschen hinein. Jetzt hatte sie das Bambushaus erreicht – die hohen Stufen flog sie hinan, preßte den Drücker nieder, und als dieser dem Griff nachgab, und die Thür sich in ihren Angeln drehte, brach sie, nicht mehr im Stande die furchtbare Aufregung der letzten Stunden zu ertragen, auf der Schwelle ohnmächtig zusammen.

4.

Mitten im wilden, dichten Wald auf Java, findet der Wanderer oder Jäger, wenn er sich durch einen halbverwachsenen alten Pfad Bahn gehauen, manchmal weite Gruppen schlanker hochstämmiger Cocos- und Arekapalmen in der tiefsten Wildniß stehn. Sonst sind dies stets, besonders die letzteren, sichere Zeichen von der Nähe menschlicher Wohnungen, und noch mehr bestätigen gewöhnlich schattige Fruchtdistrikte von Mangusten-, Romboutan-, Nangka- und Manga-Bäumen, und wie die

256

wundervollen Bäume alle heißen, solche Vermuthung, und scheinen dem Fremden wie bittend die beladenen Zweige entgegenzustrecken, daß er sie nur in etwas von ihrem drückenden Reichthum befreien möge. Und doch würde in den meisten Fällen der mit dem Land Unbekannte kaum ein Merkmal finden, daß solche Stelle je bewohnt gewesen und noch andere Geschöpfe als Tiger und Rhinoceros hier dem weichen Boden ihre Fährten eingedrückt.

Und dennoch standen dort früher die leichten Hütten der Eingeborenen, deren Spur jetzt freilich der Zahn der Zeit vom Boden vertilgt, und ihre letzten Überreste unter der verwesenden dichten Laubdecke dieser üppigen Vegetation begraben hat. Nur die Natur selber blieb ewig jung, und höher und kräftiger noch hoben die Palmen ihre wehenden Kronen empor, und schauten stolz und kühn aus dem dichten Laubmeer hervor, das sie ringsum überragten.

Unter diesen Palmen und dem wilden Gewirr von Pisang, Farren, Lianen und andern Fruchtbüschen hat in früherer Zeit einmal ein urbargemachtes Feld gelegen und des Menschen fleißige Hand dem Boden Nahrung für sich abgezwungen. Kaum aber wurden die Menschen wieder abgezogen, so forderte der Wald sein Eigenthum mit herrischer Gewalt zurück, streute seinen Saamen darüber hin, und trieb die alten, bis dahin nur mit Noth und Mühe zurückgehaltenen Wurzeln auf's neue in kräftigen Schößlingen empor. Was dabei die Vegetation allein zu leisten vermag, beweisen schon die Pisang oder Bananenstämme; denn in sechs Monaten treiben diese einen Stamm von Beinesdicke, um im nächsten Jahr den Boden damit zu düngen, und fünf oder sechs ähnlichen Schößlingen Saft und Nahrung zu geben.

Solche „todte Kampongs" sind fast immer, und mit nur wenigen Ausnahmen, in früherer Zeit der überhand nehmenden Tiger wegen von ihren Bewohnern geräumt worden, die lieber ihre Fruchtbäume und das mühsam bestellte Feld im Stich ließen, um nur der gefährlichen Gesellschaft zu entgehen. Weiter dem bebauten Lande zogen sie dann zu, und wenn sie da auch ihre Arbeit von vorn beginnen, und das Wachsen neu gepflanzter Palmen und Fruchtbäume erwarten mußten, waren doch ihre Familien auch mehr gesichert, und Frau und Kinder brauchten nicht mehr, selbst in der Thür der Hütte, wie das im Walde oft der Fall gewesen, den Angriff des gierigen Räubers zu fürchten. Von den verlassenen Plätzen aber nahm der Fürst der Javanischen Waldung, der Königstiger, Besitz, und in der neu und dicht aufschießenden Wildniß konnte er seine Tage sicher und ungestört verträumen, um dann erst Abends mit der Dämmerung seiner Beute nachzugehn.

Auch diese Stelle, durch die der Fuß der armen geängstigten Maid geflohen, war ein solcher „todter Kampong," und die Tiger hatten sich in der Nachbarschaft so vermehrt, daß sie sogar von dort aus die dicht besiedelten Nachbardörfer aufsuchten und Schrecken und Entsetzen unter den Bewohnern verbreiteten. Nicht allein sah sich die holländische Regierung dadurch genöthigt, in der letzten Zeit einen erhöhten Preis auf die Einbringung oder Tödtung dieser gefährlichen Raubthiere zu setzen, sondern die Eingeborenen selber waren zusammengetreten und sicherten noch besonders dem glücklichen Erleger eines Tigers reiche Belohnung zu. Konnten sie doch nur auf solche Art hoffen, von ihnen befreit zu werden, und ihre grimmen Reih'n gelichtet zu sehn.

Bei den Eingeborenen ging aber dabei nicht allein das Gerücht, sondern war in ihrem angsterfüllten Hirn, von abergläubischer Furcht gestachelt, zur festen Überzeugung herangewachsen, daß zwischen ihnen ein

M e n s c h e n t i g e r sein entsetzlich Wesen treibe. Zu viele Menschen, und zwar lauter Javanen, waren gerade in den letzten Monaten im Wald und selbst bei ihrer Arbeit auf den dicht am Wald liegenden Feldern zerrissen worden, von denen man viele unversehrt, nur mit zerrissener Kehle wieder aufgefunden. Unter ihnen hatte jedenfalls ein solches Ungeheuer gewüthet, und der Preis, den die Eingeborenen unter sich auf den Fang desselben gesetzt, wäre hoch genug gewesen, den glücklichen Jäger zum reichsten Mann des Kampongs zu machen, – nur daß sich der „Menschentiger" eben nicht fangen l i e ß .

Diese hohen ausgesetzten Preise waren denn auch die Ursache gewesen, daß sich Maono, ein junger kräftiger Sundanese – wie die Bewohner der östlichen Gebirgshälfte von Java im Gegensatz zu den westlichen, den Javanen, eigentlich heißen – dem gefährlichsten Handwerk, das seine Berge kennen, dem Tigerfang ausschließlich zugewandt. Er hatte es aber nicht aus Gierde nach Schätzen gethan, denn der wackere Bursch bedurfte deren für sich selber nicht; sondern nur um sein Mädchen, seine Laykas, dem drängenden Vater abzukaufen, und für sich selber dann, an ihrer Seite, ein neues stilles Leben zu beginnen, wählte er sein gefährliches Geschäft, durch das allein er hoffen durfte, in kurzer Zeit ein kleines Capital zurückzulegen – wenn ihn nicht die Tiger selbst zerrissen. Ohne Laykas aber konnte er sich das Leben doch nicht denken, und was galt ihm jetzt die Gefahr, der er sich hier jede Stunde aussetzte, wenn er damit die Hoffnung gewann, ihren Besitz zu erkaufen! Dieser Platz schien ihm dabei vor allen andern passend, sein Vorhaben auszuführen, und in dem Dickicht selber, in dem er sich mit seinem Klevang einen kleinen Raum freigeschlagen, errichtete er aus Bambusstäben seine feste Hütte, deckte sie mit den Fasern der Arekapalme und Bambuslaub zu festen Matten geflochten, und stellte Fallen, legte Gruben an und fing in rascher Reihenfolge fünf starke Tiger, die er allein mit seiner Lanze in der Grube tödtete.

Maono war an dem Abend erst mit der Dämmerung nach Hause gekommen. Vor einigen Tagen fast selber von einem riesigen Tiger überrascht, dessen Wechsel er in dem Pfad, nahe bei seiner Hütte gespürt, hatte er kurz vor Dunkelwerden eine neue Grube beendet und mit der Lockspeise belegt, und sich jetzt, müde und erschöpft vom schweren Graben und Balkenschleppen, auf sein Lager geworfen. Aber sein Schlaf, fortwährend von Gefahr umgeben, war nur leicht, und wie der Griff seiner Thüre niederklappte, diese sich öffnete und eine dunkle Gestalt auf seiner Schwelle zusammenbrach, griff er die Lanze auf, die immer dicht neben ihm an seinem Lager lehnte, und fuhr, sprungfertig wie der Tiger selber, empor, dessen Angriff er fast fürchtete.

Aber Alles blieb ruhig – draußen rauschte der Wald, die Frösche quackten in dem nahen Sumpf, und laut und donnernd schlug plötzlich ein wild dröhnendes Gebrüll an sein Ohr.

„Ha?" lachte der junge kecke Jäger vor sich hin, „hast du das Weite wieder gesucht, mein Bursche, wie du das Lager des Feinds gewittert? – Aber nein – das konnte der Tiger nicht sein, denn der steckt noch dort im Alang Alang[40] draußen, und folgt vielleicht jetzt gerade meiner ihm gelegten Witterung. Aber die Thür öffnete sich doch, und ich dächte, ich hätte vorhin einen dunklen Schatten dort gesehen." Vorsichtig, mit vorgehaltener, zur Vertheidigung oder zum Angriff bereiter Lanze näherte er sich langsam der Thür; der Mondenschein fiel hell und voll darauf, und bald erkannte sein scharfes Auge eine da kauernde menschliche Gestalt.

„Der Menschentiger!" knirschte er zwischen den Zähnen durch, und die krampfhaft gepackte Lanze drängte sich fast unwillkürlich zurück, zum Todesstoß ausholend. – Aber das sah nicht wie ein Angriff aus; die Arme fortgestreckt vom Körper lag die dunkle Gestalt still und regungslos zu seinen Füßen – in seiner Gewalt. So hätte sich ihm das Ungeheuer, das er mehr fürchtete als alle Tiger der Welt, im Leben nicht preis gegeben. Das war ein Mensch. Und als er endlich, noch immer scheu und vorsichtig und sprungbereit dem fremden Wesen näher trat, und sich langsam und scheu niederbog, um es mit der Hand zu berühren, da fühlte er unter den Fingern das weiche warme zarte Fleisch und wußte jetzt, daß es ein jedenfalls im Wald verirrtes Weib sein mußte, das vor den Tigern flüchtend, hier bei ihm Schutz gesucht.

Er stellte die Lanze neben die Thür, und beugte sich nieder, die Arme aufzuheben und in die Hütte zu tragen, als der bewußtlose Körper wieder Leben gewann. Die erste Bewegung aber war der scheu nach rückwärts gedrehte Kopf, ob der Entsetzliche ihr folge und – „Laykas!" schrie Maono, und schlang staunend und erschreckt den Arm um die Geliebte.

„Schütze mich, Maono!" war aber alles, was Laykas im Anfang über die bleichen Lippen bringen konnte, und zugleich drängte sie sich jetzt scheu von der Thür hinweg.

„Fürchte dich nicht, mein Herz," sagte Maono freundlich ihre Angst beschwichtigend. „Wenn ich auch nicht begreife, wie du in Nacht und Dunkel den Weg – Allah schütze mich!" rief er plötzlich, in Todesschreck emporfahrend – „wie bist du denn zu dieser Hütte gekommen? Den Pfad entlang?"

„Den Pfad entlang, bis zum Pinangdickicht, und dann in

wilder Flucht durch die Stämme und Dornen durch, die mir die Haut zerfleischten."

„Dich hat dein guter Geist beschirmt," sprach Maono, liebkosend ihr die Haare aus der feuchten Stirn streichend. „Aber um deiner Liebe willen, Laykas, was führt dich in der Nacht in dieses Dickicht, das selbst die Männer deines Kampongs nur am hellen Tag in Trupps betreten? Wenn du nun in die Klauen einer der gierigen Bestien gefallen wärst? Wie elend wäre ich gewesen, ob ich auch deinen Tod blutig an ihnen gerächt! Oder droht dir Gefahr von anderer Seite, als den wilden Thieren dieser Waldung?"

Das Mädchen hatte sprechen, hatte dem Geliebten die Vorgänge des letzten Abends erzählen, und dann ruhig von ihm Abschied nehmen wollen, um ins weite ferne Land hinaus zu ziehn. Das Schreckbild aber, das in der letzten Stunde wie aus dem Boden herausgewachsen, vom Mondlicht bleich beschienen, vor ihrem entsetzten Blicke aufgetaucht war, hatte ihre Sinne und Gedanken so betäubt, verwirrt, daß nur das eine Wort Raum in ihnen fand. – „Schang-hai!"

„Ha! – was mit dem?" fuhr Maono auf, „drängte der alte Sünder deinen Vater zum Äußersten? Den Tod über ihn! Aber nicht lange mehr, so hat Maono Geld und wird –."

„Dort – dort – hinter mir!" stöhnte Laykas und deutete mit zitterndem Arm durch die noch offene Thür hinaus ins Freie, „er folgt mir – schütze mich!"

„Wer? – Schang-hai?" rief Maono mit weit geöffneten stieren Augen, indem ein furchtbarer Verdacht vor seiner mit all den Schreckbildern blinden Aberglaubens gefüllten Seele emporstieg. „Schang-hai – jetzt im Wald? – Auf deiner Fährte?" Und rasch und unwillkürlich suchte die Hand die fort gestellte Waffe.

Nur mit unendlicher Mühe bezwang sich das arme, zum Tod erschöpfte Mädchen endlich soweit, dem Jüngling zuerst die Vorgänge der letzten Viertelstunde, die plötzliche Erscheinung des Chinesen und ihre wilde Flucht zu erzählen, denn in des Geliebten Nähe fühlte sie sich wenigstens vor augenblicklicher Verfolgung sicher. Dann aber, wie sie sich mehr und mehr erhohlte, und Maono jetzt die Thüre schloß, auf dem kleinen Herd ein prasselndes Feuer von dürren Bambusstäben entzündete, das Licht und Wärme verbreitete, und dann seine Matte zur Flamme zog, daß sie ihnen als Sitz diene, da ging sie auch auf die Vorgänge des letzten Abends zurück, sagte, was ihr mit der heutigen Sonne gedroht und sie zur Flucht getrieben, und bat den Geliebten jetzt mit leiser ängstlicher Stimme sie am nächsten Morgen nur wenigstens bis durch den Wald zu geleiten, damit sie nicht etwa nach ihr ausgeschickten Verfolgern in die Hände fiele, und vor allem – dem furchtbaren Schang-hai nicht wieder begegnete.

Maono hatte mit keinem Laut, keinem Wort ihre ganze leidenschaftliche Erzählung unterbrochen – nur seine Augen funkelten, seine Glieder zitterten, und wie unwillkürlich suchte oft die Rechte, während er mit der Linken die an ihm lehnende Geliebte umfaßt hielt, den im Gürtel steckenden Khris. Laykas für ihn verloren, einem Ungeheuer verkauft oder in die Fremde hinausgestoßen – es blieb sich fast gleich, und keine Hülfe – keine Rettung aus dieser furchtbaren Noth! Blieb Laykas hier, so wußte er recht gut, daß schon am nächsten Morgen, noch dazu, da Schang-hai die Richtung ihrer Flucht wissen mußte, Boten nach ihr ausgesendet würden, um sie zurückzufordern; und setzte die Unglückliche auch ihre Flucht fort, was half es ihr – allein da draußen im Wald – allein in der Welt? –

„Allein?" rief er da plötzlich, und richtete sich rasch und hoch empor, „nein Laykas, nicht allein laß ich dich mehr hinaus in die fremde Welt, nicht allein selbst durch diese gefährdeten Waldungen mehr. I c h fliehe mit dir – die Berge kenn' ich alle, von den Reisfeldern, die an ihrem Fuße liegen, bis zu den nackten Lavagipfeln ihrer glühenden Krater, und nicht nach Batavia gehen wir dann, zu den fremden Weißen und ihren verdorbenen Sitten, wo dein Vater auch unsere Spur wieder auffinden und uns zurückfordern könnte in das alte Leid. Gerade Nord hinauf ziehen wir; in Indramaju lebt mir ein Bruder, und von dort führ' ich dich in dessen Prau hinauf nach den „tausend Inseln." Dorthin wagen sie nicht uns –." Er hielt plötzlich inne, denn gar nicht weit von der Hütte entfernt tönte so dröhnend, daß das Laub auf dem Dach zu zittern schien, das tiefe furchtbare Gebrüll eines Tigers herüber, dem sich ein wilder, gellender Schrei, wie fast aus gequälter Menschenbrust kommend, beimischte.

„Der ist in der Grube!" jubelte Maono, in seiner Jagdlust fast die augenblickliche Gefahr der Geliebten vergessend, und mit dem rasch aufgegriffenen Speer sprang er der Thür der Hütte zu.

„Maono!" bat aber Laykas, ängstlich seinen Arm ergreifend, „gehe nicht fort von mir. Laß mich nicht hier allein, ich würde vor Angst vergehen. Und wenn nun Schang-hai wirklich meinen Schritten gefolgt wäre."

„Wäre er's nur!" zischte Maono, den Speer fester packend, zwischen den Zähnen durch. „Aber horch, Laykas – hörtest du nicht jetzt –?" – Er hatte die Thür aufgestoßen und horchte, halb unschlüssig, ob er gehen oder bleiben solle, in die Nacht hinaus.

„Ich höre nichts als das Rascheln des Windes im Wipfel

der Bäume," flüsterte die Jungfrau; „es ist so furchtbar todt und still da draußen!"

5.

Maono stand noch lange und lauschte in den Wald hinein. Es drängte ihn hinaus, um nachzusehen, ob er den grimmen Feind gefangen, und doch konnte er die Maid hier nicht allein zurücklassen. So verging die Nacht. Mehr aber befestigte sich auch dabei in ihm der einmal gefaßte Entschluß, die Geliebte nicht allein ziehen zu lassen, sondern mit ihr den fernen, nicht unter Holländischer Botmäßigkeit stehenden Inseln zuzufliehen.

„Und nun komm mein Lieb!" sagte der junge Jäger, als das erste dämmernde Licht im Osten sichtbar wurde und rasch wachsend seinen grauen Silberschein in die düsteren Waldesschatten warf. Er band sich dabei sein Kopftuch fester um die langen schwarzen Haare, steckte seine Waffen in den Sarang, band etwas Reis in ein Tuch, das sich das Mädchen um die Schulter knüpfte, und mit den unter den Fuß geschnürten Sandalen trat er hinaus vor seine Thür, Laykas an der Hand. Erst freilich wollte er noch seine Gruben untersuchen, wenn er die gemachte Beute auch einem Andern überlassen mußte, und rasch schritt er jetzt den schmalen Pfad voran, der Stelle zu, von wo, wie er glaubte, das letzte wüthende Gebrüll herüber geschallt.

Es war dies eben die letzte Grube, die er gegraben, und schon von weitem, so viel es ihm das matte Licht des jungen Morgens zu sehen gestattete, erkannte er die eingebrochenen Zweige der Decke, das sichere Zeichen einer gefangenen Beute.

„Ich hab' ihn!" flüsterte er halb zurückgewandt, mit blitzenden Augen seinem Mädchen zu „ich hab' ihn! – Da drinn wird er kauern scheu und tückisch und lauernd, die glutrothen Augen in Furcht und Haß zu mir aufgedreht, wenn ich die Decke hebe. Warte, Gesell, das soll meine letzte Arbeit hier im Lande sein, dir den Speer noch in den Leib zu werfen – dann mag er verbluten da unten, und die Geier sich sein Fleisch zu Neste tragen."

Er bog sich nieder, den Hauptzweig der Decke von der Grube zurückzuwerfen, als Laykas schüchtern fragte:

„Und wird er nicht herausspringen können, wenn du die Decke wegnimmst?"

„Nicht von dort," lachte nun der junge Mann, „die Grube ist tief, und der Boden durch eingetriebene Stäbe in der Mitte der Art bedeckt, daß seine Hintertatzen nicht einmal einen festen Anhalt fassen können – siehst du dort?" –

„Hülfe!" tönte in demselben Augenblick eine Menschenstimme kläglich zu ihm herauf, „rettet mich!"

„Ein Menschentiger!" schrie der Sundanese in jubelnder Luft emporspringend, „ich hab' ihn, ich hab' ihn! – Nun Laykas, gehn wir nicht fort, nun braucht Maono nicht zu fliehn, und wenn ich deinem Vater mit vollen Händen Geld in's Haus geschleppt, dann mag der alte tückische Chinese nur heimziehen nach seinem Zopf- und Opiumland."

„Aber Maono," bat Laykas in Todesangst, „da unten in der Grube liegt ein Mensch."

„Ein Mensch? – Ein Tiger ist's; ich hab' ihn selbst gesehn, seine funkelnden Augen, seine streifige Haut, seine fletschenden Zähne! – Er hat die Wurzel nicht, daß er sich wieder verwandeln kann. Da – sieh dort!" rief er, während er die übergelegten Zweige mit der Hand bei Seite riß, „siehst du die lauernde, kauernde Gestalt? – Siehst du, wie er sich sprungfertig hinein in die Ecke, und doch das breite boshafte Gesicht scheu zu Boden drückt, weil er sich schämt im Sonnenscheine ertappt zu sein?"

„Hülfe!" tönte da wieder leise und ängstlich, daß sie gehört würde, dicht u n t e r ihnen eine Menschenstimme, und wie Maono, jetzt selber erschreckt, die ihm nächsten Zweige bei Seite riß, erkannte er in immer steigendem Erstaunen erst eine menschliche Gestalt, fest und ängstlich in eine Ecke gedrückt, die chinesische Tracht derselben, und jetzt, als sich das Antlitz des da unten in so furchtbarer Nachbarschaft kauernden langsam zu ihm aufdrehte, die scheuen, widerwärtigen Züge seines Nebenbuhlers.

„Schang-hai!" jauchzte aber der junge Sundanese, als er seinen Verdacht in solcher Weise gerechtfertigt und bewiesen sah, ohne daran zu denken, dem also Gefangenen Hülfe zu leisten. „Hab' ich also recht gehabt? – Bist du mir auf die Lockspeise gesprungen und hast die Grube drunter nicht gemerkt? – Deine Wurzel hilft dir jetzt nichts mehr, ob du da unten auch noch so kläglich thust! Hat doch der ganze Kampong schon die langen Jahre Verdacht auf dich gehabt, und endlich, endlich halt' ich dich!"

„Schang-hai!" stöhnte auch Laykas und barg, zusammenschaudernd vor dem furchtbaren Gedanken, daß sie dem Entsetzlichen hatte sollen zu eigen sein, ihr Antlitz in den Händen. Zu sehr theilte sie übrigens den Aberglauben ihres Volkes, um nicht aus vollem Herzen alles zu glauben, was an dunklen Gerüchten ihren Stamm durchlief. Und hätte der Mensch da unten in der Grube auch neben dem Tiger aushalten können, wäre er nicht seines Gleichen gewesen? – Nimmermehr! Das Raubthier würde ihn hundertmal zerrissen haben.

Wunderbar war es jetzt zu sehn, wie sich der Tiger in der Ecke der Grube vor dem hellen Sonnenstrahl, wie dem Laut der Menschenstimme immer mehr und mehr zusammendrückte, und während Maono in jubelnder Lust oben stand, den Triumph so glücklichen Fanges feiernd, erhob jetzt der unglückliche Chinese drunten mehr und mehr die Stimme und bat den Eingeborenen, ihn doch nur um Allahs Willen, wenn er s e i n e Götter nicht anerkenne, aus seiner furchtbaren drohenden Lage zu befreien. Er versprach, ihn dabei zum reichen angesehenen Mann zu machen – versprach auf Laykas, deren Stimme er ebenfalls erkannt, zu verzichten – er hätte seine eigene Seligkeit verpfändet, wenn man es von ihm in diesem Augenblick verlangt, um nur von der entsetzlichen Todesgefahr befreit zu sein, nur seine Spanne Leben zu retten.

Eine ebenso große Gefahr drohte ihm aber in diesem Augenblick gerade von daher, von wo er Rettung erhoffte. Maono nämlich, in der festen Überzeugung, daß der gefangene Chinese wirklich ein M e n s c h e n t i g e r sei, der nur, als er sich ertappt sah, seine menschliche Gestalt wieder angenommen, beschloß ohne Weiteres, die Gegend von diesem Ungeheuer zu befreien. Während der Chinese deshalb unten bat und flehte, befestigte Maono oben ganz ruhig und unbefangen die lange feste Leine am oberen Theil seiner Lanze, um diese nach dem Wurf wieder zurückziehen zu können, und trat dann an den Rand der Grube, die Waffe zum Todeswurf erhoben.

„Vorbereitung zum Tode," sagte er dabei ruhig, „brauchst du drunten wohl nicht, denn wer in Nacht und Finsterniß in s o l c h e r Verwandlung umherschleicht, weiß genau, was ihm bevorsteht, wenn man ihn endlich einmal ertappt. So nimm denn –"

„Halt ein – halt ein!" schrie aber der Unglückliche, der die drohende Bewegung bemerkt, in Todesangst. „Ich schenke dir Hütte und Felder von Laykas' Vater, mit all den Thieren, die ihm zugehören. Ich schenke dir sechs meiner besten Büffel und die zwei großen Reisfelder, die hinter deinem neuen Hause liegen. – Ich schenke dir vier Säcke Deute außerdem und all die Arenpalmen, die auf dem Grundstück stehen, und du magst Laykas zur Frau nehmen, – aber wirf den Speer weg, um meines Lebens willen – wirf den Speer fort und reich' mir die Schnur herunter! Der Tiger dort in der Ecke wirft immer gierigere Blicke auf mich – ich bin verloren, wenn du mich nicht rettest.“

Maono warf n i c h t; diese ungeheuern Versprechungen, die ihm der Gefangene machte, brachten seinen Entschluß, ihn zu tödten und seinen Fangpreis dafür einzuziehen, doch zum Wanken. Er war damit reicher als er es je gehofft, und in der Gewalt behielt er den Chinesen ja noch immer.

„Und wirst du halten, was du da gelobt?“ fragte er zögernd.

„Rette mich, und ich gebe dir mehr, als ich dir versprochen,“ winselte der Unglückliche.

„Du willst ihn nicht tödten?“ fragte Laykas erstaunt, „wenn du ihn aufziehst, wird er seine Tigergestalt wieder annehmen und uns Beide vernichten.“

„Dagegen giebt es ein Mittel,“ lachte der junge Sundanese, indem er jetzt, von einem neuen Plan ergriffen und rasch entschlossen, die starke Schnur von der Lanze warf, während er dem Mädchen die Waffe reichte. „Da, Laykas,“ sprach er dabei, „nimm du den Speer und fass' ihn fest, indessen ich den Burschen in die Höhe ziehe. Bleibt er, was er ist, so werd' ich schon allein mit ihm fertig, denkt er aber zu seiner alten List zu greifen, so bald er sich im Freien weiß, siehst du das geringste Zeichen der gelben Streifen an den Seiten, der vorgestreckten Tatzen – dann stößt du ihm die Lanze bis ans Heft ins Herz, und mit meinem Khris schick' ich ihn rasch wieder in die Grube zurück. Und jetzt fass' an da unten!" rief er, ohne sich weiter um den daneben liegenden Tiger zu bekümmern, dem Chinesen zu, indem er ihm die Leine niederwarf. „Schling' dir die Schnur um den Leib und ich ziehe dich herauf zu mir."

Schang-hai befolgte mit zitternden Händen den gegebenen Befehl, scheu dabei den Blick fortwährend nach der kauernden, aber regungslosen Bestie gewandt. Stärker funkelten dabei die Augen des Tigers, als er seinen Mitgefangenen sich bewegen sah, fester drückte er sich zurück, auf die Hintertatzen zum Sprung zurückgebogen. Die tückischen Augen glänzten in einem grünen Feuer, die kurzen spitzen Ohren waren dicht an den Kopf zurückgelegt und die grimmen fletschenden blendendweißen Zähne zeigten sich in ihrer vollen furchtbaren Pracht. – Trotzdem wagte er den Sprung nicht und schien nur einen Angriff auf sich selber zu erwarten, dem er, so gerüstet, begegnen wollte.

Es war ein merkwürdiger Anblick, die Gruppe zu beobachten, die in diesem Augenblick oben an der Grube stand. Der Chinese, der sich die Schnur um den Leib geknüpft und mit Händen und Füßen, wenn auch noch immer scheu den Kopf nach der ihm nächsten Gefahr zurückdrehend, nachgeholfen, hatte eben mit den Händen den obern Rand erreicht. Maono lehnte, den linken Arm zum bessern Halt um eine schlanke dünne Arekapalme geschlagen, den Fuß gegen ihre Wurzel gestemmt, das Seil in der Hand dort und zog aus allen Kräften den schweren kleinen Chinesen aufwärts, und neben ihm, die gefällte Lanze zum Stoß bereit in der Hand, mit funkelnden und doch in ängstlicher Scheu blitzenden Augen, halb Muth, halb Furcht in den belebten Zügen, stand das wunderschöne Mädchen, nackt bis zum Gürtel, die schwarzen langen Locken ihre Schultern umflatternd, die Verwandlung des Ungeheuers mit jedem Augenblick erwartend.

Aber von dem armen kleinen Chinesen brauchten sie nichts zu fürchten, und kaum hatte er den obern Rand vollständig erreicht und sich in scheuer Angst einen Schritt davon hinweggeschleppt, als er, zum Tode erschöpft und von dem Entsetzen der letzten Stunden aufgerieben, bewußtlos neben der Grube zu Boden brach und es ruhig geschehen ließ, daß ihm der Sundanese Arme und Füße mit derselben Leine fest zusammenschnürte, an der er ihn heraufgezogen.

6.

Unschlüssig, was nun zu beginnen und welcher Weg am besten einzuschlagen, entschloß sich Maono endlich dazu, Hülfe vom nächsten Kampong herbeizuholen. Die Männer dort sollten entscheiden, ob der also ertappte und überführte Chinese als ein entdeckter „Menschentiger" noch den Tod verdiene, wonach der Kampong selber den auf solchen Fang gesetzten Lohn gezahlt hätte, oder ob er mit dem versprochenen Lösegeld freikomme, die Gegend aber auf immer verlassen solle. – Das schien ihm nach kurzer Überlegung das Beste; hätten doch sonst die Nachbarn gar am Ende glauben können, er habe den Mann aus Eifersucht schuldlos ermordet. Laykas deshalb mit der Waffe bei dem Gebundenen zurücklassend, damit sie ihm dieselbe ins Herz stoße, sobald er den Geringsten Versuch mache, sich zu befreien, eilte er jetzt so rasch er konnte, den schmalen Pfad

271

entlang, der aus dem Walde auf die Straße führte, um von dort aus <u>den Kampong</u> Tji-dasang zu erreichen.

Die Mühe wurde ihm übrigens erspart; denn da er die Lichtung erreichte, fand er sich einer Schaar von Männern, Laykas Vater, Kelah, an der Spitze, gegenüber, die bis hierher der Spur des flüchtigen Mädchens gefolgt waren, und jetzt eben unschlüssig auf der stark betretenen Straße standen, welcher Richtung sie von hier aus folgen sollten.

Maonos Ruf brachte sie bald an seine Seite, und mit wenigen flüchtigen Worten schilderte er jetzt Kelah die Vorgänge der letzten Nacht, den Fang des so gefürchteten Menschentigers, mit einer mächtigen Tigerin zusammen. Ohne weiter eine Antwort abzuwarten, wandte er sich dann und schritt, von allen in schweigender Scheu gefolgt, den Pfad zurück, den er gekommen, bis zu der Stelle, wo er den Gefangenen unter Laykas Aufsicht zurückgelassen.

Schang-hai hatte sich indeß von seiner Ohnmacht erholt, und das junge Mädchen, das neben ihm die Wacht hielt, mit den flehendsten Worten gebeten, ihn loszubinden. Laykas würde aber ebenso bald, ja vielleicht noch eher daran gedacht haben, den in der Grube gefangenen Tiger als den Gebundenen an ihrer Seite zu befreien, und der mit Haß und Furcht gemischte Blick, mit dem sie der geringsten seiner Bewegungen folgte, wie die oft drohend gehobene Lanze verrieth ihm, daß er von ihr nichts zu hoffen hatte. Endlich schlug das Geräusch von Stimmen an sein Ohr, und mit einem leise, aber aus vollem Herzen gemurmelten Dank erkannte er den alten Kelah neben Maono an der Spitze des Zugs.

Hatte er übrigens gehofft, bei diesem unbedingten Schutz zu finden, so war er dabei im Irrthum und der alte Sundanese viel zu schlau, um nicht im Augenblick zu übersehen, wie die Sache stand. Einestheils stak er selbst zu tief in dem Aberglauben seines Volkes, um auch nur einen

273

Augenblick zu zweifeln, daß der Chinese das wirklich sei, dessen ihn Maono beschuldigt hatte. Wenn er aber die Versprechungen hielt, die er dem jungen Mann gethan und die ihm dieser unterwegs schon mitgetheilt, so stand er auch ganz anders neben dem Chinesen. Wie hätte er überhaupt nach der jetzt gemachten Entdeckung noch daran denken dürfen, ihm die Tochter zur Frau zu geben! Hierbei hatte er übrigens zwischen den anderen, weit mehr angesehenen Eingeborenen auch nur eine ganz untergeordnete Stimme, und Schang-hai fand bald, daß er zuerst einem förmlichen Verhör Rede stehen mußte, ehe er hoffen durfte, selbst von diesen Leuten, die ihn sonst mit der höflichsten, oft kriechenden Artigkeit behandelten, in Freiheit gesetzt zu werden.

Er erzählte jetzt – immer noch mit gebundenen Händen, obgleich seinen Füßen Freiheit gegeben war, daß er erst spät Abends von der Plantage seines Landsmannes nach Tjidasang hatte zurückkehren wollen, als er plötzlich eine Gestalt vor sich auf dem Weg gesehn, und wie er im Schatten eines Baumes stehn geblieben, beim hellen Licht des Mondes Laykas, seine B r a u t erkannt habe. Bei seinem Anblick sei sie in den Wald, und zwar den Fußpfad hinein geflohen, der nach Maonos Hütte zu führte; und nicht gesonnen, sie dort zu lassen, ohne seine, durch Einwilligung des Vaters gewonnenen Rechte auf sie geltend zu machen, sei er ihr dorthin gefolgt. Wie sie selber den Pfad entlang gekommen, wisse er nicht, aber er sei, als er dem dunklen Gang gefolgt, in die hier verborgene Grube gestürzt. Um Hülfe zu rufen, habe er sich nicht getraut, aus Furcht, vielleicht eines der gefährlichen Raubthiere herbeizulocken, bis gegen Morgen die Tigerin, wahrscheinlich auf seiner Spur folgend, zu ihm hineingebrochen wäre. Jetzt habe er mit gellender Stimme um Hülfe geschrieen und die Bestie, dadurch vielleicht

274

geängstigt, den entgegengesetzten Winkel behauptet, ohne ihm ein Leides zu thun. Erst am Morgen sei Maono gekommen, der aber hätte ihn für einen Menschentiger gehalten und beinahe umgebracht, wenn er sich nicht sein Leben mit schweren Versprechungen erkauft.

Schang-hai schien auch die ganze Sache wirklich für abgemacht zu halten und nicht einmal daran zu denken, die gegebenen Versprechungen zu erfüllen. Er verlangte jetzt mit finsterer Miene losgebunden zu werden, und drohte widrigenfalls das ganze Verfahren dem holländischen Residenten (der obersten Gerichtsperson des Distrikts nach dem Gouverneur) anzuzeigen. Wenn er sich aber so weit sicher glaubte, hatte er sich doch geirrt. Die Eingeborenen, die fast sämmtlich in dem letzten Jahr einen näheren oder entfernteren Verwandten durch die Raubthiere, und wie sie fest glaubten, hauptsächlich durch einen „Menschentiger" eingebüßt, gedachten alle der dunklen wilden Erzählungen, die schon seit langen Jahren ihre Nachbarschaft über den kleinen Chinesen durchlaufen, und waren nicht gesonnen, den scheinbaren Beweis seiner Schuld so leicht und rasch wieder aus den Händen zu lassen. Der Vorschlag wurde deshalb auch ohne Weiteres gemacht und ihm nicht einmal von Kelah widersprochen, in einer Art Gottesurtheil den Verdächtigen zu prüfen. Er sollte nämlich wieder in die Grube hinunter, und zwar gerade a u f die Tigerin geworfen werden. Griff ihn die dann an, so wollten sie suchen, ihn so rasch wie möglich wieder herauf zu ziehen und er durfte frei ausgehen, ließ sie ihn aber unbelästigt, wie sie es die ganze Nacht gethan, so war es ein sicheres Zeichen, daß er zu ihrem Geschlecht gehörte, und dann sollte er, wie die wilde Bestie selber, mit Lanzen getödtet werden. Seine Erzählung, wie er in die Grube gekommen, glaubte ihm Niemand, und selbst die jetzt darum befragte Laykas erzählte, daß er unter der Palme am Weg wie ein Tiger gekauert, und sie seine

Sprünge hinter sich her, wie die des wilden Raubthiers, gehört und erkannt hätte.

Der alte Kelah selbst schämte sich, daß er einem solchen Ungeheuer seine Tochter versprochen. Durfte Schang-hai doch jetzt nie daran denken, seine Schuld von ihm einzufordern, und so stimmte er auf das eifrigste für dessen Tod. Überhaupt thaten das alle, die dem Chinesen eine bedeutende Summe schuldig waren.

Man band ihm jetzt die Hände los und die Schnur wieder um den Leib, wie ihn Maono vorher heraufgezogen, und Laykas selber stand in sprachloser Erwartung dabei, ob die Tigerin da unten den verkappten Gefährten erkennen oder in wilder Wuth über ihn herfallen würde. Schang-hai hatte aber keineswegs Lust, eins von beiden Resultaten, beide gleich schrecklich für den Unglücklichen, abzuwarten. Mit Drohungen war indeß nichts auszurichten und sein Leben soweit gefährdet, daß der nächste Augenblick schon jeden zu spät kommenden Entschluß nutzlos gemacht hätte. Er lag auf der Folter – ein Leugnen hätte ihn zu der wilden Bestie hinunter geworfen, die schon bereit lag ihn, als einen vermutheten Angreifer, mit Klauen und Zähnen zu empfangen. Nur eine Rettung blieb für ihn – er kannte seine Leute, und mit bleichen, zitternden Lippen rief er: „Halt!"

„Hinunter mit ihm!" tönte Kehlahs heisere Stimme. –

„Laßt mich reden," bat aber der Chinese, „was nützt euch mein Tod – was mein Geständniß, d a ß ich ein Menschentiger sei –." –

„Er bekennt es!" rief jubelnd Maono, und die Andern sahen mit scheuem, erschrecktem Blick auf den Unglücklichen. Dieser aber, den augenblicklichen Vortheil der wenigstens gestatteten Rede benutzend, fuhr rasch und ängstlich fort. „Wenn ihr mich tödtet, verfällt mein Hab und Gut dem Staat – den Holländern. Ich habe keine Kinder – keine Verwandte – in meinen Büchern sind alle meine Schuldner angegeben. Die weißen Männer werden sie einzutreiben wissen. Schenkt mir das Leben und ich will nicht allein Maono geben, was ich ihm versprochen habe – ich erlasse auch euch, die ihr hier seid, was ich noch sonst von euch zu fordern hätte, und will selber in den nächsten Tagen dieses Land verlassen. – Seid ihr das zufrieden?“

Ein Streit entstand jetzt unter den Sundanesen. Ein Theil, und zwar die, die ihm bis dahin noch am freundlichsten gewesen, riefen jetzt, da sie sein geglaubtes Geständniß gehört, daß er getödtet werden müsse, denn er habe bekannt, daß er ein Menschentiger sei, und in der nächsten Nacht werde er, wenn man ihn freilasse, nur soviel wüthender über sie herfallen, um die jetzige Mißhandlung zu rächen. Andere dagegen, mit dem erlangten Gewinn zufrieden und doch auch vielleicht nicht ganz sicher, wie die Weißen den M o r d ansehn würden, stimmten dafür, ihn unter der Bedingung, daß er binnen drei Tagen den Distrikt verlasse, die drei Nächte aber den Fuß nicht über seine Schwelle setze, frei zu geben.

Der Chinese versprach alles. Neben ihm lauerte der nackte Tod, in den ihn der tolle Aberglauben dieser Menschen jauchzend hineingeworfen hätte – und vor ihm lag das Leben!

Seine Banden wurden jetzt gelöst, und während Kelah, etwas verlegen allerdings, aber doch auch außer Stande, anders zu handeln, dem jungen wackeren Maono in derselben Zeit etwa die Tochter zusagte, als er sie, nach der Absicht des vorigen Abends, hatte in das Haus des jetzt geächteten Chinesen führen wollen, schlich dieser, in scheuer Angst, daß seine Freilassung die hinter ihm her jauchzende und tobende Schaar doch am Ende noch gereuen könne, den Wald entlang, bis er die Straße erreichte, und eilte dann, so rasch ihn seine Füße trugen, der eigenen Wohnung zu.

Das Jauchzen, das Schang-hai gehört, galt freilich nicht ihm, sondern dem Tod des gefangenen Tigers, auf den die jungen Bursche jetzt ihre Khrise und Klewangs schleuderten, bis Maono das vor Wuth und Schmerzen schäumende, brüllende Thier mit dem sicheren Wurf seiner Lanze erlegte.

Mit Blitzesschnelle durchlief indeß die Kunde von dem gefangenen Menschentiger, und dem Versprechen, das Schang-hai, sein Leben zu retten, gegeben, den Kampong. Ein holländischer Unterbeamter, der sich gerade dort aufhielt, ging allerdings hierauf zu Schang-hai, forderte ihn auf, in seinem Besitzthum zu bleiben und sicherte ihm den vollen Schutz der holländischen Gesetze zu, nach denen selbst die abgezwungenen Versprechungen nicht bindend waren. Schang-hai aber, der dem Tod unter den Händen der Eingeborenen zu nahe gewesen, als daß er ihnen noch einmal hätte trauen mögen, und recht gut wußte, daß ihn auf den Verdacht hin, in dem er jetzt einmal unter den Sundanesen stand, alle Gesetze der Welt vor einem heimlichen Angriff nicht schützen konnten, zog es vor, mit einem kleinen Verlust seiner Güter sein gegebenes Versprechen zu halten. Ein anderer Chinese übernahm seinen Pacht und kaufte ihm auch sein Waarenlager ab, und am dritten Morgen – die Nächte hielt er sich in seinem Haus fest eingeschlossen, – verließ er unter einer erbetenen und erhaltenen Bedeckung malayischen, dort in der Nähe stationirten Militärs die Preanger Regentschaften, um in ihre Grenzen wahrscheinlich nie mehr zurückzukehren.

Fußnoten:

[37] Badek heißt auf Java eine eigenthümliche Art, weißes Zeug in den verschiedenartigsten Mustern zu drucken und zu färben. Es wird nämlich zu dem Zweck die Zeichnung aus f r e i e r H a n d mit einer kleinen Kupferröhre, aus der heißes Wachs sickert, auf das Tuch an beiden Seiten aufgetragen und dieses dann erst gefärbt, wonach die Stellen, auf denen kein Wachs liegt, die Farbe annehmen. Bei schwierigen und theuern Mustern geschieht dies mühsame Auftragen der Zeichnung verschiedene Male, um ebensoviele Farben herauszubringen.

[38] In den Javanischen Bergen dient der schilfartige Bambus zu sehr verschiedenartigen Verrichtungen und besonders benutzen die Frauen die stärksten, oft vier bis fünf Zoll im Durchmesser haltenden Stöcke, das Wasser darin zu tragen.

[39] Ein rockähnliches Stück Tuch von vielleicht drei Fuß Breite, unten und oben gleich weit, das über den Hüften eng zusammengezogen und durch einen in das Zeug hineingesteckten knoten gehalten wird. Es wird von beiden Geschlechtern getragen.

[40] Alang Alang, das hohe schilfige Gras, das in der Wildniß fast alle offenen Stellen ausfüllt und der Lieblingsplatz der Raubthiere ist.

Der Khris[41].

Am Kali Besaar[42] in Batavia, dem großen Handels-Viertel des Ostens, wo die Ostindische Maatschappy ihre gewaltigen

Niederlagen, und der Batavische Kaufmann sein Comtoir und Waarenlager hat, war heute ein regeres Gedränge als gewöhnlich. Die Menschenströmung, die sonst mehr an beiden Ufern des kleinen Flusses ziemlich gleich vertheilt auf- und abwogte, schien gerade heute auch mehr dem Mittelpunkt der Hauptstraße zuzupressen. Dort hatte sich unter den Bambus Schuppen und zwischen den aufgefahrenen Cabriolets und Cabs der Kaufleute, eine Masse Chinesischer und Javanischer Fruchtverkäufer angesammelt und hielt ihre duftigen saftigen Waaren, vor den glühenden Sonnenstrahlen durch das hölzerne Dach geschützt, feil.

Es war eine Auction in einem der großen, düsteren Gebäude, und zwar nicht von importirten Europäischen Waaren oder veralteten Gütern, oder von inländischen Producten, wie sie die Maatschappy oft hält – oder gar von spanischen Dollarn, wie sie vor noch gar nicht so langer Zeit hier ebenfalls stattgefunden, sondern nur von Naturalien, Waffen, Vogelbälgen, Geräthschaften, Anzügen, Instrumenten etc. etc. der benachbarten Inseln, die den Nachlaß eines verstorbenen Deutschen Naturforschers bildeten, und jetzt hier, da kein Testament über die Sammlung selber disponirte, öffentlich versteigert werden sollten. Alles das, woran ein tüchtiger, wackerer, muthiger Mann seine ganze Lebenszeit gesetzt, es zusammenzubringen und der Nachwelt aufzubewahren, sollte hier, wie das eine Menschenherz zu schlagen aufgehört, in wenig Stunden wieder in alle Winde zerstreut und verworfen werden, und lachend und erzählend, zankend und schreiend, drängten sich indeß die Fremden aus und ein, besahen die Schätze, die ihren Augen preis gegeben waren und die nur Wenige von ihnen zu würdigen wußten, und packten das Gekaufte gleichgültig in ihre Cabriolets, es Abends mit nach Haus zu nehmen.

Hier standen ein Paar Holländer zusammen, die einen Bogen spannten und einen der Pfeile in die Luft hinaufschnellten, zu sehen, wie weit er tragen würde, dort arbeitete sich ein Anderer, mit einem ausgestopften Affen unter dem Arm, aus dem Gedränge, und wurde von seinen Bekannten jubelnd empfangen. Inländische Diener schleppten Lasten von fremdartigen Geräthschaften und Schilden und Speeren heran, Andere trugen Schädel von Tigern und Krokodillen, und an einen Bambusstab geschlungen, den sie auf den Schultern trugen, keuchten zwei Javanen mit einem Elephantenschädel herbei, ihn zum Zierrath in das Landhaus des in Weltevreden oder Kramat wohnenden glücklichen Käufers hinaufzuschaffen.

Zwei Weiße, der Capitain eines vor einiger Zeit eingelaufenen Holländischen Kauffahrers, und ein Amerikanischer Kaufmann, der sich schon seit längeren Jahren in Batavia niedergelassen, waren ebenfalls durch das rege Leben und Treiben angelockt worden, das Haus zu betreten und die ausgestellten Sachen in Augenschein zu nehmen. Es kostete freilich Mühe, bis sie sich durch das Gedränge von Chinesen, Javanen und Europäern, die in allen Sprachen der Welt hier durch einander schrieen, Bahn machten. Endlich aber erreichten sie doch den weiten luftigen Raum, in dem die Waaren, theils an den Wänden hängend, theils auf den Seitentischen ausgelegt, wirr und unordentlich, wie man sie eben aus den Kisten gepackt, aufgeschichtet und zerstreut lagen. Auf den Tischen herum springende Chinesen schienen dabei das Ganze zu überwachen, auf die Gebote zu horchen, das Erstandene auszuliefern, und das Geld dafür in Empfang zu nehmen, wobei sie noch außerdem auf die Finger ihrer Landsleute zu passen hatten, die in dieser Hinsicht in eben keinem besondern Rufe stehen.

Die Auction selber fand, von einem Liplap[43] geführt, in Holländischer und Malayischer Sprache zugleich statt, und ganze Bündel seltener Speere und Pfeile, Bögen, Schilde, Schmuck von Muscheln und Zähnen, geflochtene Geräthschaften, geschnittene Gefäße und künstlich und sauber verfertigte Zierrathen, wie Kasten mit ausgestopften Vogelbälgen und Thieren, mit Schmetterlingen und Käfern, Sammlungen von Früchten, Conchilien und Mineralien, wurden um einen Spottpreis, oft gleich nach dem ersten flüchtigen Gebot, den Käufern zugeschlagen.

Die beiden Männer hatten sich endlich mit nicht geringer Mühe dorthin Bahn gemacht, wo eine Anzahl sehr schöner Waffen, besonders Khrise, auf einem kleinen Seitentische lagen, und eben, dem Wunsch eines Franzosen nach, zum Kaufe ausgeboten wurden. Manche davon waren sehr künstlich, ja kostbar gearbeitet, und mit Gold und Steinen eingelegt, wie mit herrlichen damascirten Klingen; andere wieder einfach und derb gearbeitet, mit glatter hölzerner Scheide und nicht selten mit dem Haarbüschel der erlegten Feinde geziert, wie es auf Borneo die Sitte der Krieger ist. Der Franzose erstand eine ziemliche Anzahl derselben um einen ziemlich hohen Preis, während ein dicht neben ihm stehender Javane die einzelnen Waffen, jede besonders, aus der Scheide zog und aufmerksam betrachtete, ohne jedoch darauf mit zu bieten.

Der Holländische Capitain hatte indessen dem ganzen Handel ziemlich gleichgültig zugeschaut, bis der Franzose seine Einkäufe gemacht und den Platz mit den Erstandenen Waffen geräumt hatte. Auch der Javane schien genug von dem ganzen Treiben gesehn zu haben, zog seinen Sarong fester um sich und verließ das Zimmer. Indessen entdeckte der Chinesische Aufseher unter den übrigen Sachen noch einen zurückgebliebenen Khris und legte ihn auf den Tisch des Verkäufers.

„Ach wahrhaftig, da ist n o c h einer!" rief dieser, „nun, meine Herren, wer bietet darauf, denn unser Khriskäufer ist fort – noch ein werthvolles Stück, mit prächtigen Granaten besetzt und fein damascirter Klinge – dreißig Gulden zum Ersten, dreißig Gulden zum Ersten sag' ich, die Waffe ist hundert werth" –

„Ein und dreißig Gulden," bot der Holländische Capitain.

„Ein und dreißig Gulden, guter Gott, ein Spottpreis," sagte der Auctionator, – „ein und dreißig Gulden zum Ersten."

„Vierzig!" bot ein daneben stehender Engländer. „Fünf und vierzig!" der Capitain wieder, und erstand zuletzt die wirklich schöne und geschmackvoll, wenn auch einfach gearbeitete Waffe, bis zu sieben und achtzig Gulden hinaufgetrieben. Augenscheinlich lag ihm aber sehr wenig daran, und sie in seine Tasche schiebend, sah er dem Verkauf der übrigen Sachen noch eine kurze Weile zu, ergriff dann den Arm des Amerikaners wieder, und verließ den durch die zahlreiche Menschenmenge doch schwül und dumpfig gewordenen Raum, die freie Luft zu erreichen.

„Man sollte doch wahrhaftig schon aus Grundsatz nie eine Auction betreten," sagte er hier, als er die Waffe wieder vorzog und betrachtete, „wenn man nicht irgend etwas Bestimmtes kaufen will und wirklich braucht. So fest ich mir vorgenommen hatte, mein gutes Geld nicht muthwillig an irgend einen nutzlosen Gegenstand zu verschleudern, hab' ich mich doch hier wieder mit dem Ding da anführen lassen, und bin um ein Stück Eisen reicher, und um sieben und achtzig Gulden ärmer geworden, als ich vorher war."

Der Amerikaner hatte den Khris indessen aus der Scheide gezogen und prüfend betrachtet und sagte lachend:

„Lieber Freund, das geht uns oft so auf der Welt, und wir vor allen Anderen können uns gratuliren, daß die Menschen im Allgemeinen eben nicht das nur kaufen, was sie gerade nothwendig brauchen, denn unser ganzer Handelsstand beruht darauf, daß sie das eben n i c h t thun. Der Mensch bedarf zu seinem Leben wirklich n ö t h i g entsetzlich wenig, und wollte er sich darauf beschränken, wie sollte es dann mit Handel und Wandel, um Schifffahrt und Verkehr aussehen. Der Luxus gerade, für den wir civilisirte Menschen gar keine Grenze mehr haben, weil er mit unserem einfachsten Leben schon so fest verwachsen ist, hält die Sache in Gang, und bleibt eben nur so lange wirklich Luxus, als wir auch ihn nicht „nothwendig brauchen," wo er dann zum B e d ü r f n i ß und zu dem wird, was wir eben zum Leben haben müssen."

„Nun aber der Khris hier ist doch wirklich Luxus", lachte der Capitain.

„Für Sie in diesem Augenblick, ja, aber wie lange vielleicht, und Sie brauchen ihn nicht allein nothwendig, sondern müssen sogar noch eine Menge anderer ähnlicher Sachen dazu haben, ein „N a t u r a l i e n - C a b i n e t" zu vervollständigen. Mit e i n e r Sache muß der Mensch anfangen, und das Eine zieht eben das Andere nach. Sehn Sie zum Beispiel den Javanen an; mit einer Handvoll Reis hält er seine Mahlzeit; eine Bambushütte, die ihn eben nothdürftig gegen Thau und Regen schützt, genügt ihm zur Wohnung, ein Stück Baumwollenzeug und ein Strohhut zur Kleidung, und was für einen Gefallen glauben Sie wohl, daß Sie einem solchen Menschen mit einer Astrallampen oder mit irgend einer Europäischen Zimmer-Verzierung erweisen würden? Gehen Sie aber zu einem der unter Holländischen Einfluß stehenden Häuptlinge, und Sie werden Astrallampen und Zimmer-Verzierungen, Teppiche, Kronleuchter, Wandgemälde etc. etc. im wahren Überfluß als n o t h w e n d i g e s   B e d ü r f n i ß finden. Die Khrise spielen übrigens in dem Leben der Javanen eine sehr bedeutende Rolle, und einzelne von ihnen erben von Vater zum Sohn und Enkel herab, und dürfen nimmer verkauft werden. Viele davon sind jedoch in den letzten Kriegen in den Besitz der Weißen gekommen, und öfters ist es vorgekommen, daß Javanische Häuptlinge, die ihre Stammwaffe in fremden Händen fanden, bedeutende Summen gegeben haben, sie wieder zu erlangen."

„Ich wollte, ein solcher Javanischer Häuptling hätte Lust zu d i e s e m Khris", lachte der Capitain, die Waffe aus der Scheide ziehend und in der Sonne blitzen lassend, „mit einigen Prozent Gewinn könnte er ungemein leicht wieder Eigenthümer derselben werden."

„Dort steht gleich Einer," sagte der Yankee, „und wenn ich nicht irre sogar derselbe, der da drüben im Verkaufslokal die Waffen so genau betrachtete. Der kann uns wenigstens sagen, was das Messer wirklich werth ist, und wir erfahren dann gleich, ob Sie einen guten Kauf gemacht haben. Heh, Freund, komm einmal hier her, und sage, wie dir der Khris da gefällt."

Der also Angeredete, der unfern von ihnen mit untergeschlagenen Armen an einem Pfeiler lehnte, war ein schlanker, stattlicher Bursch von ungefähr zwei bis drei und zwanzig Jahren, und die dunklere Hautfarbe, wie die edelgeschnittenen Züge und blitzenden Augen verriethen allerdings den Javanen, der sich von den Sunda'nern (wie die Bewohner der östlichen Insel genannt werden) wesentlich unterscheidet. So knechtisch diese aber den Holländern, ihren jetzigen Herren, gegenüber sind, so wenig nahm der Bursche hier Notiz von der Anrede, die er jedenfalls gehört haben mußte. Mit eben nicht ganz freundlichem Blick die Gestalten der beiden Männer nur flüchtig überfliegend, wandte er den Kopf halb zur Seite, und schien keineswegs gesonnen, auch nur ein Glied zu rühren, der Aufforderung Folge zu leisten.

„Hallo, der ist unabhängig," lachte der Amerikaner vor sich hin, „und wir werden zu i h m gehen müssen, wenn wir etwas von ihm wissen wollen. – Heda, Freund!" setzte er dann in Malayischer Sprache hinzu, die Waffe dabei aus des Capitains Hand nehmend und auf den Javanen zugehend, „kannst du mir sagen, was das Messer hier einmal gekostet?"

Der Javane zog die Brauen finster zusammen, richtete sich dann stolz und trotzig empor, und wollte sich eben, ohne ein Wort auf die Anfrage zu erwidern, von den ihm jedenfalls verhaßten Weißen abwenden, als sein Auge auf den Khris fiel und er in demselben Moment auch wie unwillkührlich den Arm danach ausstreckte. Das Blut schoß ihm dabei in die Schläfe und er suchte fest und forschend den Blick des Fremden, als ob er dessen Absicht in seinem Antlitz lesen wollte. Aber es war auch wirklich nur ein Moment, der Arm glitt zurück in seine alte Stellung, ebenso der Körper, der sich wieder nachlässig gegen den Pfeiler drückte; nur den Blick konnte er nicht losreißen von der Waffe, und der Amerikaner mußte seine Frage wiederholen, ehe er sie nur verstand.

„Weiß ich nicht," sagte er dann, finster den Kopf zur Seite werfend, „ist ein alter Khris – wollt Ihr ihn verkaufen?"

„Junge, Junge[44]," sagte der Yankee, der schon lange im Ostindischen Archipel wohnte und die Sitten und Gebräuche der Eingeborenen genau kannte, in

Holländischer Sprache zu dem Capitain, „der Bursche da weiß mehr von dem Khris, als er uns jetzt verrathen mag, und giebt sich umsonst die größte Mühe, gleichgültig dabei zu bleiben. Außerdem ist das auch gar kein gewöhnlicher Eingeborener, wie ich im Anfang geglaubt. Was für einen kostbaren Sarong er trägt, und welch' ein prachtvolles golddurchwirktes Kopftuch – hm, hm, wenn der ihn haben will, soll er tüchtig dafür bezahlen."

Des Javanen Auge war indessen bei den ihm unverständlichen Worten forschend von dem Antlitz des einen der Fremden zu dem des anderen geflogen, ohne daß er jedoch seine Stellung auch nur um eines Haares Breite verändert hätte, nur als der Amerikaner schwieg, öffnete er die Lippen wieder, als ob er die letzte Frage wiederholen wolle, zwang aber das Wort zurück, das Anerbieten lieber von Jenen zu erwarten.

„Fordert nur nicht z u viel," lachte der Capitain; „wenn er wirklich Lust zum Kaufen hat, wollen wir ihn wenigstens nicht kopfscheu machen."

„Nur nicht ängstlich," entgegnete ihm der Freund, „entweder liegt ihm daran, den Khris zu bekommen, dann ist kaum ein Preis zu hoch, den wir fordern k ö n n e n , oder es liegt ihm Nichts daran, was ich aber nach seinem ganzen Betragen kaum glaube, und dann wissen wir wenigstens, woran wir sind – laßt mich nur machen;" und sich dann an den Javanen wendend, sagte er, indem er den Khris wieder aus der Scheide zog und die grau damascirte Klinge in der Sonne blitzen ließ, „könntet ihr uns nicht wenigstens sagen, was so ein Ding in eurer Gegend kostet, wenn man 's machen ließ, und von welcher Insel es überhaupt stammt, – von Java, oder vielleicht von Macassar oder Sumatra?"

Der Javane streckte langsam die Hand nach dem Khris

aus, nahm die Waffe, betrachtete, ohne mehr als einen flüchtigen Blick auf den Griff zu wenden, die Damascirung des Stahls mit prüfendem Auge, und gab ihn dann ruhig zurück – kein Muskel seines Gesichts verrieth mehr, daß er irgend einen Antheil an der Waffe nehme.

„Und was ist er werth?" sagte der Capitain ungeduldig.

„Mit funfzig Gulden ist Geld und Arbeit daran bezahlt," brach jetzt der Eingeborene mit tiefer klangvoller Stimme das Schweigen.

„Funfzig Gulden? Nun ja," fluchte der Capitain wieder in seiner eigenen Sprache, „da habe ich wenigstens sieben und dreißig Gulden zum Fenster hinausgeworfen, – hol' der Teufel die Auctionen. Und den Braunen habt ihr auch mit seiner Kauflust in falschem Verdacht gehabt."

„Dann hat er den Khris jedenfalls im Anfang für einen Anderen gehalten," sagte der Kaufmann, „aber das schadet nichts; es ist immer ein schönes, sauber gearbeitetes Stück, für das euch ein Naturalien-Cabinet in der alten Welt leicht den vollen Preis wieder zahlt, solltet ihr es doch einmal verkaufen wollen." Und sich ohne weiteren Gruß oder fernere Notiz von dem Javanen zu nehmen, von diesem abwendend, faßte er den Arm des Capitains, und wollte mit ihm an dem Kali Besaar hinauf und der Brücke zugehn, die unter dem Chinesischen Viertel nach dem andern Ufer hinüberführte, als der Eingeborene ruhig sagte:

„Wollt ihr den Khris verkaufen?"

„Ja, wenn wir einen guten Preis dafür bekommen," erwiderte ihm der Kaufmann, sich halb nach ihm zurückwendend –

„Und was nennt ihr einen guten Preis?" frug der

Eingeborene wieder.

„Fordert hundert Gulden," sagte der Capitain, der etwas vom Malayischen verstand, es aber nicht soviel sprach, sich in einen Handel einzulassen.

„Nur langsam," entgegnete aber der vorsichtigere Kaufmann, „der Bursche fängt an, wärmer zu werden; schon daß er nach dem Preis des Khrises fragte, wo er oben im Auctionszimmer die anderen wirklich schönen Waffen keines Gebots gewürdigt hatte, ist ein gutes Zeichen; wir wollen ihm da nicht vorgreifen und uns selber die Hände binden – e r mag sagen, was er geben will, nachher steht es uns frei, sein Gebot anzunehmen oder zu verweigern."

„Und was nennt ihr einen guten Preis?" wiederholte der Javane, der entweder ungeduldig wurde, oder auch glauben mochte, die Weißen hätten seine Frage nicht verstanden.

„Sag' du selber, was du geben willst," erwiderte ihm jetzt der Amerikaner, indem er den Khris noch einmal aus der Scheide zog, flüchtig betrachtete, zurückstieß und nachlässig in die Tasche schob, „ich habe ihn erst gekauft und möchte mich nicht gern gleich wieder von ihm trennen."

„Dort unten?" frug der Javane, mit dem Arm nach dem Auctionshause deutend, „ich habe ihn dort nicht gefunden."

„Also hat er ihn gesucht –", lachte der Yankee still vor sich hin, „das steigert den Preis, Kamerad; d i e Bemerkung war dir nicht nützlich – nun, was willst du geben?" setzte er dann auf Malayisch hinzu.

„Der Khris ist funfzig Gulden werth," sagte der Javane gleichgültig, „ich gebe funfzig."

„Und i c h habe sieben und achtzig dafür gezahlt," rief der Capitain rasch auf Holländisch.

„Nur ruhig," beschwichte ihn der Kaufmann, „wir fangen eben erst an. – Funfzig Gulden sind ein kleiner Preis, Freund, dafür könntest du kaum die Scheide bekommen, und du wirst verschiedene Male funfzig Gulden neben einander legen müssen, wenn du die Waffe haben willst. Du mußt mehr bieten."

Der Javane schien keine besondere Lust dazu zu haben, und erst, als sich die Männer wieder zum Gehen wandten, sagte er langsam:

„Und was hast du dafür bezahlt?"

„Das kann dir gleichgültig sein," lautete die Antwort, „mehr übrigens, als du zu glauben scheinst."

„So geb' ich dir fünf und siebenzig."

„Auch das reicht noch nicht," erwiderte der Yankee, und der Javane zögerte augenscheinlich mehr zu bieten, ließ sich aber die Waffe noch einmal zeigen, betrachtete besonders die Damascirung wieder genau und prüfend, und bot dann hundert. Der Kaufmann kannte übrigens seinen Vortheil, und trieb den Eingeborenen, ohne sich darauf einzulassen, einen eigenen Preis zu nennen, endlich bis zu zwei- und dann zu dreihundert Gulden hinauf, und als ihn der Capitain jetzt selber bat, doch nur um Gotteswillen zuzuschlagen, da er ein weit besseres Geschäft damit gemacht habe, als er je erwartet, erklärte er vollkommen ruhig, „der Eingeborene müsse erst so viele t a u s e n d Gulden bieten, wie er jetzt Hunderte genannt, und d a n n selbst würde er sich noch besinnen."

„Aber das ist Wahnsinn," rief der Capitain.

„Und doch nicht ganz," lachte der Amerikaner, „lehren Sie mich die Burschen kennen."

„Er wird zuletzt gar nichts weiter bieten," rief der Capitain ungeduldig werdend, „und ich behalte den Khris."

„Wenn Sie das fürchten," sagte der Kaufmann, „so überlassen Sie m i r die Waffe um den Preis, und den weiteren Handel mit dem Manne."

„Von Herzen gern," rief der Seemann, „ich möchte überdies nicht gern mehr damit zu thun haben."

„Also die Sache ist abgemacht? ich zahle Ihnen dreihundert Gulden und der Khris ist mein?"

„Mit dem größten Vergnügen!"

„Willst du dreihundert Gulden für den Khris?" frug der Javane jetzt wieder, der indessen ein ungeduldiger Zuhörer der in einer ihm fremden Sprache geführten Verhandlung gewesen war, „es ist viel Geld für das Messer."

„Und doch lange nicht genug, Freund," sagte der jetzige Eigenthümer der Waffe, „du mußt höher, weit höher bieten, wenn du es in deinen Gürtel schieben willst – aber ich habe jetzt nicht länger Zeit, und behalte auch am Ende lieber den Khris, als daß ich ihn um einen solchen Spottpreis verschleudere. Was liegt mir an den Paar hundert Gulden."

„So n e n n e deinen Preis," rief der Javane, die Lippen fest zusammengebissen und einen finstern Blick auf den Europäer schießend, „ich kenne die Familie, aus der die Waffe stammt, und wenn es meine Kräfte nicht übersteigt, möchte ich sie ihr wieder bringen."

„Du giebst mir doch nicht was ich dafür fordere," sagte

der Kaufmann kopfschüttelnd.

„Fordere," rief der Javane, in kaum zu mäßigender Ungeduld mit dem Fuß den Boden stampfend.

„Gut – hast du Lust dreitausend Gulden an den Stahl zu wenden?" frug jetzt der Amerikaner, und der Capitain wandte sich von ihm ab, denn er schämte sich selber der rasenden Forderung. Der Javane aber knirschte die Zähne zusammen und sagte finster:

„Dreitausend Gulden für das Messer? – du träumst, Weißer, aber ich gebe dir tausend, und du hast den zwanzigfachen Werth."

„Ah bah," lachte der Kaufmann, „ob ich die habe oder nicht, die machen mich nicht reich noch arm, und ich sehe schon, du hast keine Lust zum Handel, so *tabee* –" und sich abdrehend von ihm, ergriff er wieder den Arm des Seemanns und schritt mit diesem langsam die Straße hinauf.

„Und sie wollen die tausend Gulden nicht nehmen?" frug ihn dieser, jetzt wirklich zum Äußersten erstaunt, „Wetter noch einmal, in fünf Minuten siebenhundert Gulden zu verdienen –"

„Nicht wahr das ist nicht schlecht?" lachte der Amerikaner, „wenn man seine Zeit nur ein paar Jahr auf ähnliche Weise verwerthen könnte, ließe sich schon ein ganz hübsches Vermögen zusammen scharren. Aber, Scherz bei Seite, Freund, der Zufall hat uns hier einen glücklichen Streich gespielt, und der Javane m u ß den Khris kaufen, wir mögen fordern was wir wollen."

„M u ß ihn kaufen?" frug der Capitain erstaunt, „wer soll ihn zwingen?"

„Seine eigene Sitte," rief der Yankee; „schon aus früherer Zeit weiß ich ähnliche Beispiele, und es giebt ein altes Gesetz unter diesen Stämmen, daß sie den Khris ihrer Vorfahren, den sie an <u>eigenthümlichen</u>, nur ihnen deutlichen Zeichen in der Damascirung kennen, wenn sie ihn verlieren und in fremden Händen wiederfinden, um j e d e n Preis wieder an sich bringen m ü s s e n . Ich war selber dabei, wie ein Javane einst für eine solche Klinge mit vollkommen werthlosem Heft zweitausend Gulden bezahlte, und v i e r tausend gegeben haben würde, wenn er sie nicht anders bekommen hätte. Dasselbe ist hier der Fall, und umsonst bot der Bursche wahrhaftig nicht tausend Gulden für den Stahl. Nein, um hundert, wenn er sich klug dabei anstellte, hätte er den Khris vielleicht kaufen können, denn was kann man weiter damit thun, als ihn an die Wand hängen, aber um t a u s e n d kauft er ihn jetzt nicht, soviel ist sicher, und an mir soll's nicht liegen, wenn ich ihn jetzt nicht so weit hinaufschraube, als das Gewinde reicht."

„Daß er Ihnen dann nur nicht abfällt," sagte kopfschüttelnd der Capitain, „und überdies thut mir der arme Teufel leid. Wenn der Khris nun einmal in seine Familie gehört und sein Herz so daran hängt, weshalb ihm den Wiedergewinn so entsetzlich, und auch ungerecht erschweren."

„Oh, hol' die braunen Hallunken der Teufel," fluchte der Amerikaner, „ich kann schon die F a r b e nicht leiden, und das Gesindel trägt dabei noch die Nase überhoch. Wo sie u n s betrügen können, thun sie es auch, und wenn wir aus ihnen den größtmöglichen Nutzen herauspressen, üben wir nicht mehr als unser Recht der Selbstvertheidigung. Außerdem füttert und erhält die Holländische Regierung nicht allein diese Faullenzer, sondern zahlt ihnen auch noch rasende Gehalte, die sie doch in Schmuck, nutzlosen

Juwelen und Harems verschwenden. Es ist nicht mehr als Christenpflicht, ihnen einen kleinen Theil derselben wieder abzunehmen."

„Wenn er Sie aber jetzt mit dem Gebot gehen läßt?" sagte der Capitain.

„Da hinten kommt er schon," lachte der Amerikaner still vor sich hin, „dessen sind wir sicher, und bis der Khris nicht in seinen Händen ist, verläßt der meine Spur nicht wieder."

Als sie die Biegung über die Brücke machten, und links wieder nach den Waarenhäusern des Kali Besaar einbogen, konnten sie auch wirklich, ohne den Kopf besonders nach ihm umzudrehen, den Javanen erkennen, der bis dahin regungslos an dem Pfeiler lehnen geblieben war, als ob er die Rückkehr der Männer erwarten wolle. Da sie aber n i c h t kamen, schien er jetzt selber zu fürchten, daß sie ihm entgehen könnten.

Der Amerikaner hatte auch in der That ganz recht vermuthet; der Khris, den der Capitain so zufällig in der Auction erstanden, gehörte wirklich der Familie jenes Javanen; die geheimnißvollen Zeichen der Damascirung ließen diesen nicht einen Augenblick darüber in Zweifel, und er m u ß t e ihn wiederhaben. Aber wie? Hatten die gierigen, ehrgeizigen Weißen ihn nicht Alles dessen beraubt, was er sein eigen nannte? war er nicht ein halber Bettler und Flüchtling fast auf demselben Boden, den er früher als Fürst beherrscht, und wußte er sich nicht dabei noch mißtrauisch überwacht, weil die Regierung recht gut sowohl den Einfluß, den er früher ausgeübt, wie auch den starren Sinn kannte, der sich der fremden Herrschaft nicht gutwillig und geduldig beugen wollte? Sein Pferd, ein wackerer Macassar-Hengst, und eine Handvoll Juwelen, die ihm sein Vater hinterlassen, war Alles, was er noch sein nannte; aber selbst das, wenn er es jetzt rasch verkaufen mußte, brachte ihm kaum die ganze, von dem gierigen Weißen geforderte Summe, und was blieb ihm zuletzt übrig? – In finsterem Brüten folgte er den beiden Männern, die, ohne anscheinend weiter auf ihn Acht zu geben, vor einem der Geschäftslokale stehen geblieben waren und den Herankommenden den Rücken zukehrten. Der Amerikaner hatte dem holländischen Capitain eben die verabredeten dreihundert Gulden für die Waffe, für die er so viele Tausende zu gewinnen hoffte, ausgeliefert, und besah jetzt gerade wieder lächelnd den unscheinbaren Stahl, als der Javane zu ihm herantrat, die Hand auf seine Schulter legte und leise sagte.

„Ich gebe dir zweitausend Gulden für die Waffe, und einen besseren Khris als diesen hier. Laß ihn mir. Ich habe mein Herz einmal darauf gesetzt, und möchte ihn mein nennen, wenn es auch thöricht ist."

„Du bist ein wackerer Bieter," lachte der Amerikaner, „aber m e i n Herz hängt besonderer Weise auch daran, und wir müssen nun sehen, welches schwerer ist, deines oder meines. Um zweitausend Gulden gebe ich ihn <u>nicht</u> her, hast du vielleicht Lust d r e i t a u s e n d dagegen zu wenden?"

Der Javane biß seine Unterlippe, daß der Eindruck der scharfen Zähne darin zurückblieb; er fühlte, daß der Fremde die Beweggründe kannte, die ihn trieben, w u ß t e, daß er entschlossen sei seinen Vortheil zu wahren, und zögerte dennoch mit dem Gebot, daß ihn zum Bettler machen mußte. Aber es blieb ihm keine andere Wahl; der heilige Khris war eines F r e m d e n Eigenthum, und die Geister der Verstorbenen hätten den Frevel gerächt, wenn er die Waffe in jenes Händen ließ.

„Gut," sagte er endlich, während ein schwerer Seufzer sich seiner Brust entrang, „sei hier an dieser Stelle eine Stunde vor Sonnenuntergang, ich bringe dir das Geld; und seinen Sarong fester um sich herziehend, und ohne sich weiter nach den Männern umzusehen, schritt er die Straße rasch zurück."

Um die Lippen des Amerikaners zuckte ein triumphirendes Lächeln, der holländische Capitain aber theilte seine Gefühle nicht und sagte ernst:

„Sie sind zu weit gegangen, Goodwin; dem armen Teufel wird es blutsauer werden, das Geld aufzubringen, und hätt' ich d a s vorher gewußt, würd' ich es nicht geduldet haben."

„Das kann ich mir denken," lachte der Kaufmann, „es thut Ihnen jetzt leid, daß Sie mir nicht geglaubt, und fürchteten, er liefe Ihnen mit dem Dreihundert-Gulden-Gebot davon. Hatt' ich Ihnen nicht vorher gesagt, daß er so viele T a u s e n d e dafür geben würde?"

„Er bezahlt das Messer theuer genug damit," sagte der Holländer.

„Und bekommt es noch nicht einmal dafür," rief der Amerikaner lachend.

„Bekommt es nicht dafür?"

„Nein; er muß und wird mehr geben; hol's der Teufel, ich habe den Burschen jetzt einmal in Händen, und will ihn pressen, so lange noch ein Gulden aus ihm herauszubringen ist. Solche Gelegenheit kommt mir sobald nicht wieder, und wer sie nicht benutzte, wäre ein Thor."

„Lieber Goodwin," sagte der Holländer ernst, „ich

296

verdiene auch gern Geld, und brauche es vielleicht so nöthig, wie jeder Andere, aber – auf solche Weise –!"

„Bah," rief der Amerikaner, sich von dem Holländer abwendend; „S i e haben mehr als *200* Procent für den Khris genommen, i c h gehe in die Tausende; der einzige Unterschied liegt in der Summe, und moralische Bedenklichkeiten wären Unsinn. Aber das ist Nebensache und abgemacht; w a n n gehen Sie an Bord, daß ich Ihnen noch das Nöthige besorgen kann?"

„Heute Abend vor Sonnenuntergang," erwiderte der Holländer, „soeben habe ich die Nachricht bekommen, daß die letzte Praue draußen löscht und das Wasser an Bord gekommen ist. Meine Papiere sind sämmtlich in Ordnung, also hindert mich Nichts, mit dem Landwind morgen früh unter Segel zu gehen."

„Apropos, Sie wollten mir ja noch eins von den Schachspielen verkaufen, die Sie von China mitgebracht haben," sagte der Amerikaner.

„Es steht Ihnen gern zu Diensten, aber ich habe keins an Land."

„Gut, dann begleite ich Sie heute Abend an Bord und hole es selber; und nun auf Wiedersehen, denn ich habe noch Manches zu besorgen."

Die beiden Männer trennten sich hier, ihren verschiedenen Beschäftigungen nachzugehen, und wir wollen indessen dem Javanen folgen, der, nur das eine Ziel vor Augen, in wilder Hast zurück in seine Wohnung eilte, sein Pferd, seine Juwelen zu verkaufen, um zur rechten Zeit an dem bezeichneten Platz zu sein.

Käufer fand er allerdings dafür; der schlaue Chinese ist

stets bereit, einen vortheilhaften Handel einzugehen, und Geld auf Waaren als Pfand vorzuschießen, oder auch diese selber anzukaufen, wenn er den sicheren Gewinn voraussehen kann. Aber die zähen Gesellen wollten die Juwelen nicht nach ihrem Werth, nur nach dem Drängen des Augenblicks bezahlen, und der Javane, dem es schon überdies die Seele zerschnitt, um den Nachlaß seines Vaters mit gierigen Mäklern zu feilschen, mußte von Einem derselben zum Andern laufen, die von dem Amerikaner geforderte Summe endlich zusammenzubringen.

Als die Sonne noch eine Stunde hoch am Firmamente stand, eilte er mit dem Rest seines Vermögens, zu Fuß und mit triefender Stirne, dem bestimmten Platz an Kali Besaar zu, und fand den Amerikaner dort schon seiner wartend, dicht am Flusse stehen.

„Hast du den Khris?" frug der Häuptling leise, als er zu ihm trat, und die Rolle mit Holländischen Banknoten aus seinem Gürtel nahm.

„Ah, *tabeé*, mein brauner Freund," lachte der Amerikaner, als er seiner ansichtig wurde, „bist du wieder da? ein Paar Minuten später, und du hättest mich nicht mehr getroffen."

„Hast du den Khris?" sagte der Javane, ohne den Gruß weiter zu erwidern.

„Den Khris? – allerdings, hier ist er, mein brauner Tuwan."

„Und hier ist dein Geld dafür – gieb mir die Waffe," sagte der Javane, ihm mit der linken Hand die Banknoten reichend und die rechte nach dem Messer ausstreckend.

„Halt, nicht so schnell," entgegnete ihm aber ruhig der Kaufmann, „wie viel hast du in dem Bananenblatt da eingewickelt?"

„Was du verlangt hast – dreitausend Gulden," sagte der Eingeborene, mit finster zusammengezogenen Brauen, „es ist mir schwer genug geworden, es zu schaffen."

„Möglich," lachte der Amerikaner, „aber für d r e i t a u s e n d Gulden gebe ich den Khris nicht her."

„Hast du ihn mir nicht um den Preis verkauft?" rief der Javane, mit zornfunkelnden Augen emporfahrend, während die Rechte fast unwillkürlich nach dem Griff der eigenen Waffe fuhr, die er im Gürtel trug.

„Nur ruhig, Freund," entgegnete ihm aber mit einem verächtlichen Lächeln über die drohende Bewegung der kaltblütige Yankee, „ich habe dich bloß gefragt, o b d u L u s t h ä t t e s t , d r e i t a u s e n d G u l d e n a n d e n S t a h l z u w e n d e n , dir aber nicht gesagt, mit keinem Worte, daß ich ihn dafür lassen würde – Giebst du aber v i e r tausend, soll er dein sein."

„V i e r tausend," rief der Javane, die Zähne zusammenknirschend, „was ich an mir trage, ist mein ganzes Vermögen, ich habe nicht tausend Deute mehr, sie zuzulegen."

„Das thut mir leid," sagte der Amerikaner achselzuckend, „dann fürcht' ich, werd' ich den Khris behalten müssen."

„Der Khris ist m e i n !" zischte da der Javane zwischen den zusammengebissenen Zähnen durch, „du d a r f s t ihn mir nicht vorenthalten. Hier ist dein Geld, es ist mein Alles, und ich gönne es dir, verdank' ich dir dann doch die Waffe meiner Ahnen, aber – weigere mir sie nicht."

„Hm, ich dachte, du wolltest ihn nur für einen F r e u n d

haben," lachte der Yankee, „hätte ich das gewußt, wär' er mir nicht einmal um v i e r tausend feil; aber ein Mann ein Wort, und schaffst du mir d i e Summe, magst du ihn haben, unter dem aber um keinen Deut."

„Gib mir den Khris und nimm dein Geld," drängte der Eingeborene, „ich k a n n dir, bei Allah, nicht mehr geben; treibe mich nicht zum Äußersten."

„Wo du die D r e i tausend aufgetrieben hast," spottete der Amerikaner, „wird dir auch wohl noch ein viertes zu Gebote stehen. Es ist mein letztes Wort, und jetzt laß mich zufrieden, denn ich muß an Bord eines der Schiffe auf der Rhede fahren. Wenn du das Geld zusammen hast, so komm' morgen früh in das Amsterdam-Hotel."

„Und du verweigerst mir ihn für dreitausend Gulden," frug der Javane mit leiser, von innerem Grimm fast erstickter Stimme; der Amerikaner aber, der an der ganzen Aufregung des Mannes wohl sah, daß er sein Spiel gewonnen habe, antwortete ihm gar nicht darauf, sondern schritt, sich von ihm abwendend, langsam am Ufer des Flusses nieder. – Er hätte vielleicht besser gethan, ihm den Dolch zu geben.

Etwas weiter unten stand sein Cabriolet, der braune Kutscher mit dem runden, backschüsselförmigen, vergoldeten Hut hatte ihn kommen sehen, und fuhr mitten in die Straße; Goodwin stieg langsam ein und einen flüchtigen Blick zurückwerfend, suchte sein Auge die Gestalt des eben verlassenen Eingeborenen. Dieser aber war nirgends mehr zu sehen und der Yankee, dem Kutscher in ein paar Malayischen Worten das Steueramt am Kali Besaar als Bestimmungsort nennend, lehnte sich nachlässig in dem kleinen Fuhrwerk zurück, still vor sich hinlächelnd über den vortheilhaften Handel.

Als sie den Ort erreichten, an dem sämmtliche Boote anlegen müssen, die den schmalen, zum Hafen führenden Canal passiren, ob sie nun ein- oder auswärts gehen, war die Jölle des Holländischen Capitains noch nicht gekommen, und der Yankee ging eine ziemlich lange Weile mit wachsender Ungeduld am Strande auf und ab.

Den Canal herunter kam eine kleine Praue von vier Malayen gerudert. Ein fünfter lag lang ausgestreckt und in einen schmutzigen alten Sarong gehüllt, im Spiegel des schlanken Fahrzeugs. Die Praue glitt dicht und langsam am Steindamm des Steueramts hin, dem dort postirten Beamten – einem Liplap – zu zeigen, daß sie nichts einer Abgabe Unterliegendes im Boote hätten. In der That war sie auch vollkommen leer, und nur ein Paar Fruchtbündel Bananen oder Pisang, ein Dutzend Cocosnüsse und ein Paar Körbe mit Reis und anderen Früchten lagen im Vordertheil derselben. Ein weiteres Anhalten war deshalb nicht nöthig und das Fahrzeug trieb langsam vorbei.

„Nun, kann der faule Bursche da hinten nicht aufsitzen, wenn er die Steuer passirt?" rief der Liplap mürrisch.

„Ist krank," sagte der eine Malaye, während er sein Ruder einsetzte, und gleich darauf schoß das scharf gebaute Boot, die Strömung der Ebbe wieder erreichend, rasch das enge Fahrwasser hinab.

Der Amerikaner hatte die Leute halten sehen, aber nicht weiter auf sie geachtet, denn das schon ungeduldig erwartete Boot kam endlich den Canal nieder, hielt einige Sekunden an dem Steinwerft, wo es den Yankee an Bord nahm und passirte dann, da der Capitain nur Hühner, Früchte und einige andere Sachen zur Verproviantirung seines Schiffes bei sich führte, unbehindert nach außen.

Auf der Rhede überholten sie die Praue mit den fünf Malayen – der eine Bursche lag noch immer auf seiner Bank ausgestreckt, und die übrigen Ruderer schienen es auch nicht besonders eilig zu haben, denn sie trieben mit der ausgehenden Strömung langsam zwischen die dort vor Anker liegenden Schiffe hinein.

Die Sonne war indessen untergegangen und Goodwin blieb mehrere Stunden an Bord des Holländers, theils die bald eintretende Fluth, theils den Aufgang des Mondes abzuwarten, der Capitain frug ihn einmal nach seinem Handel mit dem Javanen, der Amerikaner aber gab eine ausweichende Antwort, besorgte, was er noch an Bord zu besorgen hatte, und verließ dann mit den Malayischen Bootsleuten, die jedes Europäische Fahrzeug für die Dauer seines Aufenthalts auf der Rhede von Batavia miethet, das Schiff, an Land zurückzukehren.

Ein aufsteigendes Gewitter schickte eben eine frische Brise vom Ufer herüber, und die Malayen mußten zu den Rudern greifen, dieser entgegenzuarbeiten; die See war aber noch vollkommen ruhig, und der Mond schien hell und klar auf die leicht gekräuselte, blitzende Fluth.

Die Lastprauen, die über Tag den Schiffen ihre Ladung zuführen, waren schon sämmtlich in den Canal zurückgekehrt; nur hie und da glitt noch ein einzelnes verspätetes Boot, eigentlich gegen das Gesetz, und dann und wann von dem Wachtschiff angerufen, durch die dort ankernden gewaltigen Fahrzeuge, und der regelmäßige Schlag der Ruder klang weit hin durch die Nacht. – Ihnen gerade entgegen kam jetzt ein solches und der Amerikaner, der hinten am Ruder saß, sah es plötzlich so dicht vor sich auftauchen, daß er kaum Zeit behielt, den Bug seines eigenen Bootes herumzuwerfen, um nicht mit dem des fremden zusammenzurennen.

„Holla, da vorn, zum Teufel, weshalb paßt ihr nicht auf!" rief er auf Englisch ärgerlich den Begegnenden zu. Das fremde Boot veränderte seinen Cours aber nicht um eines Haares Breite, ja, folgte eher noch etwas der abweichenden Bewegung des anderen, dessen Planken es jetzt berührte und scheuerte. Die Malayen behielten in der That kaum Zeit, ihre Ruder aus den Dollen zu werfen und in Sicherheit zu bringen.

„*Tabée Tuwan*[45]!" rief dabei zu gleicher Zeit eine trotzige Stimme, die des Amerikaners Blut zu Eis erstarren machte, und eine dunkle Gestalt sprang, während zwei der fremden Bootsleute ihr folgten, und die beiden Fahrzeuge fest zusammenhielten, mit wildem Satz auf den Amerikaner zu.

„Hülfe! Mörder – Räuber!" schrie dieser und riß den Khris, den er in seiner Tasche trug, heraus, sich gegen den auf ihn einspringenden Feind zu vertheidigen. Ehe er aber den Stahl aus der hölzernen Scheide bringen konnte, hatte des Javanen schmächtige doch elastische Gestalt sich über ihn geworfen und den Khris gefaßt.

„Hülfe, Mörder!" tönte wieder der gellende Ruf des Überfallenen, der jetzt in wilder Wuth sich von dem Griff des Feindes zu befreien suchte, und mit der rechten Faust wohl gut gemeinte, aber erfolglose Stöße nach dessen Kopf führte.

„Meinen Khris will ich," knirschte der Javane dabei zwischen den zusammengebissenen Zähnen durch, „gieb meinen Khris, oder du bist ein Kind des Todes."

„Verdammte braune Bestie, eher mein Leben!" schrie der Yankee, jetzt zu wilder Wuth entflammt, „warte Hallunke, d a s zahlst du mir theuer. Hierher, Malayen, helft mir den Schurken binden."

303

Auf den benachbarten Schiffen, die den Lärm und das Hülferufen gehört, wurde es laut, und das Knarren der Blöcke auf dem nächsten verrieth dem geübten Ohr des Eingeborenen, wie ein Boot niedergelassen wurde. Auch aus der Gegend, wo das Wachtschiff lag, tönten rasche Ruderschläge herüber, die das Ohr des Amerikaners ebenfalls trafen.

„Zu Hülfe hierher – hurrah meine Bursche, ich halte die Canaille!" schrie dieser jubelnd auf, „hierher, ohoy."

„So hab' deinen Willen!" zischte es in des Amerikaners Ohren, und ein gellender Angstschrei antwortete der schlangenähnlichen Bewegung des Javanen, der sich im nächsten Augenblicke aus den Armen des Weißen wand, und zurück in sein eigenes Fahrzeug sprang.

„Her zu mir!" rief er dabei seiner Bootsmannschaft zu, „und nun fort!" und blitzschnell folgten die braunen gewandten Gestalten dem Befehl, während des Amerikaners Malayen starr und entsetzt zurückblieben, und kein Glied zur Vertheidigung des angegriffenen Weißen zu rühren wagten.

„Halt dort – was für ein Boot ist das?" rief da eine tiefe Stimme über das Wasser, und die rasch eingesetzten und wieder gehobenen Ruder blitzten im Mondlicht.

„Segel auf!" rief der Javane dagegen seinen Leuten zu, denen er jetzt selber ganz kaltblütig half, das Mattensegel zu setzen. Kaum aber hob sich dies mit seiner breiten Fläche über Deck, als es der immer schärfer einsetzende Wind auch schon faßte, und das schlanke Boot vor sich hintrieb.

„Halt da, sag' ich!" schrie die näher und näher kommende Stimme in malayischer Sprache, während von der andern

Seite ebenfalls ein Boot herüber schoß, „euer Segel nieder, oder ich gebe Feuer."

„Feuert!" lachte der Javane trotzig zurück, „feuert so viel ihr mögt!" und das Steuer ergreifend, lenkte er den scharf gebauten Bug des kleinen Fahrzeugs gerade vor den Wind, daß das riesige Segel weit ausblähte und die Fluth vorn wild und schäumend emporspritzte.

Drei, vier Schüsse fielen jetzt hinter ihm her, aber sie erreichten das Boot nicht. Trotzdem gab das Wachtboot die Verfolgung nicht auf, sondern setzte jetzt ebenfalls ein Segel, den frischen Wind zu benutzen. Der commandirende Officier rief indessen dem zweiten herbeieilenden Boote, das von einem englischen Kriegsschiffe abgeschickt worden, zu, das andere, auf dem Wasser treibende Fahrzeug anzulaufen und zu untersuchen. – Es war das Boot des Amerikaners, in dem die Malayen noch nicht wieder zu den Rudern gegriffen hatten, denn sie waren um die L e i c h e des weißen Mannes beschäftigt. Hülfe konnten sie ihm freilich nicht mehr bringen; der scharfe Khris hatte sein Herz mit furchtbarer Sicherheit getroffen.

Über die See schäumte indessen, des Verfolgers spottend, die flüchtige Praue des Javanen den „tausend Inseln" zu, in deren Bereich sich das Wachtboot nicht einmal allein hineinwagen durfte, und wo auch weitere Verfolgung zwischen den vielen kleinen Inseln nutzlos gewesen wäre. Nach zweistündigem Rennen mußte es die Jagd aufgeben und kehrte langsam und unverrichteter Sache zu seinem Stationsschiff auf der Rhede zurück.

Fußnoten:

[41] Ein eigenthümlich geformter Javanischer Dolch.

[42] Ein kleines Bergwasser, das eingedämmt durch Batavia fließt und von den Eingeborenen Kali Besaar, der große Strom, genannt wird.

[43] Mischling der Europäischen mit der indischen Race.

[44] Eine gewöhnliche unter den Holländern gebräuchliche gemüthliche Anrede zwischen vertrauten Bekannten.

[45] Ich grüße euch, Herr!

www.ingramcontent.com/pod-product-compliance
Lightning Source LLC
Chambersburg PA
CBHW021036030726
47496CB00006B/1555